中國學術思想 研究輯刊

二五編

林慶彰 主編

第14冊

審美與倫理之間的「自然」
——朝向「和域」的嵇康思想

李雨鍾 著

花木蘭文化出版社

國家圖書館出版品預行編目資料

審美與倫理之間的「自然」——朝向「和域」的嵇康思想／
李雨鍾 著－ 初版 － 新北市：花木蘭文化出版社，2017〔民
106〕
序 2+ 目 4+178 面；19×26 公分
（中國學術思想研究輯刊 二五編；第 14 冊）
ISBN 978-986-404-925-7（精裝）
1.（三國）嵇康 2.學術思想
030.8   106001000

ISBN-978-986-404-925-7

中國學術思想研究輯刊
二五編　第十四冊　　　　　　　ISBN：978-986-404-925-7

審美與倫理之間的「自然」
──朝向「和域」的嵇康思想

作　　　者　李雨鍾
主　　　編　林慶彰
總 編 輯　杜潔祥
副總編輯　楊嘉樂
編　　　輯　許郁翎、王筑　美術編輯　陳逸婷
出　　　版　花木蘭文化出版社
社　　　長　高小娟
聯絡地址　235 新北市中和區中安街七二號十三樓
　　　　　　電話：02-2923-1455／傳真：02-2923-1452
網　　　址　http://www.huamulan.tw 信箱 hml 810518@gmail.com
印　　　刷　普羅文化出版廣告事業
封面設計　劉開工作室
初　　　版　2017 年 3 月
全書字數　169803 字
定　　　價　二五編 20 冊（精裝）新台幣 38,000 元

審美與倫理之間的「自然」
——朝向「和域」的嵇康思想

李雨鍾　著

作者簡介

李雨鍾，福建福州人。現就讀於國立政治大學中文系博士班，研究領域爲先秦儒學、魏晉思想以及法國哲學。發表有〈生存處境與山水意識——從郭象《莊子注》看兩晉士人的轉變問題〉、〈倫理學如何克服曖昧性：論列維納斯思想中 "il y a" 之惡的威脅〉、〈爲承認而制禮：重審荀子思想定位的當代可能性〉、〈「空」、「氣」之爭及其背後的道德實踐問題：熊十力思想中的儒佛之辯新探〉、〈「仁」之作爲非對稱的相互性：從列維納斯與呂格爾之爭到孔子思想中的人己關係〉等單篇論文。

提　要

　　魏晉士人往往給人們留下兩種主要印象，一爲玄遠之清談，二爲瀟灑之賞美，然而前者雖常究天人之際，卻似無所拯救於國土之敗亡、江左之偏安，後者雖常引得後世追慕稱羨，卻似無所建樹於人倫之日用、心靈之安放。本論文則嘗試以嵇康作爲一個綜合性的切入點，對以上兩種印象的偏頗之處予以撥正，進而揭示出魏晉士人在「自然」之沃土上的某種深層次耕耘；由此我們將看到，傳統上已關注頗多的審美精神之興起背後，更蘊含著魏晉士人之於倫理處境的抉擇與重構。由於以往的思想史研究只側重嵇康的「任自然」面向，將其在「自然」領域的貢獻僅僅框限在傳統道家的精神修養範疇，這在很大程度上導致思想史上的「自然」與文學史上的「自然」之間相互錯過，而當我們將目光轉向嵇康身上透顯出的另一面向——「自然之和域」，則將峰迴路轉，「美」「善」交濟。

　　因此本論文的研究進路主要呈現爲從「任自然」到「自然之和域」的過程，前者代表傳統道家的主體修養境界，後者代表嵇康所獨創的審美與倫理的交織之域。而在這兩者之間又穿插著「嵇康之死」與「自然之和」這兩個環節：起初正是通過嵇康之死與「任自然」的矛盾衝突，啓引出朝向「自然之和域」的曲折路徑，末尾又正是通過再度引入嵇康之死這一線索，而激發出「自然之和域」的昇華意義；「自然之和」則一方面承接、對治著「任自然」理路的內部困境，另方面則爲「自然之和域」的最終顯現奠定了基礎條件與形式性徵。

　　「自然之和域」雖然在嵇康生前未能眞正實現，僅在其死亡的一刻被激發出內蘊的倫理意義與政治力量，但在其身後卻逐漸演進成形，引發了自然山水的「自然化」與「域化」過程。這「自然化」與「域化」的過程，最終將「自然」奠定爲永久存續於後世士人之間的一塊生存空間。

自　序

　　現在回過頭來看自己兩年前的碩士論文，只覺得當時的文字頗爲生澀拘謹，文氣亦時時凝滯，雖然有時還是能發現偶爾閃現的火花，恍然映照著我現階段仍在探索的東西，但要提起筆來再予重生，就終是無力爲之了，只能稍稍調整一些文字上過於不通的地方。

　　不過正所謂敝帚自珍，既然要付梓出版，還是有責任爲各位披沙瀝金，揀出二三稍稍可觀之處，謹匯報如下。

　　第一，向來關於魏晉時期的整體風貌問題，總是充滿了論爭的硝煙，從歷史上清談誤國的指責，到近世以來個體自覺的褒揚，再到近幾十年間文史哲各領域的重新審視，人們似乎總對於魏晉士人有著某種期待，又終究對於片面式的解讀有所不安。於是在這愛恨交織的戰場上，文學角度的闡釋，思想角度的研究，往往都從不同的預設背景出發，相互錯愕於彼此的異樣。本論文不敢許諾能夠給出一個全面的眞相，但嘗試通過對嵇康的研究，將上面的難題聚焦在「審美」與「倫理」這兩個領域的辯證關係上，並附帶思考了一些重要的概念，如「氣」、「自然」等等在這兩者的磨合中所呈現出來的時代命運。任何單單從這兩者之一出發而提出的要求，或許都是有所錯失、甚至僭越的，我們如果深入到嵇康的生命與思考之中，來觀察這兩者所交織出來的意義空間，則更有理解魏晉士人的可能。

　　第二，嵇康壯烈而美麗的死亡，既是本文論述的起點，亦是最後所抵達的終點。不同於一般專論以幾個論題平鋪開展的寫法，本文思考的起點，以及試圖突破前說而開啓新論的最初推動力，乃是由嵇康死因的分析所給出的，此一分析建立在嚴密的文獻分析基礎上，我至今仍覺得是本論文中最堅

實的一部分。由於發現前人對於嵇康的死因、嵇康的思想立場的說法,無法面對他真正的死亡,我們因而不得不背負著沉重的債務,開啟一段緊湊的旅程。我們進入嵇康熱切而清峻的生命歷程中,艱難地穿過「任自然」、「自然之和」、「自然之和域」這層層推進的環節,傳統上用來考察嵇康思想的主要文本幾乎都已經不足以支撐這迴旋上升的賦格,但我們最終還是抵達了,抵達了我們的起點。此時給出答案的,仍是嵇康之死本身,但面對它的我們已經不同。

第三,本文最終想要給出的,是「和域」這個概念,它算是我當時過於膨脹的野心所催生出來的一個嘗試。「和域」並非形而上的沉思所構造出來的一個幻夢,而是眾多主體能夠真實地在其中共在的場域,雖然艱難無比,無人知賞,但它終究試圖經由書寫與行動,將看似虛浮的審美境界化入現實承擔起的倫理空間。我不否認在「和域」的學理構成中有著康德、齊克果、列維納斯、鄂蘭們的身影,但是它最終仍是固執而生硬地延伸向最具有中國古典文人特色的一個領域,即山水。「和域」的給出,是為了山水詩的誕生,以延續古代士人的思考與反抗。

感謝親友的話在當時的謝誌裡已經說了很多,這裡還想再說的是當時沒有說出的一點東西。在兩年前,2014 年的 3 月下旬,當整個台灣沉浸在一種前所未有的悸動的時候,我正寫到論文的最後章節,寫到「和域」所呈現出的政治批判力:太學生三千與〈廣陵散〉一曲。

於是敲擊鍵盤的節奏伴隨著窗外湧動的濤聲。曲終投筆。

出門去。

雨鍾

2016 年 9 月颱風夜

目次

第一章 緒 論

第一節　問題源起：思想史上的「自然」與文學史上的「自然」

一、思想史上的「名教」與「自然」

　　本論文擬以「自然」問題作爲研究對象，並以嵇康作爲核心考察點，這自然會讓人想到嵇康著名的「越名教而任自然」〔註1〕之主張，亦會很快聯繫到魏晉玄學思想史上以「自然」與「名教」對舉而建立的三階段架構。實際上，自魏晉玄學研究的奠基性人物湯用彤先生以「有」、「無」問題劃分玄學史各階段開始，此種架構即隱含於其中，〔註2〕而其後輩學者如湯一介、許抗生、余敦康諸先生則紛紛將「名教」與「自然」之關係問題作爲玄學史階段的劃分標準，〔註3〕此理路的大體主張如下：王弼作爲第一階段，以「名教」

〔註 1〕本論文所引用之嵇康作品文本均本於〔魏〕嵇康撰，戴明揚校注：《嵇康集校注》（臺北：河洛圖書出版社，1978 年），其後引用僅於引文後標明篇名及頁碼，而不另行加注，特此說明。本處引文見於《嵇康集校注‧釋私論》，頁 234。

〔註 2〕湯先生基於魏晉玄學名士對「自然」、「名教」的態度，將王弼、何晏稱爲溫和派，將嵇康、阮籍稱爲激進派，並認爲後來的向秀、郭象乃是繼承前者的。可參見湯用彤：《魏晉玄學論稿》（北京：三聯書店，2009 年），頁 129～131。

〔註 3〕湯先生的觀點可參見湯一介：《郭象與魏晉玄學》（北京：北京大學出版社，2009 年），頁 112～114。許先生的觀點可參見許抗生：《魏晉思想史》（臺北：桂冠圖書公司，1992 年），頁 118；余先生的觀點可參見余敦康：《魏晉玄學史》（北京：北京大學出版社，2004 年），頁 299～300。

合於「自然」；嵇康、阮籍作爲第二階段，以「名教」對立於「自然」；郭象作爲第三階段，以「名教」與「自然」爲一。應該說，這種階段劃分的標準，就其彰顯出學術思想與歷史脈絡之對應關係上來說，〔註4〕是具有一定合理性的，本文並不試圖從整體上質疑或修改這一架構，然而若以嵇康作爲出發點，則仍可以發掘出某些值得進一步澄清的地方。

　　首先，雖然以「名教」與「自然」的概念對舉方式確能構成某種思想立場的劃分標準，但是從魏晉時期的文獻脈絡本身來說，「名教」與「自然」這一組概念的顯題化使用應有其限制性。〔註5〕根據張蓓蓓先生的考證，「名教」作爲與「自然」相對文的概念乃是首出於嵇康的「越名教而任自然」。就其本義而言，乃泛指一切「有名之教」，〔註6〕進一步說，在嵇康之前的王弼處，並不存在著顯題化了的「名教」概念，而在嵇康之後的郭象處，「名教」則已經變成了一種更加廣義的「名教」。〔註7〕

　　其次，若以「名教」與「自然」的對舉結構在某種廣義的使用上確有其意義，〔註8〕則仍不應該忽視這對概念在嵇康原文本中狹義性的指涉範疇，否則將在詮釋上發生一定的概念混淆。〔註9〕實際上，如果我們將王弼、郭象脈

〔註4〕王弼身處司馬氏正式開始掌權之前，彼時曹爽、何晏一黨正試圖在政治上有所建樹；嵇康身處魏晉易代之際，彼時政治上的現實最爲激烈與殘酷；郭象則身處西晉王朝由統一穩定走向動亂之時。三者所面臨的歷史脈絡和時代問題確有不同，這無疑會與其思想主張產生聯繫，然而由此並不能直接證成與「自然」、「名教」問題的直接對應關係，其中尚有不少問題可再做深究，本文僅以嵇康爲切入點進行探討，餘則未能涉及。

〔註5〕如果說「自然」這一概念源自先秦道家，那麼「名教」這一概念則是作爲與「自然」對舉的概念而後起的，詳見下文論證。

〔註6〕參見張蓓蓓：〈「名教」探義〉，《中古學術論略》（臺北：大安出版社，1991年），頁28。

〔註7〕張蓓蓓先生認爲嵇康之後的「名教」涵義實際上在不斷有所改變與擴大，到東晉袁宏手中眞正確立爲依天地自然之理而成的「名教」，則已轉爲一美詞，參見張蓓蓓：〈「名教」探義〉，頁29～31。

〔註8〕正如林麗眞先生所指出的，王弼本人確實沒有用過「名教」一詞，但這無礙於我們藉由「名教」、「自然」之概念來探討王弼玄理的內在理路，參見林麗眞：《王弼》（臺北：東大圖書公司，2008年），頁69。不過這裡使用的「名教」概念，乃是用後世袁宏擴大化了的「名教」來追溯式指涉王弼原文中的「刑名」、「政教」等概念範疇，因此當與嵇康處的「名教」本義不盡相符。

〔註9〕需要特別指出的是，若就其使用「名教」概念之本義而論，則嵇康所言及的理想型聖王（尤其是上古無爲的聖王）之治並不屬於「名教」範疇。有些論者把王郭式的應然性名教概念套入嵇康文本之中，進而認爲嵇康的既反對名

絡裡的「名教」視爲應然性的，那麼嵇康脈絡裡的「名教」則爲實然性的，前者是要在正面的政治思想建構中證成「名教」如何本於、合於「自然」，後者則是要在人生的精神追求中超越作爲現實性阻礙的「名教」而任其「自然」。〔註10〕

再次，在以往對魏晉玄學史的整體考察中，往往將嵇康與阮籍二人合而論之，並共同作爲主張「名教」與「自然」對立的代表人物，然而嵇康與阮籍雖然在立場上十分接近，其思想內容卻有實質性的差別，我們甚至可以說在思辨水平上阮籍遠不如嵇康，〔註11〕因此若將二人的思想合爲一種觀點來討論，恐會導致對嵇康本人思想的曲解。譬如學界多主張阮籍的思想有前期與後期之別，乃由崇尚名教轉爲批判名教，這種觀點本身有其理據；〔註12〕然而如果我們基於阮籍與嵇康爲同一戰線的假定，進而直接推測嵇康也有此前後期思想的轉變，同樣以批判名教作爲其後期的主要思想立場，這恐怕就值得商榷了。〔註13〕

最後，基於以上幾點，我們恐怕應該跳出「名教」與「自然」對舉的核心框架來看待嵇康，這樣做並非意味著「越名教而任自然」在嵇康的思想裡

教又推崇聖王的主張是矛盾的，或認爲其中反映的是嵇康前期立場與後期立場之別，這種觀點恐怕值得商榷。

〔註10〕嵇康所「越」之「名教」乃是當時掌控在司馬氏手中已名不符實的所謂虛假「名教」，是實然性的制度實體；而郭象之「名教」，以及追溯式歸結出的王弼之「名教」，乃是經過袁宏的轉化而合於「自然」的應然性「名教」。應然與實然本未必要截然二分，王、郭亦是通過提倡「自然」之應然向度而欲改善其實然狀態；然而若就嵇康所在之時代脈絡而論，則此「名教」之實然性已被框限，故而只能「越」此不堪拯救之實然「名教」而「任」應然之「自然」。

〔註11〕早在牟宗三先生處，就已明確地將嵇康與王弼、向秀、郭象共列爲玄理之大宗，而阮籍不在其列，參見牟宗三：《才性與玄理》（長春：吉林出版集團有限公司，2010年），頁294。當前的魏晉玄學研究基本上都較爲贊同牟先生的觀點，將嵇康作爲一個重要的玄學思想家來看待，其思想高度自非阮籍可比。

〔註12〕如王曉毅先生就認爲從阮籍的〈達莊論〉、〈大人先生傳〉二文之比較來看，可以很典型地看出其在高平陵事件前後的思想變化，參見王曉毅：《儒釋道與魏晉玄學形成》（北京：中華書局，2003年），頁196。

〔註13〕確切地說，嵇康從未像前期阮籍那樣推崇過「名教」，亦不像後期阮籍那樣有一種極爲強烈的批判、違反名教的行爲傾向；阮籍多有居母喪而食肉這樣的違反禮教之行爲，而嵇康實際上並不見有類似行爲的記載，只是論者往往以嵇阮並舉，所以容易將由阮籍越禮行爲而得到的印象加諸嵇康頭上，這是頗值得我們注意的一點。

沒有其位置，而是恰恰因為「名教」與「自然」之對舉本出自嵇康，所以我們要尊重此組概念在其文本中更狹義、更明確的涵義。進言之，在嵇康的脈絡裡，「名教」這一概念並不與「自然」處於相同位階，亦不能用它來指涉一個與「自然」具有同等重要性的概念範疇，嵇康真正關懷的重心更在於「自然」，「名教」只是在其通達「自然」的過程中所要消極性克服與超越的負面對象。因此，恐怕不能以證成「名教」、「自然」二者之辯證關係的框架來要求嵇康，從而僅視其「越名教而任自然」的思想為玄學史上的過渡性環節，而須正視嵇康所真正致力所在的「自然」問題。〔註14〕

由此，我們轉而將目光聚焦在「自然」之上。不同於「名教」概念的相對晚出，嵇康關於「自然」的思想顯然可追溯到先秦道家，無論是在《老子》還是《莊子》中，「自然」都是非常重要的概念，它至少可以指涉兩種意涵，其一乃言外顯的道體性徵或自然律，亦即《老子》中所稱的「道法自然」〔註15〕，其二乃言落在主體身上的精神境界，亦即《莊子》所言的「調之以自然之命」〔註16〕。此二種意涵，如按牟宗三先生的說法，則前者偏向於「實有型態」，後者偏向於「境界型態」；〔註17〕進言之，就「自然」一詞之指涉對象而論，前一種為述詞，恆言道之無為性徵，而無真正的實指對象，後一種則為狀詞，乃是對主體形態之描述。然而若言王弼、郭象之有進於先秦道家「自然」之本義，乃是在於其對「名教」與「自然」關係的應然性重構，則直接聚焦於「自然」問題上的嵇康，究竟在何種意義上能夠有進於前賢呢？實際上，嵇康的「自然」雖源出於先秦道家，卻並沒有完全停留在其原初範疇內，而是有所拓展開新，因此值得我們對其中的多重意涵進行一番梳理。

曾春海先生分別從自然生成的宇宙論和個體所追求的精神自由這兩方面

〔註14〕實際上，我們很容易承認以嵇康、阮籍為代表的竹林玄學家在對後世的總體影響方面要遠大於王弼和郭象，只是若從純粹思想史的角度來衡量，則往往或顯或隱地因「名教─自然」這一傳統劃分框架的存在，而未能正視其重要性。

〔註15〕此語出自《老子》第二十五章：「人法地，地法天，天法道，道法自然」，見〔魏〕王弼等：《老子四種》（臺北：大安出版社，1999年），頁21。

〔註16〕此語出自《莊子·天運》：「吾又奏之以無怠之聲，調之以自然之命，故若混逐叢生，林樂而無形，布揮而不曳，幽昏而無聲」，見〔戰國〕莊周撰，王叔岷校詮：《莊子校詮》（臺北：中央研究院歷史語言研究所，1999年），頁518。

〔註17〕牟先生認為《老子》有其「實有型態」之面向，《莊子》則純為「境界」型態，此分別恰與以上「自然」之二義相應，參見牟宗三：《才性與玄理》，頁156～159。

來探討嵇康的自然觀，〔註18〕而謝大寧先生則將嵇康的「自然」分判爲四義，分別是工夫論上的境界義、由無執功夫反照天地的境界義、大自然義、性命自然義。〔註19〕不難看出以上兩種分法都從總體上把嵇康的「自然」分爲兩個大的面向，其一爲曾先生所言的宇宙論和謝先生所言的後兩義，其二爲曾先生所言的個體精神自由和謝先生所言的前兩義，而且兩位先生同樣都對前一面向較爲貶低，對後一面向較爲褒揚。

然而嵇康的「自然」果眞如上所述地呈現出內部歧義，甚至有良莠之別嗎？依本文所見，則在嵇康的文本脈絡之中其「自然」的涵義乃有其一貫性，故而只能說它有著不同的指涉面向，其核心價值卻是固定的。若仍要將此「自然」義二分，並以道家境界義爲貴，則恐將難以看出嵇康究竟在何種程度上能夠不同於先秦道家，如何能夠回應其自身特有的時代問題。實際上，本文亦試圖證明嵇康的建設性價值之所在正是由於他以擴大了的「自然」意涵，貫通了傳統道家範疇裡的境界義與兩漢宇宙論脈絡裡的氣性義，從而開出了「自然」之新域。

在此理路下，「自然」已不僅停留在先秦道家境界義的範疇內，更將原本無涉於人文世界的外在自然界納入其中，〔註20〕嵇康在此方面的貢獻與意義，尚須轉而通過文學史上的「自然」問題脈絡之梳理，方得以進一步揭示。

二、文學史上的「自然」與「山水」

在古典文學史的研究領域裡，「自然」課題的研究向來很受學者們重視，〔註21〕而魏晉階段無疑是其中極爲關鍵性的節點：從整體的時代發展脈絡來

〔註18〕 參見曾春海：《竹林玄學的典範——嵇康》（臺北：萬卷樓圖書有限公司，2000年），頁 51～68。

〔註19〕 參見謝大寧：《歷史的嵇康與玄學的嵇康》（臺北：文史哲出版社，1997年），頁 16～18。

〔註20〕 按照徐復觀先生的說法，則此乃由第一自然進入第二自然，是爲藝術精神的觀照，參見徐復觀：《中國藝術精神》（北京：商務印書館，2010年），頁 217～218。無涉並非意味著自然界沒有被人們實際觀看或觀察，而是意味著它被先在觀念所遮蔽而未能以其本然形態進入人們的視野。

〔註21〕 較早的研究專著，如 W·顧彬先生就以中國文人的自然觀爲線索進行了專門的研究，參見（德）W·顧彬撰，馬樹德譯：《中國文人的自然觀》（上海：上海人民出版社，1990年）；晚近的研究可參見鄭毓瑜編：《中國文學研究的新趨勢：自然、審美與比較研究》（臺北：臺灣大學出版中心，2005年），蔡瑜編：《迴向自然的詩學》（臺北：臺灣大學出版中心，2012年）。

看，徐復觀先生早已指出正是通過魏晉士人對莊學的復興，才使得藝術精神實現於自然山水之中；〔註22〕從文學創作的實踐來看，王國瓔先生主張山水詩在中國文學史上的正式出現，實應歸功於魏晉士人的推動。〔註23〕換言之，「自然」在文學史上眞正的顯題化，正是在於魏晉時期。

如果說從古到今都客觀地存在著一個外在於人文世界的自然界，亦即徐先生所言之「第一自然」的話，那麼這「第一自然」在魏晉之前的中國文人眼中卻始終未能「自然」化爲「第二自然」，從《詩經》時代、《楚辭》時代直到漢代，它都難以擺脫個人情感或社會理想的投射，無從呈現其本然形態。〔註24〕「自然」概念雖然早在先秦老莊思想中處就已經成熟，但從未眞正指向外在的自然界，從未具有名詞的性質，所以當「山水」在魏晉時期開始作爲「自然」的名詞化概念而出現時，必然是經過了某種內在觀念之演進。〔註25〕

然而以往學者雖然多已注意到了道家玄理對「山水」之發現的影響，卻往往只是籠統地直接以老莊思想的復興來解釋「山水」的淨化問題，但正如前文所指出的，老莊脈絡中的「自然」指涉的是一種精神境界或抽象的自然律，因此很難說直接將此「自然」義偶然性地轉移到外在自然界上，就能導致後者被納入前者的範疇之中，此中仍需經歷觀念層次上的實質性發展。〔註26〕關注此問題的學者之所以未能從魏晉玄學本身中找到可具體解釋這種發展的資源，恐

〔註22〕參見徐復觀：《中國藝術精神》，頁 143～145。

〔註23〕參見王國瓔：《中國山水詩研究》（臺北：聯經出版公司，1986 年），頁 79。

〔註24〕同上注，頁 11～78。換言之，在魏晉之前外在的自然界乃是經由先在概念的投射而進入人們的視域，人們所觀看到的僅僅是投射於其上的概念形態，而其本身仍只是作爲一種客觀外在的「第一自然」而存在，並未經過「自然化」而得以以「第二自然」的形態進入人們的視域。

〔註25〕如前所述，「自然」在先秦道家的用法主要是作爲述詞和狀詞，前者雖然看似指向了自然界，但實際上指涉的是抽象的自然律或形上實體，而並非實指自然界本身。

〔註26〕在這一問題上，恐怕連徐復觀先生卓越的考察都存在進一步補充的空間，按徐先生的論述，大致上可說是由兩條路徑通達到自然山水的：其一，魏晉的人倫賞鑒之作爲一種審美活動，終將由以有限性的人爲對象，轉向以無限性的山水爲對象，方得眞正實現其藝術精神；其二，先是竹林名士在生活上實現莊子的藝術精神，但這種生活很快將因人世的現實糾葛而遭遇挫折，終將轉向山水，從而落實在藝術上：參見徐復觀：《中國藝術精神》，頁 268，頁 223～225。徐先生的論述雖然精彩，但終究只是將魏晉士人作爲被動承襲莊子藝術精神的載體，而似未考慮到原本純屬境界義的藝術精神若要落實到藝術實踐活動中，本身得經過某種觀念上的轉化，這種轉化須由魏晉士人根據自身的時代境況與實踐活動來完成。

怕多是囿於傳統上的玄學史框架的限制，因在王、郭二人的思想中未能找到對應性的解釋，〔註27〕就直接乞靈於老莊思想，而忽略了眞正能夠爲之提供資源的人物——嵇康。

其實隨著學界研究的不斷發展，已經有一些學者在不同程度上注意到了嵇康對後世山水詩、山水美學的影響，如蕭馳先生就曾指出嵇康四言詩對後世山水詩的開拓性作用，〔註28〕謝大寧先生亦認爲徐復觀先生所言的藝術精神可在嵇康身上找到落實的路徑，〔註29〕近來更有一篇博士論文專門以嵇康思想爲核心來重探山水詩畫的思想來源。〔註30〕

然而，雖說思想史上的「自然」與文學史上的「自然」正可在嵇康身上交匯，本論文卻並不打算證成兩者之間的某種線性影響論。本論文所希望嘗試的是，通過整體性梳理嵇康的文本脈絡並結合其行爲實踐，揭示出其在「自然」問題上更綜合、更深入的複雜面向，如此則將不單單體現爲給後世山水美學提供思想資源這種抽象的觀念線索，而是直契古代士人實際生存狀態的深層探究。

第二節　文獻回顧：傳統視域的局限與新視角的開啓

在正式提出本論文的研究進路之前，筆者仍將通過簡要梳理前賢的研究成果，來定位本論文的研究範疇。上一節已較爲宏觀地梳理了思想史和文學史上的相關線索，下面則需更將梳理的重點聚焦於嵇康本身。

首先，從玄學思想史的整體研究來看，有關於嵇康的討論大體上經歷了一個由不甚重視到較爲重視的過程：作爲魏晉玄學研究奠基性的論著，湯用彤先生的《魏晉玄學論稿》對嵇康思想的評價並不甚高，只是將他和阮籍一起作爲玄學發展史上的一個過渡性階段；〔註31〕而在同樣具有奠基性地位的

〔註27〕當然，並非沒有學者討論魏晉玄學跟文學之間的關係，然而這種探討卻奇怪地未能給山水的發現提供實質性的幫助。另方面，其實有不少學者認爲郭象玄學對山水的發現貢獻頗多，然而這種貢獻恐怕並不是直接的，郭象之本義並不在於一種導向「山水」的「自然」，而在於「名教」。

〔註28〕參見蕭馳：《玄智與詩興》（臺北：聯經出版公司，2011年），頁188，頁194。

〔註29〕參見謝大寧：《歷史的嵇康與玄學的嵇康》，頁219～220。

〔註30〕參見沈素因：《重探山水詩畫之思想來源——以嵇康思想爲核心考察》（嘉義：國立中正大學中國文學所博士論文，2010年）。

〔註31〕參加湯用彤：《魏晉玄學論稿》，頁213～220。

《才性與玄理》中，牟宗三先生則對嵇康評價較高，只是牟先生的讚許往往只著重於嵇康論辯的嚴密性以及他對向郭玄學的啓發性上，未對其思想內容進行足夠充分的考察。〔註 32〕在湯、牟二位先生之後，湯先生將嵇康定位爲過渡性階段的處理，對於從總體上論述玄學史的學者（尤其是大陸學者）影響較大，並形成了如前所述的「名教—自然」三階段敘述模式，如許抗生先生的《魏晉思想史》、余敦康先生的《魏晉玄學史》在很大程度上都是以此階段劃分方式，將嵇康與阮籍共同處理爲過渡性的竹林玄學階段，〔註 33〕乃至到較爲晚近的康中乾先生的《魏晉玄學》一書仍不出此脈絡。〔註 34〕這種三階段式的處理方式，很難凸顯出嵇康思想本身的意義所在，一方面易於導致嵇康思想與阮籍思想的混同，另方面則易於將嵇康特有的論題統攝到王、郭的命題範疇之中。然而不以歷史階段爲線索，而以論題方式鋪展的魏晉玄學論著，如戴璉璋先生的《玄智、玄理與文化發展》也同樣是選取名理、音樂思想之作爲玄學範疇內的通用論題來考察嵇康，未能充分重視其自身的獨立意義。〔註 35〕

　　其次，針對嵇康的專門性研究，實爲一個較爲晚近的現象。在這方面較爲綜合性的著作有曾春海先生的《竹林玄學的典範 —— 嵇康》、謝大寧先生的《歷史的嵇康與玄學的嵇康》：前者較爲全面地討論了嵇康思想中的各個議題，頗具參考性；後者以較爲特殊的視角力圖將嵇康重新擺在玄學發展史上的關鍵性位置，頗具新意。〔註 36〕另外，還有學者從非純思想的角度研究嵇康：傳記年譜類的如莊萬壽先生的《嵇康研究及年譜》、童強先生的《嵇康評傳》，都既在史料的梳理上功績斐然，又結合嵇康的思想作出了不少有價值的探討；〔註 37〕社會史角度的如牛貴琥先生的《廣陵餘響：論嵇康之死與魏晉社會風氣之演變及文學之關係》，則集中探討了嵇康的死因及其對於魏晉社會的整體影響，頗具新意。〔註 38〕

〔註 32〕　參見牟宗三：《才性與玄理》，頁 277～310。

〔註 33〕　參見許抗生：《魏晉思想史》，頁 103～131；余敦康：《魏晉玄學史》，頁 299～324。

〔註 34〕　參見康中乾：《魏晉玄學》（北京：人民出版社，2008 年），頁 141～160。

〔註 35〕　參見戴璉璋：《玄智、玄理與文化發展》（臺北：中研院文哲所，2010 年）。

〔註 36〕　謝先生的書大膽新穎，對本論文尤其具有啓發性，然而關於其中將嵇康思想完全引向「主體實踐」的處理，筆者則嘗試提供另一面向的思考。

〔註 37〕　參見莊萬壽：《嵇康研究及年譜》（臺北：學生書局，1990 年）；童強：《嵇康評傳》（南京：南京大學出版社，2006 年）。

〔註 38〕　參見牛貴琥：《廣陵餘響 —— 論嵇康之死與魏晉社會風氣之演變及文學之關

　　實際上近年來專門研究嵇康的學者常常集中研究於其中的兩大議題，一是音樂美學，二是養生、處世理論。在音樂美學方面，如張蕙慧先生的《嵇康音樂美學思想探究》、盧政先生的《嵇康美學思想述評》，〔註 39〕都取得了相當紮實深厚的研究成果；在養生論方面，則有不少碩博士論文曾致力於此。〔註 40〕另外，音樂問題與養生問題實際上還引起了域外學者的關注：在音樂方面，荷蘭漢學家高羅佩有專著《嵇康與〈琴賦〉》，討論了其中的音樂美學與琴道問題；〔註 41〕在養生方面，法國漢學家朱利安亦有《養生》一書，其中對嵇康的養生理論多有所闡發與討論。〔註 42〕

　　最後，涉及嵇康的其他相關論著，亦可分為思想類和非思想類。思想類：如吳冠宏先生的《魏晉玄義與聲論新探》，從「聲」、「情」關係入手對嵇康的〈聲無哀樂論〉作出了非常新穎的解釋；〔註 43〕如許建良先生的《魏晉玄學

係》（北京：學苑出版社，2004 年）。

〔註 39〕參見張蕙慧：《嵇康音樂美學思想探究》（臺北：文津出版社，1999 年）；盧政：《嵇康美學思想述評》（北京：中國社會科學出版社，2011 年）。這一類的研究往往引證豐富，頗有其當代學術價值，但若從思想史研究的角度來看，則有偏離嵇康本意之嫌，因為嵇康之本意並不在於以現代學科的定位方式來看待音樂本身，而是有其更加深層的關懷。

〔註 40〕如蘇秋旭：《嵇康生命觀之研究》（嘉義：國立嘉義大學中國文學系研究所碩士論文，2006 年）；金仁壽：《嵇康養生思想之研究》（臺北：中國文化大學哲學研究所碩士論文，1996 年）；王玉娟：《嵇康及其〈養生論〉研究》（臺北：華梵大學東方人文思想研究所碩士論文，2002 年）；陳慶元：《阮籍、嵇康處世態度研究》（臺中：東海大學中國文學系碩士論文，1997 年）。然而筆者以為光談論嵇康的養生面向，畢竟仍有所偏狹，特別是恐怕難以解答嵇康為何倡導養生，卻最終不能保其身的這種傳統疑難。

〔註 41〕參見 Robert Hans Van Gulik: *His K'ang and his Poetical Essay on the lute*（Tokyo: Sophia University Press, 1969）。另外李美燕先生針對高氏此書寫有《琴道——高羅佩與中國古琴》（香港：香港大學饒宗頤學術館，2012 年），頗引介高氏思想，並補其不足，亦可參考。

〔註 42〕參見 *François* Jullien, *Vital Nourishment: Departing from Happiness*, trans. Arthur Goldhammer（New York: Zone Books, 2007）。

〔註 43〕參見吳冠宏：《魏晉玄義與聲論新探》（臺北：里仁書局，2006 年）。吳先生所發展出的從「鍾情」到「忘情」的理路，已形成一套詮釋魏晉士人的經典框架；而其於今年（2014 年）又發表了一篇〈從莊子到嵇康——「聲」與「氣」之視域的開啟〉，《清華學報》新 44 卷第 1 期（2014 年 3 月），頁 1～28。該文將「氣」的概念引入其原有詮釋框架中，並突出了嵇康氣論在魏晉思想史中的地位，此與筆者在第三章中的論述頗有近似之處；不過吳先生較傾向於藉由《莊子》與嵇康文本的平行對比來揭示其中的氣論內涵，而筆者則致力於綜合性地探討嵇康自身所面臨的時代問題，以及其有進於《莊子》的特殊

倫理思想研究》、蔡忠道先生的《魏晉處世思想之研究》，皆從特定脈絡對嵇康思想的某個側面進行了有價值的探索。〔註44〕非思想類：如羅宗強先生的《玄學與魏晉士人心態》，其中嵇康的章節剖析得尤爲精彩，對筆者啓發頗大；〔註45〕再如蕭馳先生的《玄智與詩興》，書中對嵇康與山水詩學關係之論述，亦是發前人所未發。〔註46〕

通過以上簡要的近人相關論著之回顧，我們可以發現以下三點：其一，按照傳統魏晉玄學的論述框架極易於使嵇康的獨特性被掩蓋，尤其是其「自然」問題通常被歸併在竹林玄學總體的「越名教而任自然」主張中，未能突顯其自身價值；其二，如果單獨考察嵇康本身的思想，則一方面傳統的玄學論題難以完全適用於嵇康的問題脈絡，另方面嵇康的思想內部似亦存在著相互割裂的面向，其中音樂思想與養生理論之間的聯繫還有待從整體上予以探討；〔註47〕其三，嵇康不同於一般的純粹理論家，他身上可被探究的面向頗爲多元，無論是其文學成就、生平事蹟（尤其是他的死）、人生信念、社會影響都可成爲研究者的聚焦對象，這不同面向之間又都牽一髮而動全身，能夠影響我們對其總體立場的詮釋與判斷。

根據上述討論，我們對於嵇康的研究實應有一個更具綜合性、文化性的新切入點，方能夠貫穿起上述諸多難點。如果結合上一節的討論，則可知連

面向。

〔註44〕參見許建良：《魏晉玄學倫理思想研究》（北京：人民出版社，2003年）；蔡忠道：《魏晉處世思想之研究》（臺北：文津出版社，2007年）。

〔註45〕參見羅宗強：《玄學與魏晉士人心態》（天津：天津教育出版社，2005年），頁80～104。羅先生此書中關於嵇康的部分，將嵇康作爲玄學人生觀最典型的代表，並強調其對莊子思想的人間化作用，此實爲一大創見；不過羅先生由於僅從士人心態入手，而未整體地深入分析嵇康思想文本，故而得出其玄學人生觀未能解決社會責任問題的結論，此或可再作討論。

〔註46〕參見蕭馳：《玄智與詩興》，頁183～224。蕭先生從詩學入手，得出了嵇康從莊學精神開拓出新的内在超越境界，此頗可與羅先生的觀點相互發明。

〔註47〕實際上早在牟宗三先生《才性與玄理》一書就曾一方面讚賞嵇康在主體養生工夫上的成就，另方面又惋惜其在所謂「客觀眞理」（音樂理論）上缺陷，參見牟宗三：《才性與玄理》，頁277～310。其後，謝大寧先生則通過所謂「歷史的嵇康」與「玄學的嵇康」之區分，來揚棄「歷史的嵇康」這一面向，以將嵇康的思想完全收攝到主體實踐的範疇，參見謝大寧：《歷史的嵇康與玄學的嵇康》。其實這種主觀工夫與客觀眞理之間的割裂，正對應我們在上一節中所談的「自然」義之二分問題，以往學者多僅注意「自然」之境界義面向，未能充分重視與兩漢氣化論相關的「自然」義之正面價值，從而易於認爲嵇康的思想體系内部存在著割裂與不統一。

結思想與文學的「自然」問題正是此最佳之選項。嵇康在「自然」問題上的真正立場本就是引起研究者之紛爭的根源，而貫穿他行為抉擇、詩文感懷、生命歷程的基本線索亦需落在「自然」問題上來考察。

第三節　研究進路：審美向度與倫理向度

雖然本論文的問題意識源自思想史與文學史脈絡之碰撞，但真正致力之所在卻非兩者之間的天然交集——美學，而是嘗試通過審美向度與倫理向度的交織，來重構出嵇康生命中展現出的某種更具深度的探索。〔註48〕

在此首先需要對本論文所使用的「審美」與「倫理」之區分作出一定的說明。從嚴格意義上來說，所謂「審美的」（aesthetic）與「倫理的」（ethical）的區分乃是西方近代思潮的產物，無論在中國還是西方的古代思想中，審美與倫理之間的界限本都十分模糊；然而西方近代以來，尤其是以康德（Immanuel Kant）的《判斷力批判》為突出代表的理論探討，卻使得審美活動得以獨立於感性活動與道德實踐，進而導致了美學作為一門獨立學科的產生。與之可以形成對照的是，雖在中國古代的整體脈絡中審美與倫理未有嚴格界限，但是魏晉南北朝時期作為一個特殊階段，卻向來被公認為是個體意識之自覺與審美精神之興起期，〔註49〕在這一時期裡各種藝術門類如詩歌、繪畫、書法等等皆獲得了突破性的發展，此種審美領域的凸顯、興盛很容易讓人聯想到，其中是否存在著某種類似於導致西方近代美學得以獨立的觀念突破。如果我們仔細考察嵇康的「自然」，尤其是其獨特的「聲無哀樂」之理論，就會發現其與康德在《判斷力批判》中對審美活動的純化工作實有異曲同工之妙。〔註50〕

〔註48〕如果將論題落實在美學範疇裡，實際上會發展成以思想史上的資源來證成文學史上的演進這一單向的影響論理路，而本論文所致力於的是，揭示出審美與倫理、思想與文學在歷史時空中更真實具體的交織共進。

〔註49〕關於個體意識的覺醒與審美精神的興起，可參見余英時：〈漢晉之際士之新自覺與新思潮〉，《中國知識階層史論》（臺北：聯經出版公司，1980年），頁205～327；宗白華：〈論世說新語和晉人的美〉，《美學的散步》（臺北：洪範書店，1981年），頁71～96。

〔註50〕當然，這種相似性僅僅是某種初始的著手形式上的巧合，乃是基於二者皆觸及到某種普遍的人類心智認知結構，然而由於各自思想、文化脈絡的不同，其發展出來的結果卻迥異。關於此問題的詳細探討，請參見第四章。

　　然而同樣始於審美活動的某種純化過程，嵇康卻並沒有使審美領域最終隔絕於倫理領域，反而是通過此審美之提純返真而再度回歸倫理之實現，並使後者得以從時代的積弊中再度「自然」化與合法化。〔註51〕傳統上正是由於僅僅重視魏晉時期純粹審美精神之獨立發展，而導致此審美精神脫離了思想史上主流性的現實倫理之關懷，並蒙受著慣性式的指責。但我們通過對嵇康式「自然」中審美與倫理之交織共構關係的梳理，卻有望打破這種視域限制，從而讓思想史與文學史上的「自然」之線索相匯通，同時也讓嵇康身上複雜難辨的多重面向在此新的基礎上得以統一。

　　在具體的處理方式上，本論文乃是將嵇康的思想文本、文學文本及其所展現的生命形態視作一個整體，進而從這一整體的內部入手，一步步從中導出問題、推進探討，以期得出嵇康在「自然」問題上的最終答案。此研究進路主要呈現為從「任自然」到「自然之和域」的過程，前者代表傳統道家的主體修養境界，後者代表為嵇康所獨創的審美與倫理的交織之域。在這兩者之間又有「嵇康之死」與「自然之和」這兩個環節：起初正是通過嵇康之死與「任自然」的矛盾衝突，啟引出朝向「自然之和域」的探索路徑，末尾又正是通過再度引入嵇康之死這一線索，而激發出「自然之和域」的昇華意義；「自然之和」則一方面承接、對治著「任自然」理路的內部困境，另方面則為「自然之和域」的最終顯現奠定了基礎條件與形式性徵。此一從「任自然」到「自然之和域」的過程將呈現為以下這四個階段：

　　第一階段——嵇康之死與「任自然」。此階段是整個研究的準備性階段，乃是通過重新檢討嵇康之死的問題，引導出其與傳統上所關注的「任自然」思想之矛盾，從而開啟探究嵇康在「自然」問題上之另一面向的合法性。由於排除了嵇康之死肇因於其自身見識不足或行為不慎的可能性，而以「任自然」為核心的傳統道家境界修養理論又不足以支撐嵇康之死的背後動因，因此我們必須從「任自然」走向「自然之和」。

　　第二階段——從「任自然」到「自然之和」。在此階段，我們發現一方面嵇康的現世憂患意識，導致他無法安然遵循單純的道家原則而隱於山林，另方面個體式的養生理路固然高妙，但如果不能讓主體獨立於傳統氣化系統的

〔註51〕嚴格地說，嵇康自然不像康德等西方近代思想家那樣自覺到自己在進行某種審美、倫理關係之梳理工作，我們這裡使用「審美」與「倫理」之向度的說法，實是為了更好地指涉其思想活動之實際運作的一種方便說。

脈絡，則無從保障其實現。然若轉從嵇康的音樂思想入手，則可發現他藉由改變傳統氣化論脈絡下的感物模式，使主體得以在審美活動中觀照外物本然的氣性之和，進而獨立自身的生存價值於氣化系統之外。而且如果說這種審美活動仍然是開展於消極性的自我維護層面，那麼嵇康實際上並不僅停留於此。他還進一步揭示出音樂如何作為一種共時性線索，打破了因古今倫理境況差異所造成的實踐困境，讓音樂作為一種可持存的「自然之和」超越了外在禮制的規定性束縛，得以直接導引主體趨向內在的「自然」狀態，從而讓此「自然之和」有了實現某種心靈之安頓及倫理價值之實現的可能性。

第三階段——從「自然之和」到「自然之和域」。在此階段，我們藉由深入探討「自然之和」的審美與倫理之基礎，從而揭示出其終極實現形態——「自然之和域」。嵇康先是藉由與康德相似的處理方式而純化了審美活動，接著卻在其氣論基礎上將其移向自然山水之域，從而使審美與倫理在更高的層次上再度結合，呈現為眾多主體以「和」相契通的倫理勝境。然而此「自然之和域」雖然已在嵇康的思想中構建成形，卻因缺乏他人的實際參與而面臨實際顯現的困境，這種困境長期籠罩在嵇康的竹林生活之中，並屢屢引發他四言詩中的知音之嘆。

第四階段——「自然之和域」的昇華與演進。在此階段，一方面探討嵇康之死作為一種積極性的行動，如何打破了「自然之和域」的顯現困境，彰顯出「養生」與「任心」的全新意義，並使「和域」內蘊的倫理責任與政治力量得以被激發而昇華。另方面則考察嵇康死後「自然之和域」的演進狀態：在西晉時期士人們因錯置審美精神於名教世界而催生出了無責任式的審美人生態度，在東晉時期士人們雖得以從名教世界通向自然世界，但審美精神卻只是單純地發展自身，尚不能實現化出倫理價值；唯有到了由晉入宋的階段，「自然之和域」才在以謝靈運為代表的山水詩寫作中，逐漸開始呈現出其實然形態，並開始了影響深遠的自然山水之「域化」過程。

第二章　嵇康之死與「任自然」

　　嵇康（223～262）是魏晉時期重要的思想家、詩人、藝術家，他身逢魏晉易代之際，面對司馬氏集團逐步奪取政權、拉攏士人的行為，始終堅持不與之合作的態度，並提出了著名的「越名教而任自然」主張，寫出了大量析理深透的文章與清曠峻烈的詩歌。最終，他因捲入呂安事件而遭司馬昭殺害，臨刑前神氣自若，奏曲而亡。在本章中，我們將從嵇康死因的探討出發，再與其「任自然」思想相對照，進而在兩者之間的辯證過程中，開啓探索「自然」之另一面向——「自然之和」的空間。

第一節　從嵇康之死談起的原因

　　本節將嘗試簡要說明爲什麼探討嵇康的「自然」問題要從嵇康之死說起。傳統上關於嵇康死因的種種觀點雖然都頗具參考性，但其中多仍有進一步討論的空間，而通過這種討論，我們將發現嵇康之死與他的「自然」理念有著極其密切而複雜的關係，而且後者似乎無法用傳統所聚焦的「任自然」命題來予以涵攝，更重要的是，對於嵇康死因的解釋往往決定了判定其思想立場的切入點。

　　另方面，無論是討論嵇康的死因，還是研究他的思想，記載其生平的資料都是不容忽視的，然而有關嵇康生平的第一手資料現多已亡佚，所存者散見於《三國志》裴松之注、《世說新語》劉孝標注、《文選》李善注以及《太平御覽》、《太平廣記》等書之所載，其中精蕪參半，頗見相互抵觸之處，若偏信某處記載，則很容易導致整體判斷的偏差。所以在正式進入嵇康死因探

討之前，筆者嘗試先選取一個典型案例來比較各處記載之間的差異，從而確立幾條判斷嵇康生平資料之可靠性的標準。

一、生平資料可靠性的審查標準

在圍繞嵇康死因的爭論中，矛盾和衝突的產生往往是由所依憑的原始材料本身的相互衝突而造成的，如果論者本以自己主觀既有之立場先入，就很容易在相互抵觸的各種材料中僅僅選取與己見相符的部分，進而予以擴充發揮，所以我們有必要首先對材料本身的客觀性進行審查。有關嵇康的生平資料散見於各種典籍，良莠難判，我們固然不能對這些資料的真實性作出終極的、完全肯定的判斷，但仍然可以嘗試設立幾條最低限度的審查標準。

在關於嵇康生平的原始資料中，唐修《晉書》乃雜糅前人所說而成，其本身並無資料的原始參考性，所以我們大致上以魏晉南北朝人（尤其是魏晉人）的記錄為第一手的參考資料，並予以考察之。然而嵇康之死在當時是個敏感事件，晉代史家對嵇康的生平多有所諱言，陳壽在《三國志》中僅記以「時又有譙郡嵇康，文辭壯麗，好言老、莊，而尚奇任俠。至景元中，坐事誅」〔註1〕這寥寥數語，雖然我們現在仍能看到魏晉時人對嵇康生平的不少記載，但其中多有資料或性質可疑或立場待判。〔註2〕下面則擬以所謂的「孫登贈言」為例，貫穿起幾個重要的資料出處，並由此比較、探討某種最低限度的審查標準是否可能確立。

孫登其人在《晉書·隱逸傳》中位列第一，是當時著名的隱士，嵇康曾訪之於山中，在嵇康臨去時，孫登對之有所贈言。後來嵇康獲罪，寫了一首〈幽憤詩〉，其中有一句「今愧孫登」（〈幽憤詩〉，頁29），於是人們往往推想孫登當時針對嵇康其人及其命運有所評判或勸誡，這一贈言也被後世視為嵇康死因的一大評斷，而各家對此贈言的記載實頗值得我們予以對比分析。

首先，《三國志·王粲傳》注引孫盛《魏氏春秋》曰：

> 初，康採藥於汲郡共北山中，見隱者孫登。康欲與之言，登默然不
> 對。踰時將去，康曰：「先生竟無言乎？」登乃曰：「子才多識寡，

〔註1〕〔晉〕陳壽撰，〔南朝宋〕裴松之注：《（新校本）三國志注》（臺北：鼎文書局，1978年），頁605。

〔註2〕以往論者大多基於證成其論點的需要而選取資料，而未對資料出處的可靠性先作出一個統一性的評判，這就易於導致判斷上的偏失。

難乎免於今之世。」〔註3〕

又引孫盛《晉陽秋》：

> 康見孫登，登對之長嘯，踰時不言。康辭還，曰：「先生竟無言乎？」
>
> 登曰：「惜哉！」

并評曰：

> 此二書皆孫盛所述，而自為殊異如此。〔註4〕

又引《康別傳》曰：

> 孫登謂康曰：「君性烈而才儁，其能免乎？」〔註5〕

而《世說新語‧棲逸》曰：

> 嵇康遊於汲郡山中，遇道士孫登，遂與之遊。康臨去，登曰：「君才
>
> 則高矣，保身之道不足。」〔註6〕

其注引張騭《文士傳》曰：

> 康聞，乃從遊三年。問其所圖，終不答。然神謀所存良妙，康每蕭
>
> 然歎息。將別，謂曰：「先生竟無言乎？」登乃曰：「子識火乎？生
>
> 而有光，而不用其光，果然在於用光。人生而有才，而不用其才，
>
> 果然在於用才。故用光在乎得薪，所以保其曜；用才在乎識物，所
>
> 以全其年。今子才多識寡，難乎免於今之世矣！子無多求！」〔註7〕

以上的五處記載看起來大同小異，然細察之，則各處對這句贈言記載的差異
正是關鍵所在。這五處記載對此贈言的說法粗略地歸納起來實則有四種，即
「性烈而才儁」、「才多而識寡」、「惜哉」、「保身之道不足」；「性烈而才儁」
是《康別傳》的說法，「才多而識寡」是張騭《文士傳》和孫盛《魏氏春秋》
的說法，「惜哉」是孫盛《晉陽秋》的說法，「保身之道不足」是劉義慶名下
的說法，下面我們對其各自的作者背景問題進行簡略的考察。

首先，《康別傳》的作者現已不可考，但從裴松之注引《康別傳》來看，
其作者應至少為晉人。其次，張騭生平雖不可考，但裴松之注屢引其《文士
傳》，則其應與孫盛同為晉人；另方面，裴松之在注《三國志‧王粲傳》時對
張騭又有所評論，先是對其所載王粲說劉琮的言辭大加辨偽，然后總結說：「以

〔註3〕〔晉〕陳壽撰，〔南朝宋〕裴松之注：《（新校本）三國志注》，頁606。
〔註4〕同上注。
〔註5〕同上注。
〔註6〕〔南朝宋〕劉義慶撰，徐震堮校箋：《世說新語校箋》，頁355～356。
〔註7〕同上注，頁356。

此知張騭假偽之辭，而不覺其虛之自露也。凡騭虛偽妄作，不可覆疏，如此類者，不可勝紀。」〔註8〕我們從之前《文士傳》的引文中亦可看出，張騭所記多有「所居懸巖百仞」這類的虛張鋪陳，而其中孫登對嵇康的贈言亦是先以一大段貌似頭頭是道的火薪之喻說教了一通，才最終點出了「才多識寡」這句評語，可見張騭其人其書頗有不可信之處。再次，孫盛則是東晉著名史學家，博學善言，其《晉書》本傳曰：「《晉陽秋》詞直而理正，咸稱良史焉。」〔註9〕，所以孫登的記載在品質上應該是有一定保證的。最後，劉義慶則為劉宋臨川王，已非魏晉時人，其記載較為晚出，但仍有一定的參考性。

此處存在的疑點是，如果說史家的立場會影響到其寫法，那麼作為直筆良史的孫盛為何會與人品可疑的張騭同樣說孫登的贈言是「才多而識寡」呢？孫盛為何在《魏氏春秋》中記為「才多而識寡」，在《晉陽秋》中又記為「惜哉」呢？顯然二人既然同樣採取了「才多而識寡」的說法，則恐怕說明這一說法在晉代是一種廣為流傳的通說，所以張騭取之，孫盛亦襲用之。然而，這一說法就算按當時人的眼光來看，恐怕也不是毫無問題的，孫盛以一良史的見識，在其撰寫《晉陽秋》時發覺原本的說法實有不可取之處，故又改為含糊卻語氣強烈的「惜哉」。〔註10〕

問題應區分成兩個層面，其一是嵇康本人是否真的「識寡」，其二則是晉人為何會認為嵇康「識寡」。對於前者可先存而不論，而對於後者，則可以認為這首先源於入晉之後的士人確認其政治現狀合法性的需要。殺害嵇康可謂是司馬氏正式取得政權之前的一項歷史原罪，〔註11〕但如果嵇康之死乃是由於其自身的某種過失或缺陷所造成，則既可以削弱其影響晉室歷史合法性的

〔註8〕〔晉〕陳壽撰，〔南朝宋〕裴松之注：《（新校本）三國志注》，頁598～599。

〔註9〕〔唐〕房玄齡等撰：《（新校本）晉書》（臺北：鼎文書局，1980年），頁2148。

〔註10〕根據《晉書》孫盛本傳的記載，孫盛「著《魏氏春秋》、《晉陽秋》」，明列《魏氏春秋》於《晉陽秋》之前；又，本傳載孫盛年老時，因《晉陽秋》之直筆而觸怒桓溫的事蹟，由此又可見《晉陽秋》當較晚出，其時恐已近孫盛晚年；同上註，頁2148。綜上可知，《晉陽秋》確實較有可能寫於《魏氏春秋》之後，並對前書的觀點有所修正，而且從《晉陽秋》甚至觸怒到當權的桓溫來看，此書當有較為剛直的書寫態度，故而有可能對嵇康死因進行了不同於俗見的反思。

〔註11〕在魏晉嬗替之際，司馬氏雖然殺掉了許多與之敵對的士人，但是像嵇康這樣至少在罪名上並非直接涉及某一實際政治反叛事件而被誅殺的案例，則實屬罕見，況且嵇康在當時士人的心目中地位頗高，所以史稱司馬昭殺嵇康之後「亦尋悔焉」（見前引《世說新語・雅量》），實不無道理。

程度，又使得兩晉士人因自居爲「識足」而保存己身，並在良心上得以自安。〔註12〕然而曾沿襲此說的孫盛本人就對這種說法產生了質疑，可見這種說法就是在晉人眼裡也不無商榷的餘地。《文心雕龍・史傳》曰：「干寶述紀，以審正得序；孫盛陽秋，以約舉爲能。」〔註13〕孫盛的《晉陽秋》文辭雖簡，卻見識不凡，所以在此書中「惜哉」的說法頗可視爲晉人自己對「識寡」原說雖有所反思和修正，但又囿於當時的政治壓力而不得直言的矛盾態度。

如果說晉人畢竟因嵇康事件直接關係到晉室的合法性問題而有所忌諱，那麼身處劉宋的劉義慶則不應該有這個問題，《世說新語》雖非劉義慶本人所作，但其書至少會反映出其作爲主編者的立場，因此劉義慶是基於什麼樣的背景而形成「保身之道不足」的說法，就值得我們予以考察了。

按照周一良先生在〈《世說新語》和作者劉義慶身世的考察〉一文中的說法，劉義慶所處的宋文帝之朝，是個大臣不斷被誅殺的恐怖年代，劉義慶本人亦有世路艱難之稱，他正是「爲了全身遠禍，於是召聚文學之士，寄情文史，編輯了《世說新語》這樣一部清談的書。」〔註14〕由此可見，劉義慶之所以會評嵇康爲「保身之道不足」，確實跟其身處的政治環境有關。他作爲一鎮藩王，雖無謀逆之野心，但總難免受到多疑的宋文帝的猜忌，常處在朝不保夕的憂懼之中。故而在對嵇康被殺這一事件的評述中，就不自覺地將之詮釋成一個「保身之道」的反面教材。

最後我們還剩下「性烈而才雋」這一說法未予討論，《康別傳》作者雖已不可考，但是嵇康性格剛直通常被認爲是一個不爭的事實，所以「性烈而才雋」可算是晉人中一種較爲平允的說法，頗具有一定參考性。〔註15〕

〔註12〕 大致說來，晉人一方面多傾慕嵇康本人之風采高致，如《世說新語・容止》有曰：「有人語王戎曰：『嵇延祖卓卓如野鶴之在雞羣。』答曰：『君未見其父耳』」，可見西晉人縱使處在嵇康事件的政治敏感期，仍對嵇康頗爲追慕；可是另一方面，就是到了東晉，人們仍普遍認爲嵇康自身有一定的缺陷，如《世說新語・品藻》曰：「簡文帝曰：『何平叔巧累於理，嵇叔夜儁傷其道』。」以上兩處引文分見於〔南朝宋〕劉義慶撰，徐震堮校箋：《世說新語校箋》，頁336，頁283。

〔註13〕 〔梁〕劉勰撰，范文瀾注：《文心雕龍注》（北京：人民文學出版社，1958年），頁285。

〔註14〕 周一良：《魏晉南北朝史論集》（北京：北京大學出版社，2010年），頁301。

〔註15〕 後來唐人所撰之《晉書・嵇康傳》即採此說，參見〔唐〕房玄齡等撰：《（新校本）晉書》，頁1370。雖然我們認爲晉人的記載常常有所諱言，但是不可否認他們去其世未遠，仍有保留了不少眞實性資料的可能性。

　　以上幾種材料皆是嵇康生平資料的重要來源，可以發現這些記載往往由記述者本人的時代背景而決定其寫作原則，這又會進一步影響到其對資料的選取和認同，〔註16〕所以在參考這些材料時必須先對之採取懸置的態度以判斷其可靠性，才能不輕易被誤導，為此本文嘗試初步建立以下三個審查標準：第一，雖然大部分原始記載出自晉人，可是晉人囿於其身處晉室的時代環境，對嵇康之死這一敏感問題多有所諱言，他們傾向於一方面讚賞嵇康的高致，另方面又認為嵇康本身有某種過錯或缺陷，所以特別是在涉及嵇康死因的敏感性材料上，對晉人的說法必須採取謹慎的態度；〔註17〕第二，有些文獻的作者本身就不大可信，比如《文士傳》的作者張隲，除了前引裴松之的質疑外，鍾嶸《詩品·詩品序》亦曰：「張隲文士，逢文即書」〔註18〕，所以這類資料的可靠性是值得直接存疑的；〔註19〕第三，大致上材料的年代越晚，就越容易流於後世的想像與建構，比如《世說新語》中的記載雖然極富參考價值，但是如果在同一事件上有更加早出的資料記載可參考的話，則仍傾向於以早出的資料為主要依據。

　　另外需要附帶說明的是，實際上在對嵇康其人之歷史真相的追尋上，更加可靠的資料應當是嵇康本人所寫的文字，它們雖然往往不是對事實的直接陳述，但若善加利用，則能夠更加真實地反映嵇康本人的態度。不過根據這些文字來為嵇康定案，也存在著兩個需要注意的難點：其一，嵇康關於其本人的說法，往往基於當時情境而有誇大或自謙的成分，需要我們予以辨析、

〔註16〕關於魏晉史料的參考價值問題上，仇鹿鳴先生給我們提供了一種頗為公允的看法，他認為魏晉時期的史料雖然不像後世史書那麼系統化、那麼有可靠性，但是卻在保留多種視角這方面勝過了後世單調的「正確」敘事，故而需要我們努力在辨析的基礎上予以善加利用，筆者贊同此說，參見仇鹿鳴：《魏晉之際的政治權力與家族網絡》（上海：上海古籍出版社，2012 年），頁 20～31。

〔註17〕值得注意的是，筆者在前文中推測「才多識寡」可能是晉人中的一種通說，是彌補政治合法性的一種需要，因而晉人有關嵇康生平的大多數記載都有可能是建立在這一前提上的，更重要的是，晉人的記載本就構成了嵇康生平資料的大部分，因此我們在根據資料推斷歷史真相時，必須對這一原初的誤導性保持警惕。

〔註18〕〔梁〕鍾嶸著，曹旭箋註：《詩品箋註》（北京：人民文學出版社，2009 年），頁 105。

〔註19〕雖說本文在此無法將那些記載方式本身就可存疑的資料一一鑑別列出，但單是考慮到《文士傳》的記載本就構成了嵇康生平資料的一大宗，這條標準也有一定的意義。

還原，其典型如嵇康的〈與山巨源絕交書〉一文中的描述；〔註20〕其二，我們往往傾向於先預設嵇康的立場，然後再來解讀其文字，這就易於將文本中所含的某種可能性過分誇大，從而扭曲嵇康的原意，其典型如嵇康的〈管蔡論〉一文中的態度。〔註21〕

二、嵇康之死背後的複雜性

《世說新語・雅量》載嵇康臨刑場景曰：

> 嵇中散臨刑東市，神氣不變，索琴彈之，奏廣陵散。曲終，曰：「袁孝尼嘗請學此散，吾靳固不與，廣陵散於今絕矣！」太學生三千人上書，請以爲師，不許。文王亦尋悔焉。〔註22〕

嵇康之死無疑是中古史上的一大事件，光是其臨刑之時瀟灑鎮定的氣度就足以讓人蕩氣迴腸，而其從容奏一曲《廣陵散》的壯美就更加使聽者不能自已了。面對這悲壯慷慨的一幕，我們禁不住要問：嵇康究竟爲何而死？嵇康真正的死因是什麼？嵇康在表面上是因涉入呂安被誣案件而死的，〔註23〕但是在這一案件裡顯然找不出什麼足以判嵇康死罪的理由，所以嵇康之死自然另有其深層原因。

從各方面的考察來看，可藉以說明嵇康之死的因素有很多，論者則總是希望從中判定出一個主導性因素，來說明嵇康之死的真正原因所在。關鍵在於嵇康之死絕不單單是一個有才華、有魅力的士人的個人問題，由於嵇康立

〔註20〕比如其中所謂「頭面常一月十五日不洗」（頁117）這樣的說法就恐怕是誇大的，從文獻記載來看，嵇康的形象頗爲瀟灑，如果真的常常這麼久不洗頭，恐怕是難以瀟灑起來的。進而我們同樣需要對更加關鍵之處的表述是否有誇大成分保持警惕。

〔註21〕關於這篇文章，傳統上有不少學者傾向於認爲這是處處在爲毋丘儉辯護，處處在貶斥司馬氏，可參見侯外廬等：《中國思想通史・第三卷》（北京：人民出版社，1956年），頁188。然而，近來有學者已開始認爲此文並未見如此明顯的褒貶傾向，更多地像是一種純粹的歷史思辨，可參見童強：《嵇康評傳》（南京：南京大學出版社，2006年），頁279～287。

〔註22〕〔南朝宋〕劉義慶撰，徐震堮校箋：《世說新語校箋》（北京：中華書局，1984年），頁194～195。

〔註23〕根據《文選・思舊賦》引干寶《晉紀》、《世說新語・簡傲》引孫盛《魏氏春秋》等各處的記載，呂安事件的大致經過爲：嵇康的好友呂安的妻子被其兄呂巽迷姦，嵇康先勸呂安隱而不發，但其後呂巽自感不安而反告呂安不孝，遂使下獄。後嵇康爲呂安辯白，竟與之同誅。

場的典型性，它還標誌著魏晉之際的士人在精神處境上的某種集體性轉折點，〔註 24〕所以在解釋嵇康死因的時候免不了要融入研究者對這一時期士人處境問題的總體判斷，以便說明嵇康本人的真正態度究竟為何。因此，首先在對時代整體情勢的判定上，其次在嵇康本人立場與時代關係問題上，學者們形成了極為眾說紛紜的解釋。

粗略考察之下，以往學者的觀點雖然各有側重又多所兼顧，但仍可從中歸納出兩種傾向：一種傾向認為嵇康之死主要肇因於當時的政治形勢以及其本人的政治行為與態度，另一種傾向則認為嵇康之死主要是因為他對名教的批判態度或其個人性追求之為當局所不容；這前一種傾向是較為外在性的、政治性的，可舉陳寅恪、莊萬壽等先生為代表，〔註 25〕後一種傾向則是較為內在性的、個人性的，可舉魯迅、羅宗強等先生為代表。〔註 26〕

然而通過對相關資料的梳理，可以表明無論是外在性的還是內在性的這兩種與政治當局的直接性對抗，原本尚不足以導致嵇康之死，毋寧說它們僅僅構成了司馬氏集團對嵇康這一異議分子必然懷有的殺害動機，而這種動機是否真正要予以實現則是另一回事；更重要的是，原本嵇康雖持不合作態度卻仍能夠維持某種平衡狀態，這種平衡狀態才是「越名教」的實質，進而對「名教」的距離性超脫構成了他追求「任自然」理想的基本保障，他也一直自覺維持著這種從「越」到「任」的結構。

〔註 24〕 嵇康約死於景元三年（262），而早在甘露三年（258）司馬昭平定諸葛誕的叛亂之後，國內就再無可與其抗衡的實質性的力量了，在嵇康身死的後一年即景元四年（263）魏即興兵伐蜀而滅之，可見彼時司馬氏取代曹魏之勢已不可免，其已無後顧之憂而轉向外伐。然而當時亦有士人持不與之合作之態度，嵇康即其中的代表人物，應該說這部分士人並無反抗司馬氏的政治實力，但仍然在精神層面上保持著與之對抗的力量，這種力量無論對在野還是在朝的士人來說，都具有某種精神上的意義。嵇康死後，原本不合作士人們（如向秀）便完全倒向了司馬氏。甚至有學者以專著論述了嵇康之死與當時整體風氣轉變問題，參見牛貴琥：《廣陵餘響——論嵇康之死與魏晉社會風氣之演變及文學之關係》（北京：學苑出版社，2004 年）。

〔註 25〕 陳寅恪先生的觀點，可參見陳寅恪：〈書世說新語文學類鍾會撰四本論始畢條後〉，《金明館叢稿初編》（北京：三聯書店，2001 年），頁 47～54。莊萬壽先生的觀點，可參見莊萬壽：《嵇康研究及年譜》（臺北：學生書局，1990 年）。

〔註 26〕 魯迅先生的觀點，可參見魯迅：〈魏晉風度及文章與藥及酒之關係〉，《魏晉風度及其他》（上海：上海古籍出版社，2000 年），頁 185～198。羅宗強先生的觀點，可參見羅宗強：《玄學與魏晉士人心態》（天津：天津教育出版社，2005 年）。

　　進一步說，這涉及到嵇康的反抗之實質意義究竟爲何的問題。我們往往過於注重嵇康身上的悲劇性色彩，強調其在政治批判上的尖銳和對個人信念的執著，認爲他的死有一種無可挽回的先天必然性。可是這種融入主觀性判斷的悲劇敘事，容易使我們忽略嵇康英雄式的反抗姿態背後所蘊含的更加複雜深刻的意義。嵇康並非單純地爲反抗而反抗，他所眞正致力於的，不是直接性的必然會失敗的正面鬥爭，而是間接性地，在政治權力所壟斷的社會空間之外建立一個能夠持存士人人生價值的「自然」之域，這一「自然」之域的獨立與維持本身，就是對政治當局更有力的一種反抗。

　　然而如果我們僅以傳統道家的「任自然」模式來看待嵇康的「自然」理念，將會發現它與嵇康之死存在著矛盾，這一方面促使我們重新審視嵇康的「自然」思想是否有溢出「任自然」路徑的其他面向，並與現實政治倫理有某種內在關係，另方面則要求我們轉而正視嵇康之死的直接導因——呂安事件內在蘊含的非偶然性，這兩方面的考察將爲我們開啓探索嵇康內在精神世界的大門，從而理解其「自然」理念中更深層的意義與關懷。

第二節　嵇康之死的內外在因素及其原初平衡

　　在建立了判斷嵇康生平資料可靠性的標準，並初步討論了嵇康死因的複雜性之後，本文擬對傳統上提出的導致嵇康之死的外在、內在因素進行梳理與重析，並嘗試證明這些因素原本都被維持在一個「準」穩定的平衡態，未見得能夠被激發爲導致嵇康直接被殺的現實因素。

　　本文所採用的外在因素與內在因素之區分形式，雖在很大程度上類似於傳統上社會因素與個人因素的區分，但更能凸顯來自於不同方向的兩種力量，以及它們如何最終能夠在嵇康的實際生存狀態中達到初步的平衡。一方面，我們可以主張嵇康可能因涉入某種政治性運動或純粹因爲其異議性的政治姿態而爲當局所不容，因此當局欲除之而後快，這是來自於外在政治權力之意志的方面；另方面，我們也可以認爲嵇康或許原本從客觀形勢上可以免於當世，只是因爲他本人的某種人格特質或立場堅持導致他與當局無法共存，這更多地是肇始於個人的內在固有因素的方面。但是這兩方面畢竟原本是維持在一種平衡的、未被激發的狀態下的，這與嵇康本人自覺性的處世策略有著極大的關係。

一、外在、內在因素辨析

在以往學者所論述的嵇康之死的外在原因中，有一種說法對後世影響甚大，但如今看來卻已不無可商榷之處，這就是陳寅恪先生提出的「曹魏黨說」。陳寅恪先生藉由才性異同問題的立場，區分出了作為內廷閹宦階級之代表的曹魏黨，和作為外廷士大夫階級之代表的司馬黨，並認為「嵇公於魏、晉嬗替之際，為反司馬氏諸名士之首領，其所以忠於曹魏之故，自別有其他主因，而叔夜本人為曹孟德孫女婿，要不為無關」〔註27〕。陳寅恪先生對曹魏黨和司馬黨的區分自有其學術參考價值，但是他本人實際上只是稍稍提點說，嵇康反抗司馬氏與其身為曹操孫女婿「不為無關」，我們恐怕不應將之看得太重。嵇康與曹魏有親戚關係固然是事實，但這並不代表了嵇康就要因為這種關係而反司馬氏，司馬昭更不見得因此而非殺嵇康不可。〔註28〕

近年來，學者多已不再強調嵇康因與魏室的姻親關係而反抗司馬氏，但有許多學者認為嵇康有積極反抗司馬氏的政治動機甚至行為，〔註29〕也就是說嵇康介入了實際的政治反叛行動之中。其實真正能證明這種說法的文獻資料僅有一條，即《三國志注》引《世語》曰：

> 毌丘儉反，康有力，且欲起兵應之，以問山濤，濤曰：「不可。」儉
> 亦已敗。〔註30〕

根據《世說新語·方正》所注，則《世語》作者為西晉人郭頒，〔註31〕西晉去嵇康之死未遠，政治敏感性還很高，根據上一節中對晉人心態的分析，這一記載不無可能是有意傾向於構陷嵇康的。何況這一記載本有其自相矛盾之處：如果嵇康欲起兵應毌丘儉的事情曉之於世，那麼司馬氏應該在平定了毌

〔註27〕陳寅恪：〈書世說新語文學類鍾會撰四本論始畢條後〉，頁54。

〔註28〕實際上陳寅恪先生的「兩黨說」作為早期的經典論述，在近幾十年來已逐漸得到了更精細化的修正，而以此說支持嵇康魏黨身份的政治決定性之觀點，也逐漸失去效力，有關此問題的晚近檢討可參見仇鹿鳴：《魏晉之際的政治權力與家族網絡·緒論》，頁1～11。

〔註29〕如莊萬壽先生就在《嵇康研究及年譜》中認為嵇康在毌丘儉起兵時，有佔領洛陽城以與之相應的意圖，詳見莊萬壽：《嵇康研究及年譜》，頁149～153。再如《中國思想通史》一書亦認為嵇康有實際起兵的意圖，甚至其鍛鐵行為也是有實際意義的，參見侯外廬等：《中國思想通史·第三卷》，頁145～147。

〔註30〕〔晉〕陳壽撰，〔南朝宋〕裴松之注：《三國志注》，頁607。

〔註31〕《世說新語·方正》有注曰：「按郭頒，西晉人，時世相近，為《晉魏世語》，事多詳敷。」，見〔南朝宋〕劉義慶撰，徐震堮校箋：《世說新語校箋》，頁158。

丘儉之亂後，或知曉此事後就立刻誅殺嵇康，〔註32〕又何待於呂安事件？反過來說，如果此事實有而並不曉於世，則西晉郭頒又何以知之？由此可見此事有可能僅是嵇康身後的一種傳聞，甚至是蓄意爲誅殺嵇康而編造的一項罪名，而並無實據，所以我們不宜直接以此條資料來證明嵇康有實際的政治行爲。

從上面的分析來看，我們其實並無足夠的證據來證明嵇康有實質性的政治行爲，所以恐怕不宜過分強調此方面在嵇康之死問題上的重要性。〔註33〕可是如果嵇康既不因姻親關係而忠心於魏室，又不曾有過起兵反抗司馬氏的行爲和動機，那麼司馬氏何以要誅殺嵇康呢？有的學者傾向於認爲嵇康之死乃是當時整個政治大環境使然，是統治者濫用其權力的結果；〔註34〕換言之，嵇康的不幸不在於他爲了什麼原因而反抗司馬氏，而在於其反抗行爲本身是對立於急於篡奪政權的司馬氏的，他的言行觸犯到了司馬氏的忌諱，故而後者必欲除之而後快。我們固然沒有充足的證據來證明嵇康會因爲某種明確的政治集團的隸屬身份而反抗司馬氏，也不能證明嵇康有什麼實質性的政治反抗行爲，但仍然不能否認嵇康確實持有一種明確的不與司馬氏集團合作的態度，這更多地是一種精神性的反抗，其中實質性的政治因素不應該被過分誇大。

如果只是這一種精神層面的反抗姿態，而不涉及直接的政治利害關係，那麼就要重新考慮引發司馬氏殺機的可能性因素了。要言之，從司馬氏自身的利益角度來考慮，可以肯定的殺害嵇康之動機至少有兩個：首先是輿論上的，嵇康對名教的至少是表面上的批評，雖然是取決於他個人的立場，但是從其社會影響上來說，仍然觸及了司馬氏以名教之幌而行篡權之實的痛處，

〔註32〕根據裴松之所注，干寶、孫盛等人就因爲相信嵇康有起兵反抗司馬氏的意圖而斷其被誅時間爲正元二年，而非魏志本傳所載的景元中，對於這一年代推斷，裴氏已力證其非，參見〔晉〕陳壽撰，〔南朝宋〕裴松之注：《三國志注》，頁607。但這反過來可以證明正因爲嵇康不可能早在正元二年被誅，所以本無欲起兵之事。

〔註33〕其實多有學者根據對嵇康本人的性情和政治抱負方面的考察，認爲嵇康不可能有實際的政治行爲，如羅宗強先生、童強先生皆持此說，參見羅宗強：《玄學與魏晉士人心態》，頁91～93，童強：《嵇康評傳》，頁235。

〔註34〕如《嵇康評傳》即認爲「嵇康的不幸，不是他自己的過錯，而是一個爲所欲爲的權利集團所造成的悲劇」，參見童強：《嵇康評傳》，頁245；而《廣陵餘響》則認爲「嵇康把自己實實在在地擺在了司馬氏集團的對立面」，嵇康被殺是「那個時代的必然」，參見牛貴琥：《廣陵餘響》，頁38～39。

為了繼續其表面上對名教的推崇，則有對嵇康的這種輿論影響進行限制的需要；其次則更是實際政治效用上的，嵇康堅持不入仕於朝，與呂安、向秀逍遙於山林，或灌園或鍛鐵，形成了一股在野的獨立士人力量，如果除掉嵇康，這僅存的在野士人群體就瓦解了。〔註35〕應該說，這兩個動機都是在客觀上成立的，都構成了司馬昭殺嵇康的潛在可能性，然而它們是否都充分到了直接導致嵇康的被殺，卻不能對此妄下定論，現在我們姑且將其作為可被接受的外在因素而予以懸置，轉而進入內在因素的考察。

關於嵇康之死的內在因素，首先要面臨的是一種自古以來就很有勢力的觀點，即嵇康本人在審時度勢或處世的能力上有所不足，因而自取其禍。這種觀點很顯然來源於晉人「才多識寡」的說法，不過近世學者大多已不再主張此說，而是對嵇康的個人立場持一種同情或讚賞的態度，不認為其乃因有某種智識上的缺陷而致禍。〔註36〕

在歷來關於嵇康之死的內在因素之討論中，有兩點是我們基本上可以予以承認的，其一是嵇康性格較為剛直，不像阮籍那樣能夠與司馬氏委曲敷衍，其二是嵇康追求某種理想的生命狀態，且對自己的信仰十分堅定。

關於嵇康性格的剛直方面，雖然其本人的文字對此已有所證明，〔註37〕但是我們恐怕不宜將這一點過分誇大，認為嵇康就一定脾氣極其暴躁，因為從現有的資料找不到嵇康平日裡因為性格剛直而做出的什麼過激行為，相反的，倒是有著嵇康喜怒不形於色的記載。〔註38〕可見嵇康就算內在性格確實

〔註35〕 事實上據《向秀別傳》所載：「後康被誅，秀遂失圖，乃應歲舉」，可見嵇康死後，剩餘在野士人力量的瓦解十分明顯，這對司馬氏無疑是十分有利的。然而對於這種有利性的程度，我們亦不宜過分誇大，詳見後文分析。

〔註36〕 不過也有一些例外，如《魏晉詩人與政治》一書就在假定嵇康的思想高度不如阮籍的基礎上，認為「他的覺悟是不夠透徹的」，因而不能自全其身，參見景蜀慧：《魏晉詩人與政治》（臺北：文津出版社，1991年），頁109。不過筆者認為，這種觀點很大程度上是受湯用彤先生在《魏晉玄學論稿》中關於嵇康、阮籍思想部分的影響，參見湯用彤：《魏晉玄學論稿》（北京：三聯書店，2009年），頁213～220。湯用彤先生在這一問題的說法因其年代的限制難免有所偏差，而稍後的牟宗三先生以及其後大多數的魏晉玄學研究者，都傾向於認為嵇康在思想成就上高於阮籍。此點筆者於緒論腳註中已有所說明，此不贅述。所以說嵇康在思想程度上不足從而不像阮籍那樣得以自全免禍，基本上已是一個不能成立的說法。

〔註37〕 嵇康〈與山巨源絕交書〉曰：「吾直性狹中……剛腸疾惡，遇事便發」（頁113）。

〔註38〕 如《世說新語・德行》注引《康別傳》曰：「康性含垢藏瑕，愛惡不爭於懷，喜怒不寄於顏。所知王睿沖在襄城，面數百，未嘗見其疾聲朱顏。」，見〔南

剛直，在其外在行爲中一般也不會表現出來，這種剛直的性格更多地是內在構成了其堅持不妥協態度的個性基礎，以及在呂安事件中毅然挺身而出的必然性，嵇康的所謂「性烈」僅僅在這兩個方面是有其意義的。

至於嵇康對某種信念的堅持，則是歷來討論的一大重點。魯迅先生在其名篇〈魏晉風度及文章與藥及酒之關係〉中就認爲嵇康並非眞的反對合理的名教：「但又於此可見魏晉的破壞禮教者，實在是相信禮教到固執之極的。」〔註39〕也就是說，嵇康相信的是一種他理想中的眞正名教，並因爲這種信念而反對現實中存在的虛僞名教。魯迅先生的觀點一反舊說，影響極大，而關於嵇康對某種信念的堅持，近世學者多有提出更詳細的觀點，其中以羅宗強先生的觀點較具代表性，他認爲嵇康體現的是一種玄學人生觀，「嵇康是第一位把莊子的返歸自然的精神境界變爲人間境界的人」〔註40〕，追求的是一種實實在在的自得生活，並因這種追求的執著性而「使自己在思想感情上處於社會批判者的立場」〔註41〕。無論嵇康的信念爲何，這都使他對立於當時的整個政治形勢，對立於司馬氏集團，構成了其被殺的內在因素。然而問題在於堅持某種個人的異議性的信念和立場並不意味著必然被殺，嵇康果眞是單純因爲對某種信念的過分執著甚至天眞而終遭不免的嗎？〔註42〕

二、原初平衡態與「任自然」

雖然我們已經總結出了可能導致嵇康之死的內在、外在因素，但是否將這些因素累加起來就足以導致嵇康之死，卻是不能妄下判斷的。

我們先重新考察外在因素，這包含了兩個面向，一爲嵇康在言論上對名教的抨擊，二爲嵇康的不合作態度對司馬氏招攬士人之意圖的阻礙。應該說外在因素的致命與否實際上取決於司馬昭本人，或說其所代表的整個利益集團的意願，可是從這兩者來說恐怕都不會輕易對嵇康有所動作，首先至少司馬昭本人一般對有名望的士人頗爲推重，並不會輕易誅殺有名望的士人，〔註43〕其次就

朝宋〕劉義慶撰，徐震堮校箋：《世說新語校箋》，頁10～11。
〔註39〕魯迅：〈魏晉風度及文章與藥及酒之關係〉，頁196。
〔註40〕羅宗強：《玄學與魏晉士人心態》，頁83。
〔註41〕同上註，頁99。
〔註42〕本論文最終將證明嵇康確實是爲某種信念而死的，但卻並非出於某種孤意的執著乃至天眞，而是基於其明確的宗旨與行動。
〔註43〕《三國志‧夏侯玄傳》引《魏氏春秋》曰：「玄之執也，衛將軍司馬文王流涕

整個司馬氏集團所誅殺的異己來說，一般也均是因實際的政治原因，而少見誅殺未捲入政治事件的士人。〔註44〕所以要使司馬昭非殺嵇康不可的話，就必須保證以上兩個所謂的外在因素足夠強烈才行。

首先在嵇康抨擊名教這一點上，論者往往以其「非湯武而薄周孔」（〈與山巨源絕交書〉，頁 123）為據，如魯迅先生就認為：「但最引起許多人的注意，而且於生命有危險的，是〈與山巨源絕交書〉中的『非湯武而薄周孔』。司馬懿因這篇文章，就將嵇康殺了。」〔註45〕根據《康別傳》和《魏氏春秋》所載，〔註46〕「非湯武而薄周孔」大概確實產生了一定的負面影響，但是別忘了嵇康之所以這樣說，本是為了避免被推舉出仕而故作姿態。《康別傳》就說嵇康「豈不識山之不以一官遇己情邪？亦欲標不屈之節，以杜舉者之口耳」〔註47〕，所以這一言論直接的影響應該首先是使司馬昭不再意圖想要籠絡嵇康，至於司馬昭因嵇康不能為己所用就要殺之，則是一個過度的推斷。另方面，嵇康所提出的「越名教而任自然」（〈釋私論〉，頁 234）畢竟只是口頭上的原則性宣稱，〔註48〕他在實際並沒有做出什麼驚世駭俗的放任行為，對名教的實際違抗絕不像阮籍那樣極端，那樣富有煽動性，司馬昭對阮籍尚能多加容

請之」，見〔晉〕陳壽撰，〔南朝宋〕裴松之注：《三國志注》，頁 302。對於夏侯玄這樣的名士，司馬師堅持要殺，司馬昭則有所不忍，甚至「流涕請之」；再參考司馬昭平時對阮籍的縱容，可知其對持名士較為寬容的態度，大致不謬。

〔註44〕 被司馬氏殺害的名士如王廣乃因王淩的叛亂而被殺，夏侯玄乃因牽連於李豐等人的政變而被殺，司馬氏在奪取政權的過程中對於未與自己直接有對立衝突的名士總先是採取籠絡的態度，唯有觸及到實質性的敏感問題時才會動殺機。

〔註45〕 魯迅：〈魏晉風度及文章與藥及酒之關係〉，頁 194。筆者按，此原文中「司馬懿」系「司馬昭」之誤。

〔註46〕 《康別傳》曰：「乃答濤書，自說不堪流俗而非薄湯、武，大將軍聞而惡之」，《世說新語・棲逸》注引，〔南朝宋〕劉義慶撰，徐震堮校箋：《世說新語校箋》，頁 356。《魏氏春秋》曰：「康答書拒絕，因自說不堪流俗，而非薄湯、武。大將軍聞而怒焉」，《三國志・王粲傳》注引，〔晉〕陳壽撰，〔南朝宋〕裴松之注：《（新校本）三國志注》，頁 606。

〔註47〕 劉孝標注引，參見〔南朝宋〕劉義慶撰，徐震堮校箋：《世說新語校箋》，頁 356。

〔註48〕 根據張蓓蓓先生的考察，嵇康所提出的「名教」本應泛指一切「有名之教」以與「自然」形成對文，並非實指現實禮法，參見張蓓蓓：〈「名教」探義〉，《中古學術論略》（臺北：大安出版社，1991年），頁 28。換言之，嵇康「越名教任自然」的主張不能直接等同於一種實質性的反對當局的行為。

忍，〔註49〕何況對於只是說說而已的嵇康呢？

其次在司馬昭殺嵇康的實際政治效用這一點上，我們必須說它只是潛在的，也就是說殺了嵇康固然可能會得到一定的好處，但是如果不殺嵇康也不見得會有多大的壞處。雖然嵇康死後，向秀很快倒向司馬氏陣營，但是向秀這樣的在野士人在大勢已定的當時畢竟已是極少數，多上一個畢竟也不見得能增添多大的政治資本。〔註50〕更重要的是，從向秀投奔司馬氏這一點上我們可以反過來看到另一個事實，所謂「後康被誅，秀遂失圖，乃應歲舉」（見前引）實際上恐怕意味著嵇康尚在的時候，司馬昭礙於嵇康名氣之大而尚不會妄動這一小群在野士人，而嵇康一旦不在，向秀就失去了保護傘，從而不得不赴京投奔。這說明司馬氏集團與在野士人群體之間原本維持著一種不易打破的僵局，嵇康既不肯入仕，司馬氏也不會輕易對之動武，雖說欲加之罪，何患無辭，但司馬氏未必有一定要加之罪的意願，而且嵇康本人不在官場之中，要憑空找到罪名恐怕也是不容易的。

我們接著重新考察內在因素，這關係到嵇康對自己所處的危險境地的認識，如果我們不預設立場地重讀〈與山巨源絕交書〉的文本，則會發現嵇康本人對自身的認識其實是非常清晰而理智的。

〈絕交書〉一開始的立論就放在「性有所不堪，真不可強」（頁114）上，也就是說嵇康是以自己的天性不堪做官的理由，而非對名教、對湯武的原則性批判，來拒絕山濤的舉薦的。正是基於自己的天性，嵇康歸納出所謂的「必不堪者七」，描述了他如何會與俗世的各種情境不相協調；不過「不堪」主要

〔註49〕 如《世說新語・任誕》所載阮籍遭母喪而進酒肉之事，當時禮法之士何曾就勸司馬昭加以懲治，而司馬昭卻憂其毀頓而不予追究，見〔南朝宋〕劉義慶撰，徐震堮校箋：《世說新語校箋》，頁391。

〔註50〕 傳統上或許因為受陳寅恪先生的影響，都認為高平陵事件之後，司馬氏家族就已經取得了絕對性的優勢，此後對之持不合作態度的士人都蒙上了一種悲劇性的反抗色彩，然而新近的研究開始提醒我們事實恐怕並不如此簡單。仇鹿鳴先生的研究指出，至少司馬氏掌權的早期階段，其地位尚不十分穩固，王淩、毋丘儉的反叛都造成了很大的威脅，所以司馬懿和司馬師都是抱病親政，雖功成而身亡，可見形勢之危急，參見仇鹿鳴：《魏晉之際的政治權力與家族網絡》，頁112～121。所以在前期，如山濤出仕的司馬師時期，司馬氏對士人的態度是多方利誘拉攏，急於鞏固自身力量而不及，對於只是持不合作態度的士人絕不會採取什麼動作。而到了嵇康被殺之前四年的諸葛誕叛亂被平定之後，司馬氏才真正不再存在有威脅性的對手了，這時司馬氏對在野名士的態度本該聽之任之，方為得宜。

說的是他自身將如何不堪忍受,而其後的「甚不可者二」才是真正會帶來危險的關鍵,這涉及到外界將如何不容他:

> 每非湯、武而薄周、孔,在人間不止,此事會顯,世教所不容,此甚不可一也;剛腸疾惡,輕肆直言,遇事便發,此甚不可二也。(〈與山巨源絕交書〉,頁 122~123)

首先,所謂「每非湯、武而薄周、孔」說的是自己持有這樣一種思想立場,但他究竟具體如何非薄,則尚是世教所不知的,而一旦世教知道了,就不會容他。很顯然,真正會產生危險的不是「每非湯、武而薄周、孔」這樣一句空泛的宣稱,而是嵇康一旦身入政局之中,則會將這種立場背後的異議性思想實際地表達出來。嵇康本人當然知道「每非湯、武而薄周、孔」這句話可能會被司馬昭看到,甚至他可能本來就預設了司馬昭為這句話的讀者之一,因為就算司馬昭真的「聞而惡之」的話,也大概不可能為一句空泛的宣稱而真動殺機。更重要的是,嵇康在這裡清醒地意識到自己所持有的某種思想立場,如果因投身官場而彰顯於世的話,就會為世所不容,所以應該避免入世。

其次,所謂「剛腸疾惡,輕肆直言,遇事便發」可說既是對自己性情的深刻認識,又是對自己未來命運的提前預知。「剛腸疾惡,輕肆直言」雖是對嵇康內在性情的精確概括,但這種性情在通常情況下是不容易表現出來的,嵇康以其高超的修養將此危險的性情隱藏了起來,這就是「與之遊者,未嘗見其喜慍之色」(見前注引)的原因。所以這種性情是否會引發實際的危險就在於有否「遇事」,遇事便會發作,正如後來呂安事件的發生,如果不遇事,則能明葆其身。

如此看來,嵇康拒絕山濤的舉薦,恐怕不單單是基於他不願與司馬氏合作的態度,還因為他認識到自己不像阮籍那樣能夠委曲求全,而是一旦身入仕途,恐怕真會有所不堪而難免於禍。山濤拉嵇康入仕,固然是一片好意,能夠置嵇康於一個客觀上更加安全的位置,但是嵇康出於對自己性情更加深刻的了解,知道自己如果入仕恐怕會比不入仕更加危險,更易惹禍上身。

由此可見,嵇康本人實際上對我們先前歸納出來的兩個內在因素,即性情剛烈和堅持信念的危險性都有所認識,所以他拒絕入仕既是不屈於司馬氏的立場表態,亦是自覺免禍的理性選擇:「寧可久處人間邪?」(〈與山巨源絕交書〉,頁 123)更進一步地,他通過追求一種山林之樂,來遠離俗世之紛擾:「遊山澤,觀魚鳥,心甚樂之」(〈與山巨源絕交書〉,頁 123);再輔之以其喜

怒不形於色的人格修養、謹慎的處世方式，則嵇康原本已經將自身的不利因素抑制到最低限度，可謂並非不知保身之道。

通過以上的分析，我們發現無論是外在因素還是內在因素，雖然都有導致嵇康之死的可能性，但原本都處在可控制的狀態下。一方面司馬昭並無非殺嵇康不可的動機，另方面嵇康也在自覺地抑制著其自身內在的危險因素，確切地說，平衡態之所以能夠維持，最重要的仍然是源自於嵇康自身的努力。

實際上，嵇康如果能夠以此不合作的態度維持著自己生命的整全，這本身確有其現實意義，而他一旦身死，則原本在野的獨立士人如向秀也不得不赴京投靠司馬氏。〔註51〕進言之，嵇康其實充分認識到了這一點，並恰到好處地把握著不合作與被殺之間的平衡，在此基礎上嵇康自覺不能「久居人間」，轉而追求著遠離俗世的山林之樂。這種從「寧可久居人間」到轉向「山林之樂」的論述，看起來正符合通常所說的「越名教而任自然」的結構：嵇康所要「越」的，所要保持距離超脫之的，正是在司馬氏的掌控下不可久居的名教世界，而山林之樂作為一種具體的形態描述，亦可被詮釋為「任自然」的場所化實現。

不過傳統上往往因嵇康最終的悲劇，而以帶有「後設」性色彩的方式將「越」詮釋為激烈的對抗，從而證明嵇康正是因其極端的「抗名教」而最終無法「任自然」。不過本節的分析表明，嵇康對待「名教」的實際態度恐怕並沒有那麼激烈，至少他努力在外在關係上，將自身與名教維持於一個相互對立卻穩定的平衡態之下，所謂的「越名教」確實是一種超越、超脫的態度，本不真正構成對「任自然」的威脅，反而是維持後者的基礎。因此，這意味著我們或許需要轉變視角來看待嵇康之死，其問題既然並不出在「越名教」這一環節上，那麼對於「任自然」則恐怕不宜將它看作一種現成而靜態的道家理想，而是要從整體上衡量其中所蘊含的多重性問題

第三節　「任自然」之路：養生與「越名任心」

本節將對嵇康思想文本中較為顯題化的「任自然」路徑作出簡要的梳理，這一路徑主要通過養生理論和「越名任心」理論結合而成，傳統上亦在這方

〔註51〕從當時的客觀形勢來看，嵇康這一不合作態度之士人的生命維持，是極為可貴的，因為他所代表的異議性力量在精神上對司馬氏集團起著制約效應。

面有過不少的探討。然而筆者通過梳理這一路徑所力圖揭示的是，如果我們僅僅停留在這一層次的嵇康「自然」理念之理解，則會發現它將與呂安事件的實際發生、與嵇康本人之死產生一定的矛盾，從而無法對後者進行合理的解釋；這進而引發我們對嵇康在「自然」問題上的思考與實踐做出更深入的一番探索，轉由較為顯題化的「任自然」走向更加深刻的「自然之和」以及「自然之和域」。

一、養生之作爲「越名任心」的修養前提

「越名教而任自然」這一主張雖然常常遭到過度的詮釋，但仍然可以為我們昭示嵇康立場的核心架構。「越名教」在其字面意義之外，還代表著嵇康對外在政治權力、對自身與世俗世界關係的超然態度，而「任自然」則代表著嵇康在處理好與外在世界關係的基礎上對自身理想的追求向度，那麼這兩者的關係在嵇康的思想文本中究竟是如何表述的呢？試看「越名教而任自然」在其原出處的呈現方式：

> 夫稱君子者：心無措乎是非，而行不違乎道者也。何以言之？夫氣靜神虛者，心不存乎矜（矝）尚；體亮心達者，情不繫於所欲。矜尚不存乎心，故能越名教而任自然；情不繫於所欲，故能審貴賤而通物情。物情順通，故大道無違；越名任心，故是非無措也。（〈釋私論〉，頁 234）

這一段作為〈釋私論〉的開篇之論，實際上有著極為清晰的結構，它一開始就表明要以「心之無措乎是非」和「行之不違乎道」這「心」與「行」的兩條平行線索來界定君子，接下來的展開則是：

> 氣靜神虛 → 心不存乎矜尚 → 越名教而任自然（=越名任心）→ 是非無措
>
> 體亮心達 → 情不繫於所欲 → 審貴賤而通物情 → 大道無違

通過以上的結構呈現，可以發現以下幾點：其一，「越名教而任自然」乃是某種主體行為模式的展開，由此可以直接推出其更加終極的形態，即「是非無措」，而「越名教而任自然」來源於「矜尚不存乎心」，「矜尚不存乎心」來源於「氣靜神虛」，所以「氣靜神虛」乃是「越名教而任自然」乃至「是非無措」的第一前提；其二，如果閱讀〈釋私論〉剩下的部分就會發現嵇康把「是非

無措」設立爲標準以展開其後的探討，亦即直接討論其效用，而並未解釋其所源出的「氣靜神虛」本身如何達致；其三，「心」與「行」這兩條線索只是側重點有所不同，其運作的機制看起來總是相互印證、相互支持的，而且就兩者各自的源頭——「氣靜神虛」和「體亮心達」而言，似乎也不過是對同一種主體身心狀態的不同表述方式而已。

由此可見無論是「越名教而任自然」，還是其更加終極的形態——「是非無措」，都必須以「氣靜神虛」和「體亮心達」這一主體身心狀態作爲前提，而這種身心狀態的達致路徑則顯然必須轉而從嵇康的養生理論中找尋。

嵇康的養生理論主要呈現在〈養生論〉和〈答難養生論〉這兩篇文章中，雖然後者篇幅更長，但嵇康主要的養生理論構架已呈現在前者之中，後者實爲針對向秀〈難養生論〉的質疑而在某些關鍵問題上所作的進一步闡述，所以下面僅先對〈養生論〉一文進行簡單的梳理。

首先，嵇康在文章的一開頭就對論述的對象作出了一番界定，他認爲神仙雖然存在，但卻稟受異氣，不可學得，至於常人則可以「導養得理，以盡性命，上獲千餘歲，下可數百年」（〈養生論〉，頁144），自此以下就是針對常人如何導養盡性的養生路徑進行展開。大體上說來，這一路徑始終可以分爲養神與養身兩個面向，不過嵇康一開始就強調說：「精神之於形骸，猶國之有君也；神躁於中，而形喪於外，猶君昏於上，國亂於下也。」（頁145）。換言之，「養神」才是關鍵，「養身」只是輔助性的，〔註52〕在此層次設定下，嵇康倡導在「神」方面要「愛憎不棲於情，憂喜不留於意，泊然無感」（頁146），而在「形」方面要「呼吸吐納，服食養身」（頁146），從而「使形神相親，表裏俱濟也」（頁146），使「形」、「身」兩方面的調養相輔相成，共濟大道。

在總綱闡述之後，嵇康轉而提出常人往往對良藥養生的效果多有疑慮，這是因爲「至物微妙，可以理知，難以目識」（頁155），而真正善養生者則「知名位之傷德，故忽而不營，非欲而強禁也；識厚味之害性，故棄而弗顧，非貪而後抑也」（頁156），也就是說，真正善於養生的人擁有知曉微妙之理的能力，故而一方面可以自覺摒棄傷害德性、玷污心靈的世俗名位，另方面可以自然地對傷害身體的繁雜飲食棄而不顧，最終通過這雙向的調養而達到平和

〔註52〕當然，此處乃是就文本表面的脈絡而言，並不代表從終極目的來說，形體保存之意義就一定會低於精神修爲，實情甚至可能反之。關於這方面的問題，詳見下一章的討論。

自足的身心狀態：

> 外物以累心不存，神氣以醇白獨著，〔註53〕曠然無憂患，寂然無思慮，又守之以一，養之以和，和理日濟，同乎大順。然後蒸以靈芝，潤以醴泉，晞以朝陽，綏以五絃，無爲自得，體妙心玄，忘歡而後樂足，遺生而後身存……（頁156～157）

從以上的梳理我們可以看出，嵇康在〈養生論〉中一般總是以「養神」爲優先，以「養身」爲輔助，並強調世人不應該因至理難以目識而不顧，而是要自覺地在「神」和「形」兩方面進行調養，最終達到神氣平和、無憂無慮的身心自然狀態，〔註54〕也就正對應了〈釋私論〉中成爲君子的那兩個前提：「氣靜神虛」和「體亮心達」。

二、養生之下的「任心」與「無措」

藉由〈養生論〉理論所支持的身心平和狀態，我們將再次進入〈釋私論〉的討論。如果說〈養生論〉主要論述的是個體自身的身心修養問題，那麼〈釋私論〉則將養生主體放置於世間的人事是非之中，探討其具體的心靈活動與實踐行爲該當如何展開。

此文從論述內容上可分爲兩部分，一個部分是正面論述「心」與「行」如何開展其活動，進而交匯於大道，另一部分則就公私、是非問題進行了具體的辨析與討論。

先以之前總結出來的兩條線索來考察第一部分：氣靜神虛 → 心不存乎矜尙 → 越名教而任自然 → 是非無措；體亮心達 → 情不繫於所欲 → 審貴賤而通物情 → 大道無違。現在可以明確地說，這兩條線索實爲養生主體所達到的心身平和狀態在心靈活動和行爲實踐兩方面的展開：在第一條線索中，心靈活動呈現在主體的虛靜狀態中，故能不執著於名相而直接任其自然，

〔註53〕 此句戴明揚本斷爲「外物以累心，不存神氣，以醇白獨著」，其義似不可通，故此處斷句採用魯迅校本，見〔魏〕嵇康撰，魯迅校：《嵇康集》（香港：新藝出版社，1978年），頁50。

〔註54〕 顯然，就嵇康養生理論的正面架構，尤其是其中的養神面向而言，實與《莊子》的精神一脈相承，無怪乎曾春海先生稱之「純然爲道家人生哲學的旨趣」，參見曾春海：《竹林玄學的典範 —— 嵇康》（臺北：萬卷樓圖書有限公司，2000年），頁146。然而在下一章的論述中，本文將嘗試揭示嵇康的養生理論與《莊子》之間仍存在的某種重要差異。

進而無措於是非；在第二條線索中，行爲實踐由身心虛靈通達的主體來執行，故能不爲物欲所牽動，乃依其本然之理而審物之貴賤情僞，自可與大道相合。

更進一步說，嵇康認爲我們任由心靈自由地活動，而不通過論斷事物的善惡來予以規範，最終卻能夠與善相合：「忽然任心，而心與善遇」（〈釋私論〉，頁 235）；我們在行爲上顯情無措，不通過論其是非來決定去做與否，最終卻能夠讓事情成其所是：「儻然無措，而事與是俱也」（〈釋私論〉，頁 235）。於是心靈的自由活動和行爲的無措實踐，最終分別達到了道德上的善和事實上的眞，善和眞就這樣不期而遇於君子的任心無措之上了。〔註55〕

在文章其餘的部分，嵇康重點剖析了公私與是非這兩組概念之間的區別與優劣 。公即是顯情而不匿，私即是匿情而不顯，公私乃以人是否任心無措爲標準，是非則以行爲實踐在結果上的對錯來衡量。依常情而論，我們行爲上的行之與否似應當以結果上的對錯標準來衡量，然而嵇康認爲我們在判定是非時，常常出現「似非而非非」、「類是而非是」，執著於名相上的是非判斷往往將我們引入歧途。〔註 56〕這種混亂可以說正是因名教之後天人爲性所造成的惡果，如果控制不當，則會使「神以喪於所惑，而體以溺於常名」（頁 240），使身心兩方面都不得其善終。所以嵇康認爲我們要「棄名以任實」（頁 240），不從名相上的是非，而從我們本心的自然之性出發來決定行爲的實行與否。在這種情況下，嵇康認爲可能出現無私而有非的情況，亦即文章最後所探討的第五倫顯情案例，在這一案例中，雖然行爲的結果並不理想，仍然可說是無私而有非，尙可以被原諒。因爲行爲結果的是與非本就偶然而多變，無法強求其是，然而只要任心而無私，則主體的行爲在總體上仍終將符合善與眞的標準。〔註57〕

〔註55〕這裡的論述很容易讓我們產生跳躍之感，問題在於任由心靈的自由活動究竟如何能夠保證行爲上的善呢？對此問題，我們暫可參考牟宗三先生的解釋：「依道家，只『心之玄用』一面，即可保存而且決定道德上的眞理。此之謂作用地保存與決定。」參見牟宗三：《才性與玄理》，頁 296。然而嵇康此處的理路是否純爲此種道家的「作用之保存」還有待於我們進一步的討論。

〔註56〕嵇康的這種觀點無疑可與《莊子·齊物論》中的說法相參照：「是亦彼也，彼亦是也。彼亦一是非，此亦一是非。果且有彼是乎哉？果且無彼是乎哉？彼是莫得其偶，謂之道樞。樞始得其環中，以應無窮。是亦一無窮，非亦一無窮也。故曰『莫若以明』。」引自〔戰國〕莊周撰，王叔岷校詮：《莊子校詮》（臺北：中央研究院歷史語言研究所，1999 年），頁 58。

〔註57〕雖然任心無措的觀點顯然與道家境界義密切相關，純就此而言，以「作用的保存」釋之亦無不可，但我們必須注意到，嵇康在此之外又強調了實際行爲

最終，嵇康將此「任心無措」的理路總結爲：「心無所矜，而情無所繫，體清神正，而是非允當。」（頁 242）如果說養生理論使主體調整自身到了一個「任自然」的最佳身心狀態的話，那麼〈釋私論〉則告訴我們這種身心狀態如何在具體行爲實踐上展現爲一種「任心無措」，而「任心無措」在其終極實現形態上又再度與養生之「自然」身心狀態相合，可謂主體在內在養生與外在行爲兩個面向上最終達到了外內相濟，共臻大道。

三、從「任自然」到呂安事件

嵇康原本自覺地維持著內外在因素的平衡，進而通過養生與任心無措的結合來實現他的「任自然」理想，然而我們常常會聽到的一種質疑是，嵇康倡導養生，到頭來自己卻死於非命，這是否意味著他的養生僅能養其「身」，而不能保其「生」於外在政治權力的迫害呢？[註58]

不過正如我們上一節所分析的，嵇康原本已經將外在和內在的各種可能威脅到他生命的因素調節在一種平衡狀態中，並在此「越名教」的基礎上來追求其「任自然」，而後乃是呂安事件的實際發生才使嵇康再次捲入俗世之中。因此我們所面對的問題在於，到底是「任自然」這一思想立場本身存在著問題而將使嵇康無法長久維持，而呂安事件僅僅是一個偶然的導火線？還是呂安事件實與「任自然」存在著某種內在關聯，進而共同導致了嵇康的不幸？

首先，嵇康並非僅知內在的養生之理，而不知外在的保身之道，這不僅體現在前文的外在行爲分析上，還體現在他思想文本裡的自覺性論述，[註59]

的面向，並認爲在「任心而無私」的情況下居然可能「有非」，這就進入一種更實踐性面向的探討了。

〔註58〕這一問題近年來已在學界引起了爭議，有海外學者如法國的朱利安（François Jullien）先生認爲嵇康對氣化主體之和諧理想的追求，削弱了其權力批判性，導致其面對暴力缺乏反抗性，參見 François Jullien, *Vital Nourishment: Departing from Happiness*, trans. Arthur Goldhammer（New York: Zone Books,2007）, pp.151～160.不過朱利安先生作爲國外學者至少在嵇康的一些基本資料的理解問題上就有所偏差，比如他將嵇康最後所彈之曲判爲〈太平引〉（Ode to the Great Peace），以有爭議的〈幽憤詩〉作爲嵇康臨終心境的主要依據等等，參見該書 pp. 156～157。

〔註59〕嵇康〈答難養生論〉曰：「然人若偏見，各備所患；單豹以營內忘外，張毅以趣外失中」（頁 194），又其〈難宅無吉凶攝生論〉曰：「夫專靜寡欲，莫若單豹，行年七十，而有童孺之色，可謂柔和之用矣；而一旦爲虎所食，豈非恃

所以就此而言我們很難解釋他最終爲何會身遭不免；其次，若就「任自然」與呂安事件的關係而言，如果嵇康恪守此道家修養、處世原則，則似乎本不該這麼衝動地捲入呂安事件之中。〔註60〕

　　不過以上兩點推論的產生是建立在傳統上將呂安事件看作一種偶然的觀點上的，如果我們重新審視呂安事件，充分發掘出其背後所蘊含的人際關係問題，則將有助於我們了解到呂安事件並不僅僅是一種偶然，它與嵇康的「自然」理念有著某種內在關聯。

第四節　呂安事件中的人際關係及其與「任自然」之衝突

　　傳統上多認爲呂安事件僅僅是一個單純的導火線而已，其實未必然，嵇康之涉入其中實具有某種內在的必然性，這體現在他與鍾會、呂巽、呂安這三人的關係之中。我們先簡要地概括一下呂安事件的始末：先是，呂巽迷姦了呂安之妻，呂安憤而欲告發，嵇康居中進行調解，使雙方皆平；其後呂巽惡人先告狀，反誣呂安不孝，致使呂安被執，於是嵇康挺身爲之辯護；負責此案的鍾會勸司馬昭乘機除掉嵇康，最終嵇康、呂安均被殺害。在此事件中，鍾會、呂巽、呂安三人均扮演了重要的角色，並且與嵇康有著不同程度和性質的私人關係，下面筆者試一一分析之。

　　首先，關於鍾會在呂安事件中的實質性作用歷來是個頗具爭議的問題，傳統上不乏學者主張鍾會的報復行爲是導致嵇康之死的一大主因，應該說，此觀點在原始資料上確有其證，《魏氏春秋》在記載鍾會率眾造訪嵇康而嵇康不爲之禮這一事件後，〔註61〕有「會深銜之」之句，於是在呂安案件中，「鍾

　　　內而忽外耶？若謂豹相正當給虎，雖智不免，則寡欲何益？而云養生可得？若單豹以未盡善而致災，則輔生之道，不止於一和。」（頁277～278）。這說明嵇康至少在其思想意識裡同時兼顧內在的養身與外在的保身，並非僅知內養之和一途。

〔註60〕如果呂安事件僅僅是一個偶發性事件，亦即嵇康的好友呂安突然遭難而向嵇康求救，那麼我們按照嵇康「任心無措」的原則，確實有可能解釋爲什麼嵇康會不顧事情的結果如何而挺身而出，這或許可以視爲「無私」而「有非」（就整體結果而言爲「有非」），不過這一事件的發生、發展是有一定時間歷程的，故而其間的利害得失應當已經過了嵇康的認眞考量。

〔註61〕《三國志‧王粲傳》注引《魏氏春秋》曰：「鍾會爲大將軍所昵，聞康名而造之。會，名公子，以才能貴幸，乘肥衣輕，賓從如雲。康方箕踞而鍛，會至，

會勸大將軍因此除之，遂殺安及康」〔註62〕。然而，正如我們在資料辨析時所說的，晉人關於嵇康敏感問題的記載多有可質疑處，未能全信，鍾會造訪嵇康大概實有其事，但鍾會是否因此而懷恨則是見仁見智。實際上近世多有對這一問題有所翻案者，或認爲鍾會本對名士十分推崇，不會因嵇康的不爲禮而懷恨，〔註63〕或認爲「相見而不交一言」本是當時士人間的常態，且鍾會之訪嵇康距嵇康之死時間頗長，鍾會不應銜恨若干年後才終於報復之。〔註64〕所以我們對鍾會的作用恐怕不宜單方面地強調，而是最好將其放在呂安事件的整體中來考察。

在鍾會問題上，我們既不應該過度推斷鍾會是因怨恨嵇康而構陷之，也不該通過認定鍾會對嵇康無怨恨就否定鍾會在呂安事件中的作用。首先比較可以確定的是，嵇康在對待鍾會的問題上所持的是與之保持一定距離的態度，無論鍾會是否因此而生怨，這都代表了嵇康對待鍾會這一同齡士人的冷淡態度；其次，鍾會在呂安事件發生時任司隸校尉，對此案是直接經手的，《文士傳》中所載的鍾會對嵇康的庭論之辭固然不大可信，〔註65〕但鍾會因職之所在，必然會影響到此案的判決，無論其眞正理由爲何，他顯然是支持對嵇康進行制裁的，我們可以想像如果他與嵇康的關係是像山濤那樣良好，那麼結局可能會大爲不同。實際上，如本文所分析的，司馬昭本無必殺嵇康的動機，所以對其親信鍾會之意見的採納，〔註66〕恐怕確實有可能是導致嵇康被

不爲之禮。康問會曰：『何所聞而來？何所見而去？』會曰：『有所聞而來，有所見而去。』會深銜之。」，見〔晉〕陳壽撰，〔南朝宋〕裴松之注：《三國志注》，頁606。

〔註62〕 同上註。

〔註63〕 參見牛貴琥：《廣陵餘響》，頁7～9。

〔註64〕 參見童強：《嵇康評傳》，頁236～239。《嵇康評傳》同時根據《世說新語》中「先不識嵇康」之句，認爲鍾會訪嵇康應在其擲《四本論》的嘉平時期之前，亦可參考。然而，《世說新語》中「先不識嵇康」的說法實爲晚出，根據早出於《世說新語》的《魏氏春秋》所載，則先是「鍾會爲大將軍所昵」然後才造訪嵇康，如此則鍾會訪嵇康當在嵇康生命晚期，兩說皆難確證。

〔註65〕 《世說新語·雅量》注引《文士傳》，見〔南朝宋〕劉義慶撰，徐震堮校箋：《世說新語校箋》，頁195。

〔註66〕 如果我們聯繫到嵇康被殺後的第二年，司馬昭就以鍾會爲主帥出兵伐蜀這一事實，那麼在出兵前夕對主帥意願的滿足恐怕是順理成章的。當然，由於鍾會後來的反叛，有不少學者開始根據一些史料而主張鍾會原本就未必眞正得到了司馬昭的信任，如此則司馬昭未必會因鍾會而殺嵇康。然而筆者仍較爲贊同仇鹿鳴先生最新的說法，認爲證明鍾會本就被不信任的證據多不大可

殺的重要原因。

　　接著來考察呂巽與嵇康的關係。我們常常易於忽略的一點是，呂巽原本與嵇康是相互友善的，嵇康在〈與呂長悌絕交書〉開頭就說「昔與足下年時相比，以故數面相親，足下篤意，遂成大好，由是許足下以至交，雖出處殊塗，而歡愛不衰也。」（〈與呂長悌絕交書〉，頁131～132）既有如此詳細的敘述，看來二人有一定交情之說並非虛言，也正是因為這種關係，所以當呂安想告發呂巽時，嵇康居中當了調解人，既勸呂安不要妄動，又相信了呂巽不追究此事的許諾：「又足下許吾，終不擊都」（頁132）。可是後來偏偏呂巽違背了諾言，嵇康於是憤而與之絕交，挺身為呂安作證。因此嵇康為呂安辯護不單單是由於義之所在，還由於嵇康本人對於這種結果是負有誤信小人之責任的：「吾之負都，由足下之負吾也。」（頁133）

　　最後，關於呂安跟嵇康的交情，史上所載甚明，如干寶《晉紀》曰：「初，安之交康也，其相思則率爾命駕」〔註67〕，呂安大概可算是與嵇康最相知的好友，兩人常常共遊山林。然而兩人雖然志趣相近，卻恐怕在性格、氣質上仍有差異，向秀在〈思舊賦序〉中說嵇康、呂安「其人並有不羈之才，然嵇志遠而疎，呂心曠而放」〔註68〕，又孫盛《晉陽秋》評呂安為「志量開曠，有拔俗風氣」〔註69〕，由此可見不同於嵇康的疏朗悠遠，呂安大概更表現出一種曠達任放的豪邁之氣。〔註70〕正是因為呂安這種較為激烈的性格，且又

靠，司馬昭原本對鍾會還是十分信任的，故而嵇康之被殺出自鍾會之意，亦有其合理性，參見仇鹿鳴：《魏晉之際的政治權力與家族網絡》，頁135～142。

〔註67〕　《世說新語・簡傲》注引，見〔南朝宋〕劉義慶撰，徐震堮校箋：《世說新語校箋》，頁412。

〔註68〕　〔南朝梁〕蕭統編，〔唐〕李善注：《文選》（臺北：藝文印書館，2012年，影清胡克家重刊宋淳熙本），頁234。

〔註69〕　《世說新語・簡傲》注引，見〔南朝宋〕劉義慶撰，徐震堮校箋：《世說新語校箋》，頁412。

〔註70〕　實際上，我們有理由懷疑呂安是否真正能夠符合嵇康心目中知己好友的標準，因為嵇康屢屢有「知音不存」的感慨，僅在〈贈兄秀才入軍〉這十八首合成的組詩中，就有半數含有此主題：其五、其六、其七、其八、其十一、其十二、其十三、其十四、其十五。當然，有人認為此組詩的題目既然點明是贈其兄嵇喜的，那麼詩中所思的對象自然應該是嵇喜其人，但是詩中屢屢出現「我友」、「佳人」等字眼則恐怕不應指的是兄長了，戴明揚先生亦認為此組詩非盡為贈兄之詩，只是編者把它們編到一起而已，因此我們不應該將這組詩中出現的思念對象都實指為其兄長，而是應該理解為廣義上的知音。莊萬壽先生同樣認為此組詩中的後十二首應該是其後期與呂安等好友交遊階

年幼於嵇康，所以嵇康每每對之負有關照、勸誡的責任，常常抑制其過激的行爲，而勸呂安不要直接去告發呂巽就是一例。嵇康之死在發生形式上是直接受呂安牽連所致，不過如前所述，嵇康本就對此事的發生負有一定責任，因此嵇康涉入其中本也有其必然性。〔註71〕

在分析出以上的人際關係後，我們將發現嵇康的最終不免恐怕與其在〈家誡〉一文中所闡明的人際關係處理原則是相矛盾的。〈家誡〉一般被視作是嵇康遇事之後寫給兒子的書信，關於此文是否表現的是嵇康本人的思想立場，向來有一定爭議，〔註72〕但從該文中對君子、小人之辨的論述來看，其背後精神與〈釋私論〉乃是基本一致的，〔註73〕只是因爲是對兒子在實際處世問題上的指導，故而較爲詳盡地在具體實踐策略上進行展開。

在〈家誡〉中我們會吃驚地發現嵇康在人際關係之凶險進退上，認識極爲透徹，處理也極爲謹慎。首先，嵇康認爲「某立身當清遠，若有煩辱，欲人之盡命，託人之請求，當謙言辭謝，某素不預此輩事，當相亮耳」（〈家誡〉，頁 317），也就是說君子當立身於清高曠遠之地，如果遇到他人欲己盡命之煩難請求，當盡量辭謝之。其次，如果他人的請求眞的緊急，而自己心有不忍的話，則「可外違拒，密爲濟之」（頁 317），表明上仍是拒絕，但暗地裡幫助他，這就是所謂的「上遠宜適之幾，中絕常人淫輩之求，下全束脩無玷之稱」

段所作，參見莊萬壽：《嵇康研究及年譜》，頁 122。若此「知音不存」的說法成立，則呂安恐怕尚非嵇康心目中的知音，否則其人俱在，如何「不存」？

〔註71〕當然在呂安事件中還存在著不少可爭議的細節，有記載指出嵇康與呂安最後之所以會同遭不免，乃與呂安在徙邊途中寫給嵇康的信有關，《文選·思舊賦》注引干寶《晉紀》說呂安「在路遺書與康⋯⋯太祖惡之，追收下獄，康理之，俱死」，見〔梁〕蕭統編，〔唐〕李善注：《文選》，頁 234。如按戴明揚先生的考證，則今《文選》所錄的趙至〈與嵇茂齊書〉一文即當年呂安寫給嵇康的信，參見《嵇康集校注·附錄·與嵇茂齊書之作者》一文，頁 435～443。然而近年來已有學者對此質疑，如朱曉海先生就有專文辨析此文並非呂安所作，亦頗具說服力，參見朱曉海：〈趙至〈與嵇茂齊書〉疑雲辨析〉，《東華中文學報》第四期（2011 年 12 月），頁 1～24。

〔註72〕學者們往往先入爲主地認爲嵇康本人的實際行爲較爲剛直，不似〈家誡〉中這般謹慎，如蔡忠道先生就該文因爲面對的是親人與子女，所以表現得傳統而保守，參見蔡忠道：〈越名教而任自然——嵇康倫理價值的追求〉，《哲學與文化》第卅七卷第六期（2010 年 6 月），頁 89～90。

〔註73〕〈家誡〉中說：「不須作小小卑恭，當大謙裕。不須作小小廉恥，當全大讓。若臨朝讓官，臨義讓生⋯⋯」（頁 321），可見〈家誡〉雖然多言如何免於日常人事之是非，但究其大義，仍與〈釋私論〉中任心無措的精神相契合。

（頁 317）。從以上兩點我們可以看出，君子在表面上總是不應當輕易接受他人的請求，這首先是因為世俗的紛爭往往無益，實宜遠之而自清，其次則是因為常人的請求常常未必是真的值得應答的，一旦涉入則恐是非纏身；〔註74〕然而值得注意的是，奉行這種保全自身的謹慎原則，並不意味著對於他人真誠的請求也要無動於衷，而是先要在表面上仍加以拒絕，然後再暗地救濟之，這就既保證了不捲入表面上的世俗是非，又實質性地幫助了他人。最後，嵇康還對是否應答他人設定了權衡的標準：「若人從我有所求欲者，先自思省，若有所損廢多，於今日所濟之義少，則當權其輕重而拒之，雖復守辱不已，猶當絕之。」（頁 318）可見嵇康在是否滿足他人請求、如何處理與他人的關係上的考量是極為謹慎的。

　　然而以上的論述卻顯然會與呂安事件中的人際關係實情產生衝突：按照〈家誡〉中的原則，對於鍾會這樣的常人淫輩雖當拒絕之，但也當「謙言辭謝」，不至無言遭恨；對於呂巽這樣非與己同志的士人，本也該自覺保持距離，而不是相信他虛假的保證；至於呂安之遭難，雖然嵇康乃是義之所在，有義不容辭的辯護責任，但仍有採取暗中相濟的可能性，而非定要與之同遭罹難。事實上對於〈家誡〉中的處世原則應當是嵇康向來就有所自覺的，這種距離式的人際關係原則原本與其「越名教」的態度相一貫，從側面支撐了他所維持的平衡狀態，使其能夠在不合作的立場上保持與政治權力的距離，從而實現「任自然」的理想。但最後又偏偏是呂安事件中的各種人際關係一步步將嵇康重新拉回到政治權力的掌控之中，而終遭不免，到底是什麼原因使得他無法完全遵守自己的人際守則呢？

　　最直接地，我們似乎應該在嵇康的「任自然」主張中找尋，因為如果我們把「任自然」視作其最高實現原則的話，唯有對此原則的維護才能使嵇康放棄較低層次的現實人際關係守則。然而「任自然」作為一種道家精神境界的展現，本應使嵇康無涉於此人事之禍。首先，在養生理論中，嵇康所強調的是個體自身平和狀態的維持，常以奔波於俗務為譏；其次，在「越名任心」

〔註74〕此處嵇康顯然深契於《莊子‧人間世》對不慎捲入世間名利場的危險性之描述：「名也者，相札也；知也者，爭之器也……菑人者，人必反菑之。若殆為人菑夫……是以火救火，以水救水，名之曰益多。順始無窮，若殆以不信厚言，必死於暴人之前矣。」引自〔戰國〕莊周撰，王叔岷校詮：《莊子校詮》，頁 119～120。

的理論中，固然「任心無措」的理想性結果乃是與倫理上的善的不期而遇，可是這種直接的「任心」本應導致「事與是俱」，大道無違，最終仍將與養生主體的自我維持之旨相匯合，如何可能反致不免呢？正如前文中所呈現的，「任心」實爲藉由養生所達到的身心狀態在實踐活動中的理想性延伸，由此二者結合而形成的「任自然」路徑純是從個體自身出發的精神修養路徑，而不在與人倫世界、政治權力的關係上做考量。這提醒我們傳統上已經多有探討的嵇康「任自然」之主張恐怕並不足以完全涵蓋他的核心思想，嵇康的思想立場中仍有某種重要主張有待我們的發掘。

在轉向下一章的討論之前，先有兩個富有意味的現象可對我們小作提示。首先，嵇康如果眞的純粹是想實現一種理想性的「任自然」之道家精神境界，那麼他實在應該隱入世外深山，從孫登遊而不返；可是他所居住的「山林」位於是非之地的河內，這從一開始就決定了它不可能眞正與人間隔絕，必然會與政治權力發生關聯。〔註 75〕其次，嵇康雖可能因不能實現其「任自然」的個人理想而有所悔恨，〔註 76〕但他在臨刑之時，從容彈奏一曲〈廣陵散〉，曲罷則無怨而就義，唯嘆其曲之不傳，這並非僅僅是一種藝術氛圍的渲染，而是更有其深刻意義的。實際上，嵇康的死是一個自覺的行動，而他一生眞正的追求與努力正是寓於其中。

〔註 75〕 根據莊萬壽先生的分析，河內在當時乃是曹魏宗室聚集的政治敏感地帶，參見莊萬壽：《嵇康研究及年譜》，頁 112～113。

〔註 76〕 嵇康的〈幽憤詩〉一般認爲作於嵇康下獄之後，其中多有悔恨之辭，故而自古以來就有不少人質疑此詩的眞實性，近世學者如童強先生就辨析了此詩之可疑，認爲嵇康本不當有自悔之意，參見童強：《嵇康評傳》，頁 266。不過筆者以爲，如果從「任自然」至少作爲嵇康之人生理想的一個面向來看，不能實現此理想確實是有可悔恨之處的，至於嵇康從整體意義上對自己行爲的坦然與無懼，則需要我們從另一面向上來予以解釋。

第三章　從「任自然」到「自然之和」

　　在上一章中，我們通過重新檢討內在、外在因素，基本上已經排除了嵇康之死肇因於其自身見識不足或行為不慎的可能性，也就是說嵇康之死當是其基於某種原則性選擇所導致的結果，而非一種失誤。然而基於呂安事件的分析所揭示出的人際關係實情，卻既與嵇康在〈家誡〉中所主張的人際關係守則不符，也無法從其「任自然」所代表的道家個體式的精神追求中找到依據，這啟發我們去懷疑嵇康的「自然」恐怕不僅僅停留在傳統道家的主體精神境界層次上，而是更蘊含著有待我們進一步探索的面向。本章將初步揭示出在嵇康「任自然」的主體修養論述中如何蘊含著難以解決的矛盾，而嵇康又是如何透過有關音樂問題的論述，轉而在「任自然」之外開出一個兼具審美與倫理價值的「自然之和」。

　　本章將首先從兩條線索入手，其一是自然問題的古今之辨，以及由此引發的現世名教與主體修養之衝突，這將藉由〈太師箴〉、〈難自然好學論〉、〈卜疑〉等文本而給出；其二則是自先秦兩漢以來音樂與倫理教化之結合，以及其中蘊含的氣化宇宙論脈絡，這條線索的資源一方面來自於嵇康本人的氣化論論述，另方面來自於〈樂記〉、〈樂論〉（阮籍）等文本所構成的嵇康之前的音樂理論傳統。這兩條線索共同體現出解決當下名教制度衰朽與政治結構壓迫的要求，並皆可以轉而在嵇康的音樂思想中得到回應與解答。

第一節　「自然」的古今之辨

　　我們探討嵇康的「自然」概念時，曾認為其「自然」固然可以指涉四個

面向，但其內部仍有某種一貫性，本論文在某種程度上正是致力於證明此種一貫性。然而我們仍然必須對「自然」概念之歷時性的理想向度與共時性的應然向度進行區分，不然將因錯置時空條件而產生概念上的混淆。試舉一例以明之，向秀在其〈難養生論〉中提出：「有生則有情，稱情則自然，若絕而外之，則與無生同。何貴於有智哉？且夫嗜欲，好榮惡辱，好逸惡勞，皆生於自然。」〔註1〕，也就是說情欲乃人生而有之，任此生性之情欲方為自然；而嵇康的回應居然也是在一定程度上承認了這一點：「難曰：感而思室，飢而求食，自然之理也。誠哉是言！今不使不室不食，但欲令室食得理耳。」（〈答難養生論〉，頁174），確切地說，嵇康認為基本情欲的滿足確實是「自然」的一種表現，但是仍要對之有所控制，使之得其理方可。然而，這樣的說法似乎有其矛盾，如果說情欲本就源自於人生之氣性稟賦，那麼豈不是應該充分任之方可稱之為「自然」，如果對之有所約束，豈不是反變成「名教」了嗎？一方面承認情欲有其自然之理，另方面又要對之有所制約方可得「自然」，這樣的做法到底有何根據呢？在此問題上，有的學者就認為嵇康是在性命義自然與價值義自然之間產生了滑轉，他真正要追求的是後者，卻從兩漢氣化論脈絡裡承襲了本無必要的前者，因而導致了某種困境。〔註2〕

一、上古無為與現世衝突

判斷是否真的會產生上面的這種矛盾，還需要注意到嵇康心目中對「自然」問題的古今區辨，嵇康在好幾個地方都提出了一種從上古到現世的歷史性敘事脈絡，如〈太師箴〉曰：

> 浩浩太素，陽曜陰凝，二儀陶化，人倫肇興，厥初冥昧，不慮不營，欲以物開，患以事成，犯機觸害，智不救生，宗長歸仁，自然之情。故君道自然，必託賢明，茫茫在昔，罔或不寧。赫胥既往，紹以皇羲，默靜無文，大朴未虧，萬物熙熙，不夭不離。爰及唐虞，猶篤其緒，體資易簡，應天順矩，締褐其裳，土木其宇，物或失性，懼若在予，疇咨熙載，終禪舜禹。夫統之者勞，抑之者逸，至人重身，棄而不恤。故子州稱疾，石戶乘桴，許由鞠躬，辭長九州。先王仁

〔註1〕 收於〔魏〕嵇康撰，戴明揚校注：《嵇康集校注》，頁162。
〔註2〕 參見謝大寧：《歷史的嵇康與玄學的嵇康》（臺北：文史哲出版社，1997年），頁49～52，頁113～115。

愛，憨世憂時，哀萬物之將頹，然後莅之。下逮德衰，大道沉淪，
智惠日用，漸私其親，懼物乖離，攘臂立仁，利巧愈競，繁禮屢陳，
刑教爭施，天性喪眞。（〈太師箴〉，頁 309～311）

這段引文已經完整地呈現出三個歷史階段的層次區隔，我們姑且稱之爲歷史「三
段式」。開頭從「浩浩太素」到「罔或不寧」是其理論總綱，它告訴我們人倫肇
興之時本無思無慮，不營不苟，然而其後外界的誘惑開始引發出人的物欲，人
的機巧爭奪之心亦隨之產生，聖人因而要對此有所抑制。基於這一總綱，以下
具體展開了人類歷史發展的三階段：第一階段呈現爲最初「大朴未虧」之和諧
狀態，是爲上古階段；第二階段則出現了「物或失性」的危險，故仁愛的聖王
需開始對之有所抑制，以讓其重返「自然」，是爲中世階段；而到了「大道沉淪」
的第三階段，則道德喪亂、難以抑制，是爲現世階段。〔註3〕

　　〈太師箴〉本是一種規諫君王的文體，所以開頭所言的「君道自然，必
託賢明」，末尾所勸的「唯賢是授，何必親戚」（頁 314）等語，恐怕只能視爲
一種套詞，不宜直接理解爲嵇康本人眞的認爲，在當前亂世之下通過賢明的
君主的治理就能夠實現理想的社會秩序。〔註4〕更值得我們注意的，仍是這裡
所呈現的歷史「三段式」本身，如果我們將之與嵇康在〈難自然好學論〉中
的論述相比，則更能發現問題之所在：

夫民之性，好安而惡危，好逸而惡勞，故不擾則其願得，不逼則其
志從。洪荒之世，大朴未虧，君無文於上，民無競於下，物全理順，
莫不自得，飽則安寢，飢則求食，怡然鼓腹，不知爲至德之世也；
若此，則安知仁義之端，禮律之文？及至人不存，大道陵遲，乃始
作文墨，以傳其意，區別羣物，使有類族，造立仁義，以嬰其心……

〔註3〕當我們給出這上古、中世、現世三階段的劃分方式之後，就可以在一定情況
　　　下取代以理想與現實爲對立的狹隘區分。從嵇康身處於現世階段這一事實來
　　　看，上古的和諧是理想，現世的衝突是現實，可是這種理想與現實的質性割
　　　裂很容易讓我們忽視其中隱含的可通約性，而若採取三階段的歷時性劃分，
　　　則各階段之間就有了相通的可能性。當嵇康的論述是直接源自對上古的描述
　　　時，上古的和諧就不再是一種理想，而是就其當時境況而言的一種現實，這
　　　種現實如果有可能以某種方式歷時性地傳遞到現世，則將不復因時間階段上
　　　的區隔而封印於理想的範疇。
〔註4〕在此意義上而論，許建良先生認爲嵇康主張如果至人即君王就可以實現理想
　　　秩序的觀點，恐怕是值得商榷的，並無確切證據可說明嵇康眞的在現世中寄
　　　望於此至人之治，參見許建良：《魏晉玄學倫理思想研究》（北京：人民出版
　　　社，2003 年），頁 221～222。

計而後習，好以習成，有似自然，故令吾子謂之自然耳。推其原也，六經以抑引為主，人性以縱欲為歡，抑引則違其願，縱欲則得自然：然則自然之得，不由抑引之六經，全性之本，不須犯情之禮律。(〈難自然好學論〉，頁 259～261)

這段引文為我們帶來兩個值得注意的問題：其一，在此段的敘述中，性命自然問題被顯題化於〈太師箴〉裡呈現的歷史階段考察之中，在上古的「大朴未虧」狀態下，人民飢餐渴飲，怡然自足，不自知為至德之世，所謂「自然」之表現即是人對自身欲望的自然而然的滿足；其二，這裡甚至比〈答難養生論〉更加直接地承認說「縱欲則得自然」，而所謂仁義教化、「六經」學習，都只是有似「自然」而非「自然」。

後一條看起來頗可非議，嵇康居然承認「縱欲則得自然」，這豈不是與其養生之旨相悖嗎？〔註5〕然而，我們若注意到此處的文本脈絡之所在，則未必如此。嵇康在此強調的是，就人的本性而言，任縱其情欲乃是一種自然傾向，這種縱欲在上古無為之世能夠單純直接地實現為「自然」；〔註6〕然而，隨著「至人不存，大道陵遲」，這種「自然」不再能夠以單純的縱欲形式而實現了，故而需要聖人後天地造禮制樂，加以引導，所謂的「六經」只能說是近世抑制衰亂的一種導引工具，用以將人們重新導向「自然」，而其本身並非「自然」的，與之相比，倒是「縱欲」更符「自然」之本旨。

不過道理雖俱在，其結論卻仍讓人難以接受，因為從表面上來看，「六經」（至少是好的「六經」）更是在把人們往一個好的方向引導，而縱欲無論如何總是讓人墮落，這樣看來，如果「自然」指涉的是一種較好的倫理價值的話，那麼似乎應是「六經」更加「自然」。

然而之所以會產生這種疑問，恐怕是因為此處發生了雙重性的時間階段錯位，如果重新引入〈太師箴〉中的歷史「三段式」則能使問題得到澄清。首先，嵇康在〈難自然好學論〉中重在闡明就「自然」之本旨而言，縱欲比好學更加接近「自然」，故而其中所呈現的歷史性階段實為「二段式」而非「三

〔註5〕嵇康〈答難養生論〉曰：「夫嗜欲雖出於人，而非道德之正。猶木之有蝎，雖木之所生，而非木之所宜也。故蝎盛則木朽，欲勝則身枯。」（頁 168～169），則明顯主張放縱欲望就會導致身枯，無從得養生之道。

〔註6〕我們一般所言之「縱欲」乃是一個貶義詞，然而這種貶義色彩來自於人們後天所起的虛偽造作，如果在嵇康所稱的上古之世的脈絡下，則所謂「縱欲」即等同於對自身情性的單純順任，是為「自然」。

段式」，亦即僅區分出了能夠將縱欲實現爲「自然」的上古階段和禮樂產生之後的階段，而未再進一步將後者區分爲聖王制禮作樂的中世階段和禮崩樂壞的現世階段；這樣導致的結果是，我們很容易用中世階段的「六經」（亦即先王手中的理想性的禮樂制度）來與現世階段負面性的縱欲相對比，從而得到前者更符「自然」的印象。其次，我們可以從兩個角度來理解嵇康所謂的縱欲更加自然：其一，縱欲從其原初形態來看，是「自然」的一種表現，而「六經」乃是時代衰落後的一種後天人爲產物，縱然我們同樣可以把它放在其理想形態，亦即中間階段的聖王之用來看，也仍然是前者更符「自然」；其二，若以現世的狀況來衡量，則縱欲，亦即對人之本性的釋放，若能理想性地返歸其原初形態，則顯然要比當時已趨於腐化僵死的「名教」制度、仁義經典更加符合「自然」。

　　進一步說，嵇康在〈難自然好學論〉中的目的，在很大程度上正是試圖藉由提出上述前一種角度的解釋，來提倡後一種角度的實現，從而解決現世中的倫理衝突，換言之，就是藉由「自然」相較於「名教」的原初合理性，來倡導前者對後者的優先性。這看起來正與其「越名教而任自然」之旨相合，因此下面我們就轉向〈釋私論〉中的「越名任心」，來看一下這種路徑在引入了古今之辨的線索之後能否開啓出新的視野。

二、個體的「越名任心」與現世徬徨

　　在上一章中，筆者曾對〈釋私論〉中的理路進行了簡要的梳理，然而當時的重點在於其正面理路的呈現，而現在我們更關注的則是它是否眞正能將主體完善地安放在現實狀況之中，亦即在「任心」的同時是否眞的能夠「越名」，而非僅僅直接假設「越名」的成立，卻沒有眞的面對它、解決它。

　　我們先再來複習一下〈釋私論〉開篇的總論：

　　夫稱君子者：心無措乎是非，而行不違乎道者也。何以言之？夫氣靜神虛者，心不存乎矜尚；體亮心達者，情不繫於所欲。矜尚不存乎心，故能越名教而任自然；情不繫於所欲，故能審貴賤而通物情。物情通順，故大道無違；越名任心，故是非無措也。（〈釋私論〉，頁234）

正如筆者在上一章所論述的，此處的「越名教而任自然」，是建立在藉由養生修養所達致的「氣靜神虛」和「體亮心達」之身心狀態上的，如果我們重點

考察其中對現實問題的處理，則會發現此虛靜之身心狀態乃是直接地能夠「心不存乎矜尚」、「情不繫於所欲」，進而排除了世間名利、外在物事的誘惑與干擾，故得以「越名教而任自然」。此「越名教而任自然」進一步表現為「任心無私」與「是非無措」，這二者終又能與倫理上的「善」、事實上的「是」相合，乃是「體清神正，而是非允當」（頁242），亦即主體內在身心的良好狀態與外在行為的良性結果同時得以實現。從精神境界上看，這是完成了一個從養生主體的虛靜身心狀態，經由外顯為「任心無措」的行為實踐，而終究復返虛靜狀態的道家精神修養的循環展現。

然而，嵇康此文實際上並非完全在呈現此種道家式的理想循環構架，它所重者更在於「公私」、「是非」之辨：

> 今執必公之理，以繩不公之情，使夫雖為善者，不離於有私；雖欲之伐善，不陷於不公，重其名而貴其心，則是非之情，不得不顯矣。夫是非必顯，有善者無匿情之不是，有非者不加不公之大非，無不是則善莫不得，無大非則莫過其非，乃所以救其非也……夫公私者，成敗之途，而吉凶之門也。（〈釋私論〉，頁236）

嵇康主張要將「公私」與「是非」分別開來看待，有「為善」之功者未必就是無私，有「伐善」之非者也不能輕易指責其不公，只有重視其內心的真實活動，才能顯其是非之情。進一步說，「公私」才是終極的衡量標準，「是非」只是過程性的、可修正的，「有善者」如果公而不匿，則能「善莫不得」，「有非者」如果不背負不公之責，則能有機會補救其非。嵇康認為只有不措外在的是是非非，而僅任其心之無私，方能得到最終的善，他進一步舉了歷史上幾個轉危為安的例子來說明：「然夫數子，皆以投命之禍，臨不測之機，表露心識，猶以安全；況乎君子無彼人之罪，而有其善乎？」（頁238）這種「不措是非」另有一個較為消極性的理由，亦即嵇康深刻地認識到了世間所謂的是非往往變幻不定，「然事亦有似非而非非，類是而非是者」（頁238），所以如果我們執著於是非判斷，則「所措一非，而內愧乎神」（頁242），倒不如超越世間是非而任心無措，方能終得善果。

可是按照以上的論述則很容易產生兩個連續性的疑問。首先，在〈釋私論〉中「任心」與「任自然」乃是同義替換，可是當「任心」進一步被詮釋為「顯情無匿」的時候，就會讓人懷疑僅僅這種「顯情」就能夠算是「自然」了嗎？「顯情」難道不可能導向主體情慾的任意放縱，而無關於「自然」嗎？

〔註7〕對此疑問，需要從兩個方面予以考量：其一，正如上一章所論證的，〈釋私論〉中的論述實際上建基在養生理論之上，其開篇所稱的「君子」一開始就具備了「氣靜神虛」、「體亮心達」的特質，這種特質正是通過養生路徑才能達到的主體「自然」狀態；其二，由於此「君子」本就已經達到「自然」的狀態，所以其「自然」的表現方式就是像上古理想中那樣直接順遂其情其欲即可，不存在產生負面效果的問題。因此「君子」的顯情無措之所以能夠直接等同於「自然」，乃是因為他原本就被預設為一個已達理想狀態的人格標本，此文重在討論的是此種理想人格在具體人事上的展現效果。〔註8〕

　　不過接下來又會產生的疑問是，〈釋私論〉此文並非僅僅在討論道家理想人格在純精神層面的循環展現，而是更多地在探究其在具體人事處理上的成敗實效，那麼「君子」這種「公而顯情」之作為理想人格的展現，真的能夠在現實層面導致實效上的「是」與「善」嗎？有學者認為嵇康的「公」乃是效果上的觀點，〔註9〕然而「公」對嵇康而言仍是由主體自身的「任心無匿」發出的，而非一種效果上的實現。實際上嵇康此文中唯一一處將此「公」喚醒、擴大為社會整體效果的描述為：「公私交顯，則行私者無所冀，而淑亮者無所負矣。行私者無所冀，則思改其非；立公者無所忌，則行之無疑；此大治之道也。」（頁239）換言之，「公」要真正實現為效果上的，就必須將它由個別主體身上擴大到社會上每一個個體身上。然而這種擴大畢竟只能表現為一種理想性的拓展與宣稱，〈釋私論〉此文除此一處外，基本上仍是在論述主體自身的任心無措，至於這種任心之「公」的效果實現似乎恆以道家式的修養路徑予以支撐，終究停留在主體自身的精神修養層次。〔註10〕

　　如果說嵇康在〈釋私論〉中雖然已經觸及到了理想中的「自然」如何應

〔註 7〕如謝大寧先生就在此有所質疑，他認為此處的「自然」已不再是心上的問題，「而成了才性、質性、情性這一意義下所指的自然了」，所以不再有超越義，乃是自然義的滑轉，參見謝大寧：《歷史的嵇康與玄學的嵇康》，頁15。

〔註 8〕同樣的，「小人」也是一種與「君子」相對的人格典型，「小人」的匿情有私是必然的，因為「小人」沒有達到「自然」狀態，他必然會因為世俗的種種利害關係考量而不得真正「自然」地顯其情。

〔註 9〕參見許建良：《魏晉玄學倫理思想研究》，頁238。

〔註 10〕蔡忠道先生就認為嵇康「任自然」理論本已十分完備，只是在實踐上卻存在著落差，參見蔡忠道：《魏晉處世思想之研究》（臺北：文津出版社，2007年），頁268～269。不過筆者以為，實際上由此處的「任自然」來涵蓋嵇康真正的道德觀點本就是有所欠缺的，他對此處缺陷的解決將在其他文本中找到，故而並非是理論與實踐之落差問題。

對現實的問題，但在總體上仍然迴避了這一問題的實質性解決而停留在精神境界的循環實現中，那麼嵇康在〈卜疑〉一文中則將這種衝突更加顯題化爲，本只能實現於上古的道家精神境界在面臨現世倫理衝突時的困境：〔註11〕

> 有宏達先生者，恢廓其度，寂寥疏闊，方而不制，廉而不割，超世獨步，懷玉被褐，交不苟合，仕不期達。常以爲忠信篤敬，直道而行之，可以居九夷，遊八蠻，浮滄海，踐河源，甲兵不足忌，猛獸不爲患；是以機心不存，泊然純素，從容縱肆，遺忘好惡，以天道爲一指，不識品物之細故也。（〈卜疑〉，頁 134～135）

此文開頭所描寫的這位宏達先生氣度恢廓，胸襟超世，而且「常以爲忠信篤敬，直道而行之」，有一定的儒家情懷；不過在思想境界和處世原則上則更具道家氣質，其機心之不存，好惡之遺忘，多可與老莊之旨相合，無疑這位先生正是嵇康本人的寫照，亦可說正是〈釋私論〉中的「君子」。然而這麼瀟灑的宏達先生卻也在當世之衰亂下產生了疑惑：

> 然而大道既隱，智巧滋繁，世俗膠加，人情萬端，利之所在，若鳥之追鸞，富爲積蠹，貴爲聚怨，動者多累，靜者鮮患，爾乃思丘中之隱士，樂川上之執竿也。於是遠念長想，超然自失，郢人既沒，誰爲吾質？聖人吾不得見，冀聞之於數術。（〈卜疑〉，頁 136）

宏達先生不滿於「大道既隱」下世人的追名逐利，因而想要歸隱於山林，這本是很自然的道家情懷，然而奇怪的是，他在產生歸隱之念後又有一種「郢人既沒，誰爲吾質？」的困惑，進而他希望訴諸數術的解惑。接下來，他向太史貞父陳述了共計有14組的處世原則衝突，其中多以個體出處進退之兩難爲主，最後歸結爲在此「時移俗易」的衰世之下，願就其中得失而「謀於老成」。不過太史貞父的回答看起來並無實質性的內容：「吾聞至人不相，達人不卜，若先生者，文明在中，見素抱朴，內不愧心，外不負俗……又何憂於人間之委曲！」（頁 142），這實際上不過是對此文一開頭就呈現出的宏達先生本人形象的復述而已，只是更加強調了其中的道家面向。

很顯然，嵇康本就不希望通過〈卜疑〉一文來探尋某種解決之道，其眞正的重點就是表現嵇康本人面對現世問題的困惑，太史貞父作爲嵇康自設的虛擬人物代表了嵇康的自我安慰，此安慰本身並無實質內容，僅僅是在形式

〔註11〕 由此，所謂理想與現實的衝突與隔絕，被轉化爲上古與現世的差異與溝通，問題亦將出現新的轉機。

上對自身加以肯定而已。更應該注意的是，此文表明嵇康雖然深具道家修養，超世絕俗，認爲自身可以在一種理想境界裡進退自如，無憂於「人間之委曲」，然而他實際上仍因當世之衰亂而深感不安。他本可以像莊子那樣曳尾泥中、怡然自樂，當一個眞正的隱士，可是他在產生這一志願後卻仍自失於世間之無人知賞其志，故而不得不暫就數術而尋慰藉。

爲什麼會如此呢？這就需要注意到，在嵇康所列出的這十幾組衝突中，雖然大部分是以相互對立的兩個選項爲一組而形成衝突，然而問題卻非二者擇一那麼簡單，因爲其中有些表述顯示出某一選項內部就含有衝突，如「寧寥落閑放，無所矜尚，彼我爲一，不爭不讓，遊心皓素，忽然坐忘，追羲農而不及，行中路而惆悵乎？將慷慨以爲壯，感嘅以爲亮，上干萬乘，下凌將相，尊嚴其容，高自矯抗，常如失職，懷恨怏怏乎？」（〈卜疑〉，頁138～139）這前一選項原本「無所矜尚」乃至「忽然坐忘」，是極爲典型的道家精神境界之體現，可是接著卻急轉而下，變成「追羲農而不及，行中路而惆悵乎」，竟發爲如此之悔恨；而後一個選擇中，則先是慷慨壯志，後又同樣轉而失意懷恨。

如果說後一選項中的轉折僅僅表現了現實作爲的可能性挫折的話，前一選項的急轉而下則更揭示出了嵇康的一種內在矛盾心態，他一方面深知道家修養工夫從精神上能夠保證個體自身的逍遙無礙，另方面又由於其清醒的古今意識，而認識到這種道家理想只能在上古無爲的理想性空間裡才能眞正實現，在現世的衰亂中，個體自身的精神修養並不足以支撐一個知識分子的眞實生存，不足以安撫他面對現實衝突的憂患之懷，故而縱使「忽然坐忘」而仍感惆悵。

對於這種因古今之辨而產生的現世憂患意識，或許我們還可以側面地從他所著的《聖賢高士傳贊》看出端倪。〔註12〕從《聖賢高士傳贊》中，我們會發現最爲上古的那些高士，如廣成子、許由等等，皆身逢天下無爲之治世，故而恆常以聞天下之務爲恥，倡導以樸素自然之道處世無爭；然而隨著時代趨於近古，則高士如莊周、魯連、司馬相如等乃轉以不慕富貴、不求宦達爲高。前者乃因天下既治，雖君以天下託我，我亦不屑爲之，後者則因世間名

〔註12〕嵇康所著《聖賢高士傳贊》今已亡佚，本文所引嵇康《聖賢高士傳贊》均本於戴明揚先生輯本，收於〔魏〕嵇康撰，戴明揚校注：《嵇康集校注・附錄》，頁397～421。

利富貴如牢籠，我豈能自縛其中，這兩者之間的落差實不可謂不大。〔註13〕

《聖賢高士傳贊》固然只是嵇康採集民間傳說，再加以潤色書寫，可其中呈現出的歷史變遷脈絡必然已經深深印入嵇康的思想中。嵇康既然深知此古今之別，就會明白個體自身的修養不再能像上古之世那樣直接與道德理想的實現相契合，所以才會在〈卜疑〉中流露出那般的猶豫不安。我們可以進一步說，嵇康的矛盾心態實際上已經不單單在於仕隱之抉擇，無論是傳統儒家的「可以仕則仕，可以隱則隱」，還是傳統道家的機心不存、遺世獨立，本都可以支持他一心隱於山丘的意願，然而他的現世憂患感使得他不能真正安於如此，他必須在傳統的仕隱模式之外再開闢出一個新的領域，才能對現世問題有所安置。

至此我們發現，在嵇康的論述脈絡裡，只是秉持「任自然」的主張則會在現世境況中面臨矛盾與掙扎，換言之，「越名教而任自然」無法單純地實現為捨「仕」就「隱」的傳統路徑，因為古今境況之裂痕難以彌補，士人已無法在這動盪的時代安然獨善其身。那麼解決之道何在呢？這就需要我們注意到，嵇康關於古今問題的歷史敘述乃是「三段式」而非簡單的古今「二段式」，也就是說古今之別，不應該被簡單地處理成理想與現實的永恆矛盾；若認真考察這「三段式」的內涵，則會發現其解決之道恐怕就蘊含在易被忽視的中間階段之中，此階段的先王禮樂主題將通過嵇康對於音樂思想的重構而煥發出新的生機。

第二節　氣化論下的主體與音樂

在歷史「三段式」的中間階段，亦即先王制禮作樂來引導萬民趨向「自然」的中世階段，或許正蘊含著解決個體如何在現世實踐「自然」的新突破口，而嵇康尤為重視的音樂問題，正是導源於此。而要討論音樂問題，則不得不對「樂」與「氣」的關係脈絡進行一番梳理，「氣」之問題的引入，將使我們更清楚地認識到通過「樂」、「氣」關係之討論，何以能夠對主體的獨立生存意義產生巨大的影響。

〔註13〕上古高士身當天下既治之時，故可無為逍遙，自高其身，無須以天下之務累己；而近世高士則見世間富貴如牢籠，不得不消極地逃避，僅以身免。前者在天下萬民皆無為自在之世，標舉為一個清高的典範，後者則在天下紛亂之際，僅能通過摒棄俗世之誘惑而保全自身；兩者有正向與逆向之差別。

一、嵇康與兩漢氣化論

　　當前學界在兩漢思想特質的界定問題上有著不同的著眼點和標準：徐復觀先生認爲董仲舒繼承戰國時期的陰陽五行之說，發展出一套「天的哲學大系統」，並塑造了漢代思想的特性；〔註14〕陳麗桂先生則認爲《淮南子》發展出了一個相當系統化的宇宙論模式，並影響了其後的眾多思想家；〔註15〕金春峰先生則區分了以董仲舒爲代表的目的論系統和以《淮南子》爲代表的自然論系統。〔註16〕然而無論是哪一種界定方式，基本上都承認兩漢思想中普遍存在著一種以「氣」爲基質的氣化宇宙論框架，其中天人皆氣，恆相感應。

　　在此大脈絡下，西漢董仲舒認爲天之陰陽二氣與人性的善惡有著密切關係，其《春秋繁露·深察名號》曰：「人之誠，有貪有仁。仁貪之氣，兩在於身。身之名，取諸天。天兩有陰陽之施，身亦兩有貪仁之性。天有陰陽禁，身有情欲桎，與天道一也。」〔註17〕天人之間乃一氣貫通，在天爲陰陽，在人爲貪仁，天人之道相應相成。故而人性之善惡既是稟氣而成，則在此氣化流行的宇宙系統中處於一種可變遷的狀態之中，能夠通過天人之間的感應而予以推動變化。降至東漢末年的王充，「氣」的直接的道德意味已大大減少，其《論衡·訂鬼》曰：「凡天地之間，氣皆統於天，天文垂象於上，其氣降而生物。氣和者養生，不和者傷害。本有象於天，則其降下，有形於地矣。」〔註18〕確切地說，從董仲舒到王充，被減弱的主要是氣化系統中天人之間的道德性互動作用，而由天至人的氣化大系統本身未有變動，故人之道德性質仍然由氣性所決定。到了劉邵寫《人物志》爲才性論奠定新的典範之時，也不脫此種元氣灌注而下的理路：「凡有血氣者，莫不含元一以爲質，體五行而著形。」〔註19〕

　　從以上的梳理可以看出，在天人之間以「氣」相貫通的宇宙大系統中，

〔註14〕徐復觀：《兩漢思想史·卷二》（臺北：台灣學生書局，1976年），頁295～296。
〔註15〕陳麗桂：〈漢代的氣化宇宙論及其影響〉，《道家文化研究》第八輯（臺北：文史哲出版社，2000年），頁248～266。
〔註16〕金春峰：《漢代思想史》（北京：中國社會科學出版社，1997年），頁7～8。
〔註17〕〔漢〕董仲舒撰，〔清〕蘇輿義證，鍾哲點校：《春秋繁露義證》（北京：中華書局，1992年），頁294～296。
〔註18〕〔漢〕王充撰，楊寶忠校箋：《論衡校箋》（石家莊：河北教育出版社，1999年），頁714。
〔註19〕〔漢〕劉邵撰，李崇智校箋：《人物志校箋》（成都：巴蜀書社，2001年），頁15。

－53－

一方面，在早期以董仲舒為代表的傳統裡，個體的喜怒哀樂恆與天人之間的氣性感通相聯繫，人間政治秩序恆與天之陰陽變換相連通；另方面，自東漢以來此氣化論傳統開始呈現自然化的**趨勢**，不再過分強調政治、道德性的感通作用，但人本身的道德才性仍然由元氣之下貫作用所決定。〔註20〕

對於去漢未遠的嵇康來說，似乎也有此種明顯的元氣生化、才性氣稟之說，其〈太師箴〉開篇即曰：

> 浩浩太素，陽曜陰凝，二儀陶化，人倫肇興。（〈太師箴〉，頁309）

其〈明膽論〉則曰：

> 夫元氣陶鑠，眾生稟焉。賦受有多少，故才性有昏明……夫論理性情，折引異同，固當尋所受之終始，推氣分之所由。順端極末，乃不悖耳。（〈明膽論〉，頁249，頁252～253）

以上兩處引文呈現出人稟元氣而生的圖景，嵇康在這類氣化論的表述中似也並無猶豫之態。〔註21〕由此可見，承自兩漢的元氣生化的思想在魏晉之際的士人中間仍是普遍被接受的觀念，嵇康至少在論及歷史演化的宇宙圖景和人物才性的稟受這兩方面是對之有所承襲的。

〔註20〕 以上所引主要是從西漢董仲舒到東漢王充這一學界歷來較為重視的氣化論發展脈絡，實際上兩漢的氣化論傳統遠不只這幾家而已，尤其不應忽視的是以《老子指歸》、《老子河上公注》為代表的道家氣化論脈絡。《老子指歸》多有基於氣化論系統而申自然、自生之義的論述，從中略可窺見兩漢道家氣化論脈絡的發展向度，如「夫天人之生也，形因於氣，氣因於和，和因於神明，神明因於道德，道德因於自然：萬物以存。」「道德不生萬物，而萬物自生焉；天地不含羣類，而羣類自託焉；自然之物不求為王，而物自王焉。」見〔漢〕嚴遵撰，王德有點校：《老子指歸》（北京：中華書局，1994年），頁17，頁85。

〔註21〕 實際上，在魏晉玄學的研究傳統裡，往往正是因為嵇康這種承襲兩漢氣化論的態度而對之有所貶低，這種氣論色彩的貶義性實肇始於湯用彤先生在《魏晉玄學論稿》中的著名論斷：「漢代寓天道於物理。魏晉黜天道而究本體，以寡御眾，而歸於玄極；忘象得意，而遊於物外。於是脫離漢代宇宙之論而留連於存存本本之真」，參見湯用彤：《魏晉玄學論稿》（北京：三聯書店，2009年），頁47～48。然而如果我們正視嵇康思想與氣化論的關係，探究他如何有進於傳統氣論，則會發現他在這方面是有其積極性意義的。在這方面，吳冠宏先生近來提出了重新開啟「氣」的視域以連接「莊子─漢儒─嵇康」的路徑，頗具開創性，參見吳冠宏：〈從莊子到嵇康──「聲」與「氣」之視域的開啟〉，《清華學報》新44卷第1期（2014年3月），頁1～28。不過吳先生此文重在溝通莊子氣論與嵇康氣論，與本文更多從嵇康基於其自身時代問題而闡發新意的面向，仍是有別。

　　然而，如果純粹沿襲兩漢氣化論的脈絡，不唯個體無法憑自身修養實現其理想道德秩序，就是其自身的價值恐怕也將難以獨立實現於同一化的氣化大系統之中。進一步說，我們可以聯想到養生理論中「氣」的重要性：通過「養神」和「養形」的雙管齊下，養生主體最後所達到的是體氣平和的狀態，而此形氣主體如果恆處在氣化大系統的控制之下，受到政治主導權力的脅迫，則其自足無待的養生恐怕也難以被保證。〔註 22〕換言之，如果這一氣化系統的直接道德規定性不被打破或淡化，則個體將無法自主性地確立其自身的道德性與人生價值，此主導權將永遠操控於位居氣化系統頂端的帝王或權力集團之手，士人個體將無從逃離於此大一統的氣化宇宙秩序之外。〔註 23〕

　　不過元氣生化的模式固然在嵇康處仍被保留，其實質意義卻有著僵化的趨勢，特別是「氣」本身承載的道德意味已經從顯性轉向隱性。實際上，嵇康通過改變氣化論的傳統模式，將「氣」的重心由縱貫之元氣生化層面轉移至橫向之身體氣性層面，進而以一種觀照「自然之和」的審美活動來使主體得以在新的維度裡實現自身價值，而這首先要求我們討論氣化論與音樂之關係的問題。

二、氣化論傳統中的音樂：從〈樂記〉到阮籍〈樂論〉

　　早在兩漢氣化論傳統正式形成之前，古人有關音樂的思想就已經和「氣」、和政治秩序密切相關，這一點從現存最早的系統闡釋古代音樂思想的集大成之作——《禮記‧樂記》中就可以看出來：

> 樂者，音之所由生也，其本在人心之感於物也。是故其哀心感者，

〔註 22〕關於這一問題，筆者將在下一節中有更加詳細的討論。

〔註 23〕在這裡的論述中，氣化系統之於士人顯得頗爲負面，然而這是由於時代境況的轉移所造成的結果。實際上在兩漢時期，士人們乃是自願將自己與大一統的政權相聯繫，與漢帝國的興衰同命運，此時氣化系統與個體的聯繫性可說是正面的。然而，隨著漢末宦官的弄權與黨禁的迫害，士人們逐漸開始對政權產生了疏離感，此時傳統的氣化系統模式就轉而成爲了士人個體追求自身價值的障礙。關於從兩漢到漢末，士人與政權關係之演變問題，可參見羅宗強：《玄學與魏晉士人心態》（天津：天津教育出版社，2005 年），頁 2～17。換言之，問題不在於兩漢氣化論系統的義理結構本身，而在於時代境況的轉移所導致的某種時代問題；兩漢氣化論系統本身未見得僅僅指向政治秩序上的統治，未見得有礙於個體的價值實現，然而當此氣化論傳統因漢末的政治積弊而成爲某種政治性工具時，則須從中開啓出新的義理向度，以切合時人的真實訴求。本文力圖證明嵇康的氣論正是致力於此。

其聲噍以殺。其樂心感者，其聲嘽以緩。其喜心感者，其聲發以散。其怒心感者，其聲粗以厲。其敬心感者，其聲直以廉。其愛心感者，其聲和以柔。六者，非性也，感於物而後動。

凡音者，生人心者也。情動於中，故形於聲。聲成文，謂之音。是故治世之音，安以樂，其政和。亂世之音，怨以怒，其政乖。亡國之音，哀以思，其民困。聲音之道，與政通矣。

地氣上齊，天氣下降，陰陽相摩，天地相蕩，鼓之以雷霆，奮之以風雨，動之以四時，暖之以日月，而百化興焉。如此則樂者天地之和也。〔註24〕

此處可注意的有兩點：一是音樂之散厲與人心之喜怒直接相對應，此乃基於人心與物之相感關係；二是音樂可以作為政治秩序的表徵，與天地萬物之秩序相通，從而為政治教化所用。以上兩點，顯然已經可以與兩漢氣化宇宙論相指涉：一方面，人與萬物皆為一氣所化，因而處於一種「類感」的互聯狀態中，表現為心感物而成樂；〔註25〕另方面，音樂作為一種可被觀察把握的「氣」之流通形態，能將政治秩序背後的氣性狀態呈現出來。〈樂記〉又進而將音樂同化為天地間陰陽二氣激盪相成的過程，音樂實與「氣」同質，或者說由於音樂是「感物而動」的產物，所以呈現出的是「氣」之動態而顯性的面向，且因這種動態性而承擔了倫理—政治秩序的維持之責，故需要聖人為之制。〔註26〕可見，音樂正是呈現人與萬物之氣性流通關係，進而貫通天人秩序的結穴所在。

以上通過〈樂記〉所呈現的音樂思想中的氣論傳統，顯然很容易融入兩漢氣化論脈絡之中，現在我們需要關注的是，此氣化論脈絡中的音樂到了魏晉人手中將引發何種新的時代訴求與改變，下面試以與嵇康同時代的阮籍

〔註24〕 〔唐〕孔穎達正義，呂友仁整理：《禮記正義》（上海：上海古籍出版社，2008年），頁1456，頁1456～1457，頁1485。

〔註25〕 參見鄭毓瑜：〈身體時氣感與漢魏「抒情」詩——漢魏文學與楚辭、月令的關係〉，《中國文學研究的新趨勢：自然、審美與比較研究》（臺北：臺灣大學出版中心，2005年），頁233。

〔註26〕 〈樂記〉曰：「是故先王本之情性，稽之度數，制之禮義。合生氣之和，道五常之行，使之陽而不散，陰而不密，剛氣不怒，柔氣不懾，四暢交於中而發作於外，皆安其位而不相奪也；然後立之學等，廣其節奏，省其文采，以繩德厚。律小大之稱，比終始之序，以象事行。使親疏貴賤、長幼男女之理，皆形見於樂，故曰：『樂觀其深矣。』」引見《禮記正義》，頁1501～1502。

（210～263）所作的〈樂論〉爲例：

> 夫樂者，天地之體，萬物之性也。合其體，得其性，則和；離其體，
> 失其性，則乖。昔者聖人之作樂也，將以順天地之體，成萬物之性
> 也，故定天地八方之音，以迎陰陽八風之聲，均黃鐘中和之律，開
> 羣生萬物之情……〔註27〕

阮籍此文在很大程度上與〈樂記〉的傳統不悖，他亦將音樂對應於氣化的宇
宙秩序，只是更加突出了他藉由以氣解莊而推出的萬物一體之理路，將音樂
作爲天地萬物的體性。這一點需要與另一種傾向結合來看待，亦即阮籍似乎
又抱持著一種將音樂限制在先王意志之中的努力：「先王之爲樂也，將以定萬
物之情，一天下之意也，故使其聲平，其容和。」〔註28〕又，「昔先王制樂，
非以縱耳目之觀，崇曲房之嬿也。必通天地之氣，靜萬物之神也；固上下之
位，定性命之真也。」〔註29〕這種先王制樂觀看似與傳統無甚差別，同樣闡
述了音樂如何呈現爲天地之間的氣性流通秩序，實則阮籍在其中又有其特殊
的關懷，他先突出音樂作爲萬物之性，再將之直接對等於理想聖王之意志，
這樣一來就格外強化了音樂之理想狀態的正統性，更反差凸顯出了當今衰世
中現實音樂的不合理性。〔註30〕

進一步說，阮籍實際上是選擇性地迴避了〈樂記〉傳統中的「感物而動」
這一面向，因爲如果對這一面向予以保留，似乎將不得不承認衰世中「各求
所好，恣意所存」的某種合理性，因爲這類音樂本也是人們有所感懷、自然
而發的音樂。然而這種處理實際上在傳統音樂理論體系中製造了裂痕，因爲
在〈樂記〉中本有一個「聲─音─樂」的層級區分，〔註31〕其中最重要的差
別在於「音」與「樂」之間：「凡音者，生於人心者也。樂者，通倫理者也。」
〔註32〕也就是說，「聲─音」乃是基於氣性物類之相感共性，「樂」則在此共

〔註27〕〔魏〕阮籍撰，陳伯君校注：《阮籍集校注》（北京：中華書局，2012年），頁
　　　78。

〔註28〕同上註，頁87。

〔註29〕同上註，頁92。

〔註30〕〈樂論〉曰：「自後衰末之爲樂也，其物不真，其器不固，其制不信，取於近
　　　物，同於人間，各求其好，恣意所存，閻里之聲競高，永巷之音爭先，童兒
　　　相聚以詠富貴，芻牧負載以歌賤貧，君臣之職未廢，而一人懷萬心也。」同
　　　上註，頁97～98。

〔註31〕〈樂記〉曰：「感於物而動，故形於聲。聲相應，故生變；變成方，謂之音；
　　　比音而樂之，及干戚羽旄，謂之樂。」引見《禮記正義》，頁1455～1456。

〔註32〕同上註，頁1458。

性的基礎上通向聖王所代表的正面道德意志。阮籍卻捨棄了這種區分，將音樂直接等同於萬物之性與聖王之正面道德意志，捨去了「通人心」的中間環節進而出於對其音樂的正面倫理價值之維護，他不得不對現實中會使人哀傷而造成倫理危害性的音樂作品予以直接的批評：「誠以悲為樂，則天下何樂之有？天下無樂，而有陰陽調和，災害不生，亦已難矣。」〔註33〕然而對於使人悲傷的音樂，他畢竟不是直接斥之為非樂，而是稱其「宜謂之哀」〔註34〕，可見阮籍也意識到在現實中實在無法違背常理地否定使人悲傷的音樂也是一種音樂。

至此，我們看到阮籍的音樂思想實際上是基於這樣一種現實：在〈樂記〉傳統中，音樂首先被奠基於萬物氣性之相感互通作用上，是為「聲─音」，再進而經由聖王之意志使其通達倫理的正面價值義，是為「樂」。〈樂記〉的這種框架需要建立在一個現實狀態較為理想的基礎上，才能保證實然的感物作用與應然的價值意義之間有一種自然的順推關係，可是在阮籍所處的魏晉亂世，這種理想狀態是無法實現的，他遂不得不避而捨去音樂的感物基礎，希望直接將音樂正面之倫理導向等同於音樂本身的性質，將應然等同於實然，從而證明現實紛亂狀態的非本質性。〔註35〕

不難看出，〈樂記〉所建基的那個歷史環境對應的正是嵇康歷史「三段式」裡的中間階段，而阮籍的〈樂論〉則建基於與嵇康同時的現世衰亂境遇。阮籍想通過對傳統音樂思想的再詮釋來嘗試解決當前的時代問題，然而不幸的是，阮籍的路徑明顯並不成功，在他的論述中至少呈現出了兩個矛盾：一是作為氣化系統中萬物之性的音樂，與作為聖王意志中具有強烈倫理目的性的音樂之間不具有自明的對等性；二是現實中的音樂欣賞（亦即感物實踐活動），與理論中的理想化音樂之定性相悖而難以並存。〔註36〕

〔註33〕〔魏〕阮籍撰，陳伯君校注：《阮籍集校注》，頁99。

〔註34〕同上註，頁99。

〔註35〕〈樂記〉的氣化論系統本是自洽的，在此氣化論系統中，所謂形下的人間秩序與形上的道德價值之間並不存在實然與應然之別，阮籍在繼承傳統的基礎上亦本無矛盾可言；然而他基於解決時代問題的意圖，而在其〈樂論〉中所強調的義理面向，卻呈現出了一定程度的矛盾，詳見下文分析。

〔註36〕值得說明的是，由於阮籍的〈樂論〉中反映出明顯的維護傳統禮教傾向，所以學界一般都將之歸為其早期作品。然而，本文的重點本不在於全面考察阮籍本人的思想，而只是以阮籍這篇文章為例來說明傳統的音樂理論發展到魏晉時期，與其時代脈絡所產生的矛盾與衝突。

　　實際上阮籍〈樂論〉之所以會產生上述的矛盾，乃是因為他力圖將音樂框限在理想禮制（或「名教」）的架構裡，卻又無法為現實中衰敗的禮制提供一個使之理想化的路徑，從而產生了理想與現實的衝突。下面我們將看到，嵇康那篇驚世駭俗的〈聲無哀樂論〉實際上正蘊含著對此矛盾的解決，他既通過證成音樂的自在性，使之擺脫了傳統禮制的束縛，又進一步用音樂來代替衰敗之禮制，以貯存倫理功能。

第三節　「氣」的自然化與審美化：音樂作為「自然之和」

　　嵇康有關音樂思想的討論主要體現在〈琴賦〉和〈聲無哀樂論〉這兩篇文章中，後者在近年來常成為研究者的關注熱點，一方面有許多學者從音樂美學的角度予以論述，〔註37〕另方面亦有許多學者主張此文實應從玄理的角度來解讀。〔註38〕本節的角度與前人頗有不同，乃是嘗試集中揭示出，嵇康此文中的音樂如何呈現為「自然之和」，進而以審美性活動實現了個體價值相

〔註37〕近幾十年來研究體現在此論中的嵇康音樂美學思想的論文和專著甚多，其中論證充沛者如張蕙慧：《嵇康音樂美學思想探究》（臺北：文津出版社，1999年），等，頗具參考價值，茲不贅舉。然而在現代音樂理論的基礎上，將嵇康此論作為單純的音樂美學來予以考察辨析，畢竟是一種過於後設的考察角度。一方面嵇康之本意恐不在於倡導音樂之作為一種藝術形式的獨立性，張先生關於嵇康念茲在茲者為使音樂成為一門獨立藝術的觀點，是值得商榷的，參見張蕙慧：《嵇康音樂美學思想探究》，頁323；另方面，將嵇康關於音樂的思想以現代美學的框架來探討固然自有其學科價值，但恐怕會因此而掩蓋了嵇康原本更加深刻也更具後世影響力的意涵，進而片面地遺憾嵇康此意之不傳。

〔註38〕從玄理角度解讀的學者共同存在的問題是，往往以概念先入的模式來解讀〈聲論〉，因而未能正視其中的實質性建樹。如謝大寧先生在《歷史的嵇康與玄學的嵇康》（臺北：文史哲出版社，1997年）中雖然敏銳指出嵇康在此論中真正的關注點並非音樂理論而是其玄理旨趣，但謝先生對此問題多以主體實踐工夫的說法釋之，如此則忽略了嵇康此文中真正重點討論的音樂的「自然之和」面向，又直接回到了道家修養境界的範疇，恐有辜負嵇康一番苦心之嫌。又如戴璉璋先生注重嵇康的和聲無象面向，將音樂與王弼的大象相連接，認為道內在於音樂並透過音樂而體現，參見戴璉璋：《玄智、玄理與文化發展》（臺北：中研院文哲所，2010年），頁143～145；這種觀點固然注意到了音樂的玄理面向，但未對嵇康基於氣論的音樂思想，與王弼並無明顯氣論基礎的大象理論予以進一步的區分，似亦有可商榷之處。

對於傳統氣化論大系統的獨立性。〔註39〕

一、心與聲之明爲二物

　　嵇康的〈聲無哀樂論〉共有七難七答，如果再加上作爲申論的第一輪問答，則共有發生在秦客與主人之間的八輪問答。它雖然不像阮籍那樣一開始就呈現出某種讓人強烈想到「氣」的論述，但實際上作爲問難者的秦客所代表的正是一種傳統的音樂觀，故而不免常常指涉到「氣」的問題。另外，在前三輪問答中，主客之間將音樂與人心之間的關係類比擴大到各種非音樂性的實體〔註40〕與人心之關係，秦客試圖證明這些客觀外在事物能夠與人的內心發生某種貌似超驗性的內容傳遞，〔註41〕而代表嵇康的主人把這些超驗性的作用都一一否定掉了。很明顯，這些超驗的傳遞作用正是基於傳統的氣化感通思想，所以秦客與主人之間關於音樂是否能夠進行這種超驗性傳遞的爭論，其背後指涉的正是氣性界定之問題。

　　嵇康在開頭的觀點陳述中直接提出：

> 夫天地合德，萬物資生。寒暑代往，五行以成。故章爲無色，發爲五音。音聲之作，其猶臭味在於天地之間。其善與不善，雖遭濁亂，其體自若，而不變也。豈以愛憎易操，哀樂改度哉？及宮商集比，聲音克諧。此人心至願，情欲之所鍾。（〈聲無哀樂論〉，頁 197）

與阮籍形成強烈對比的是，嵇康首先指出了音樂的客觀外在性，並且他是經由跟臭味同樣「其體自若」的單純的聲音，進而推出由聲音所構成的音樂之客觀性的。也就是說，如果與〈樂記〉的傳統相參照的話，不同於阮籍那樣直接從通於倫理的「樂」的層次入手，嵇康乃是從「聲—音」的層次入手。然而嵇康卻在這一層次上否定了音樂與人心的直接對應關係，認爲兩者之間不存在情感內容的可傳遞性：「夫哀心藏於內，遇和聲而後發；和聲無象，而哀心有主」（〈聲無哀樂論〉，頁 199），所以心與聲之間是需要進行明確區隔的：

〔註39〕　值得說明的是，所謂「相對於傳統氣化論大系統的獨立性」並非指涉某種氣化系統之外的「非氣」的範疇，而是在氣化論傳統中新開出一個奠基於審美活動的領域，以獨立於已被現實政治力量所操控的氣化層級系統。

〔註40〕　如牛鳴、南風、兒啼，這些非音樂性的聲音並不具備音樂的形式性，其傳遞信息的依據多半是基於某種氣化流通之觀念。

〔註41〕　如「萬廬問牛鳴，知其三子爲犧；師曠吹律，知南風不竟，楚師必敗；羊舌母聽聞兒啼，而審其喪家。」（頁 209）。

「然則心之與聲,明爲二物」(〈聲無哀樂論〉,頁214)。不同於阮籍那樣只是選擇性迴避了傳統感物基礎,而未建立起另一套心物關係體系,本節在後面的論述將表明,嵇康實際上提出了一種新的「觀物」模式。這種新「觀物」模式的重點在於,主體與物之間不是像傳統那樣進行直接性的「類感」,在通常情況下兩者先是在氣性之形式層面上發生相互作用,直至兩者皆達到「和」的原初氣性形式,方能進行徹底的相互感通,而模式的建構正是奠基於嵇康對萬物氣性的再詮釋之上。

但在此之前我們首先需要討論的是,「氣」在嵇康此文中的地位究竟如何?嵇康是否在否定傳統氣感模式的同時把「氣」本身也否定掉了?正如我們在前面分析過的,嵇康在一定程度上承襲了兩漢氣化論的傳統,承認人之才性秉自元氣,而在其〈聲無哀樂論〉中有曰:「凡陰陽憤激,然後成風;氣之相感,觸地而發」(〈聲無哀樂論〉,頁211),則嵇康承認外在自然之中亦有「氣」的客觀存在。〔註42〕另方面,在第三輪問答中,當秦客明確以傳統氣感模式言「夫聲音,氣之激者也,心應感而動,聲從變而發;心有盛衰,聲亦降殺」(頁205)時,嵇康(主人)實際上並沒有完全否定這一整句論述,他說「音聲有自然之和,而無係於人情」(頁208),也就是肯定了前半句中聲音乃由「氣」形成的觀點,但否定了後半句中聲與心可以直接相呼應的觀點。進一步說,嵇康認爲主體與外物應當皆秉有其氣性,然而內在的心與外在的聲之間的實際區隔,意味著兩者不能直接感應相通,換言之,外在的自然之物與內在的主體之情性雖然皆源自於「氣」,但是兩者既已在「氣」的基礎上成其殊形,則於其各自的成形常態下是異質而不能直接相通的。〔註43〕對這兩者在質上的區隔正對應的是阮籍音樂理論中的第二種矛盾,亦即實際欣賞中的音樂與理想概念中的音樂的矛盾。如果我們肯定了音樂作品相對於主體情志的客觀外在性,則不需要再對其進行直接倫理定性,〔註44〕並且由於在

〔註42〕但需要注意的是,這裡的陰陽相盪所描述的是風的形成和運動,而非具體萬物的氣化相盪;換言之,此相盪作用乃是有形之「氣」的運動,而非氣化萬物的感通作用。

〔註43〕不過不能直接相通,乃是指內容上不能直接感通,實際上正如下文所論述的,兩者之間更能夠在形式之「和」的層面上相互感通。

〔註44〕有學者提出嵇康這裡使用的是一種不可知論證,是爲了不在先前預設之價值規範下評論音樂,並以此作爲證成其道家音樂哲學的前提條件,參見陳士誠:〈從兩種論證揭示【聲無哀樂論】之結構〉,《國立政治大學哲學學報》第28期(2012年7月),頁47~90。這種不可知論證的提法確實很可以解釋嵇康

實際的音樂欣賞中，音樂本身不會對人的哀樂進行定向的引導作用，則欣賞音樂使人悲傷從而造成倫理危害的觀點，就變成了一個假命題。〔註45〕

二、音樂對主體氣性的調和作用

〈聲無哀樂論〉給人最為深刻印象的，就是它對傳統音樂觀的破斥，對心、聲之為二物的分判，然而更不應該被忽視的，是這「破」中所含之「立」。

〈聲論〉中，秦客在音樂的內容性傳遞作用被否定之後，開始轉從另一個角度對主人進行責難，他提出：「今平和之人，聽箏笛琵琶，則形躁而志越。聞琴瑟之音，則聽靜而心閑。同一器之中，曲用每殊，則情隨之變。奏秦聲則歎羨而慷慨，理齊楚則情一而思專，肆姣弄則歡放而欲愜。」（〈聲無哀樂論〉，頁 214）秦客指出不同音色的樂器、不同性質的曲調皆會讓聽者產生與之相應的不同反應，應該說這一點是很難被反駁的，因為它非常符合人們實際聆聽音樂的經驗。

嵇康亦在一定程度上承認了這一點，只是他承認的方式頗為特殊。對於不同樂器的問題他認為：琵琶箏笛之所以會讓人「行躁而志越」，乃是因為它們「間促而聲高，變眾而節數」，而又「以高聲御數節」，於是對聽眾而言「猶鈴鏑警耳，鐘鼓駭心」（頁 215）；琴瑟之所以會讓人「聽靜而心閑」，乃是因為它們「閒遼而音埤，變希而聲清」，又「以埤音御希變」，於是聽眾「不虛心靜聽，則不盡清和之極」（頁 215）。對於不同曲調的問題他認為：齊楚之曲之所以令人「情一」，乃因其「多重」，之所以令人「思專」，乃因其「變少」（頁 216）；姣弄之音之所以令人「歡放而欲愜」，乃因其「挹眾聲之美，會五音之和，其體贍而用博」（頁 216）。對於以上的這些分析，嵇康有兩句精闢的總結：

> 蓋以聲音有大小，故動人有猛靜也。（頁 215）

藉以清除音樂上的傳統倫理預設的方法論，然而至於其是否是為了通向一種道家無主宰心的音樂觀，則可進一步商榷。

〔註45〕傳統上所說的「聲有哀樂」其實指涉著兩個層面：其一指的是，創作者的情感可以貯存到所作的音樂裡；其二指的是，聽音樂的人，可以藉由特定的音樂引發特定的情感，故而有的音樂是專門引人悲傷的，有的則是專門讓人歡快的。嚴格地說，如果只是證成音樂的自在性，則尚不能否定音樂對人之哀樂的定向引導作用，而是只能證明音樂自有其自然形式，並不能貯存其創作者的情感。不過嵇康又進一步認為音樂只是以其「和」來使人內在本有的情感自然抒發，這就徹底地將以上兩個層面都否定掉了。

　　　　此爲聲音之體，盡於舒疾；情之應聲，亦止於躁（趮）靜耳。（頁
　　　216）

嵇康極爲詳盡地分析了不同樂器、不同曲調的內在特質，針對這些不同的特
質，聽眾也確會產生與之相應的反應，然而不同音樂之於聽眾的實際影響卻
僅止於「躁靜」，而無關乎人情。

　　我們必須注意到嵇康乃是在「氣」的基礎上進行以上論述的，所以其所
分析的各種樂器、曲調之特質，實爲音樂的內在氣性之形式結構，而此種氣
性形式結構對主體之影響亦僅止於其自身氣性的形式表現，亦即「躁靜」。至
於常情所謂之「哀樂」乃是個體內在私有的某種「質」，是個殊的，無法普遍
化，而唯有氣性的構成形式才可以在不同的氣化之物間發生作用傳遞。

　　進一步說，嵇康認爲「曲變雖眾，亦大同於和」（頁 216），「且聲音雖有
猛靜，猛靜各有一和」（頁 217），亦即不同的音樂雖然各有其氣性形式，但皆
爲一種「和」。音樂之作爲「和」，乃是純粹的「自然之和」，具有一種外在於
主體意志的恆定性：「雖遭濁亂，其體自若，而不變也」（頁 197）。

　　因此，在主體欣賞音樂時會出現兩種情況：其一，當主體自身本已達到
「體氣和平」的狀態時，則是「平和哀樂正等，則無所先發，故終得躁靜」（頁
216）；此時音樂作爲「自然之和」直接向本已平和的主體傳遞其氣性形式，
故而主體僅僅相應地產生了「躁靜」的氣性形式變化。其二，當主體本懷哀
樂之情於內時，則爲「人情不同，各師所解，則發其所懷」（頁 216）；此時音
樂仍然向主體傳遞其形式之「和」，主體一方面在氣性形式層面上受到影響，
另方面則又各自發散出其內在本有的「哀樂」之情。

　　以上這兩種情況的背後實蘊含著重要意義。首先，在嵇康的脈絡裡，所
謂懷有「哀樂」正意味著主體內在氣性的失衡，常人總是處在感物無常的欲
動之中，每每本懷「哀樂」之情，而不能達到眞正的內在平和；〔註 46〕其次，
音樂作爲「自然之和」，實爲「和」之形式的一種範本，主體通過與此「自然
之和」之間所發生的形式作用，能夠外在地讓自身懷有的「哀樂」之情發散
出來，內在地使自身的氣性形式逐漸趨向於「和」。〔註 47〕這正符合他在〈琴

〔註46〕若從音樂的角度來說，則不同的音樂可以對人形塑出不同的氣性之「和」的
　　　　形式，其中確實存在著形式上的對應關係，但這種形式上的差異若冠之以「哀
　　　　樂」之名，則會產生主觀上的人爲限定性，不符合氣性形式之本意。
〔註47〕吳冠宏先生早先認爲，嵇康此論體現出物我關係中一種由鍾情而忘情契道的
　　　　生命歷程，此與本文所言之通過「自然之和」調節主體內在氣性，頗有可對

賦〉中所說的:「可以導養神氣,宣和情志,處獨窮而不悶者,莫近於音聲也」(〈琴賦〉,頁83)。

從這種音樂以其「自然之和」引導主體達到自身平和的路徑,我們很容易想到嵇康養生理論中的思想,更重要的是,我們前面已稍微提及說養生理論中本就有涉及到「氣」的問題,這就需要我們將此處發現的嵇康基於傳統氣化論所闡發的全新視域代入其中予以重新考察。

三、養生論中的「氣」

已有不少論者注意到嵇康在其養生理論中的觀點與其音樂思想之間的關係,[註48]然而筆者在此將「氣」的視角放進去考察,則會使其實質變得更加清晰。

首先嵇康在〈養生論〉中所提倡的服藥說頗引後人爭議,但他之所以在其玄理超妙的養生理論中堅持要保留服藥的環節,並不厭其煩地予以辨析,實在應是與其所持的「氣」的思想有關,正如〈養生論〉中所言:「凡所食之氣,蒸性染身,莫不相應」(〈養生論〉,頁150)。嵇康之所以認為服藥能夠延年益壽,其思想基礎正是萬物與己身皆為一氣所化,既原為同質之一氣,那麼補充某種長久之氣,或許確有為身體之氣所吸納而獲益的可能性。

然而,嵇康所關心的重心畢竟不在於此,由於他實際上持物我之間的氣性不能直接相通的觀點,所以他並不真正倚重於外在服藥的養生之道。[註49]

應之處,詳見吳冠宏:〈鍾情與玄智的交會——嵇康〈聲無哀樂論〉之理解新向度〉,《魏晉玄義與聲論新探》(臺北:里仁書局,2005年),頁225～228。吳先生近來又提出「主客內外透過氣的交融共振,從而『大同於和』」的觀點,亦以「氣」來詮釋音樂與主體之間的作用關係,詳見吳冠宏:〈從莊子到嵇康——「聲」與「氣」之視域的開啟〉,頁13～14。不過關於其中主客關係之問題,本論文另有詮釋向度,此詳見下一章的討論。

〔註48〕 比如謝大寧先生就認為嵇康的樂論跟其養生論同樣是其玄理的組成部分,「可見嵇康的確將音樂視為養生之一本質工夫」,參見氏著《歷史的嵇康與玄學的嵇康》,頁208。

〔註49〕 嵇康雖然對自身體氣的維持更為看重,但畢竟還是頗篤信服藥之說,這一方面或許反映了他在否定物我可以直接感通這一點上的不徹底性,另方面,所謂的靈藥或許在嵇康看來不同於尋常之外物,而是與音樂具有某種同構性,故而能夠跟主體自身的氣性以某種神奇的方式相作用。此問題可參見陳啟仁:〈採藥與服食——從生活實踐論嵇康自然和諧之養生活動〉,《體現自然:意象與文化實踐》(臺北:中研院文哲所,2012年),頁139。

他認為「精神之於形骸，猶國之有君也；神躁於中，而形喪於外，猶君昏於上，國亂於下也。」（〈養生論〉，頁 145），精神主導著形體，所以養生的真正關鍵是如何保養神：

> 故修性以保神，安心以全身，愛憎不棲於情，憂喜不留於意，泊然無感，而體氣和平，又呼吸吐納，服食養身，使形神相親，表裏俱濟也。（〈養生論〉，頁 146）

這裡明顯地提出，只有讓愛憎憂喜這些情緒從個人情慾的無窮欲求中擺脫出來，才能達到「體氣和平」的狀態，之後再輔之以外在的服藥，就能「形神相親，表裏俱濟」。而這種擺脫情慾控制的工夫在其〈答難養生論〉中闡述得更為清晰，嵇康認為其中的關鍵在於人們應該警醒到智用所激發出來的不必要的慾望：「夫不慮而欲，性之動也；識而後感，智之用也。」（〈答難養生論〉，頁 174），進而推導出「故智用則收之以恬，性動則糾之以和。使智止於恬，性足於和。」（〈答難養生論〉，頁 175）。

　　以上的論述看起來只是原先就已經討論過的道家精神修養的延續，然而當我們引入「氣」的問題之後，就需要注意到其背後的兩個問題：其一，「神」之重於「形」僅僅是在「養神」與「養形」之作為兩種養生手段的層面上才是有意義的，嵇康雖然提出「神」是「形」的主宰，但這乃是就居中調節作用而言之，毋寧說「神」只是「形」的各種運動作用的調控中樞，其本身不具有實體性；實際上通過保神的作用，嵇康最終要達致的仍然是一種廣義上的氣性之保全，亦即「體氣和平」，所以說「養神」實為手段，「保形」方為目的。值得注意的是，這裡的「形」並非通常所言之「形軀」義，而是指涉著融匯「身」、「心」二重結構的「氣」之層次。其二，對慾望的抑制以及對智用的謹慎態度，就其實質而言，乃是為了保持身體之「氣」不至耗損在不必要的外在活動之中；所以說首要的是通過「神」的中樞作用來調和、保存自身身體之「氣」，其次才是通過外在的服藥來試圖予以補充改善。在此過程中，「和」始終是衡量養生效果的重要、甚至唯一的標準，因為「和」實際上正是圓滿的身體之「氣」的一種維持狀態。

　　在揭示出養生理論實質上最終乃是落在主體身體之「氣」的維持後，我們就能明白嵇康在〈聲無哀樂論〉中作出心物二分之區隔，打破傳統感物模式之意義何在了。按照傳統的心物之間恆常氣性相感的模式，則養生主體實無從真正抑制住自身身體之「氣」與外物之「氣」的交流感通，無從合法地

杜絕內在情慾直接性地由外物而觸動引發，因爲兩者本就持續感通，共同受制於宇宙氣化大系統的主宰，如此則養生主體的獨立自足實爲一個不可能實現的幻想。然而一旦嵇康改變了這種心物之間的直接性感通模式，將此二者之間的感通限制在形式之和的層次上，則使養生主體有了排除外物直接性干擾的合法性。另外，養生的主體除了按照傳統方式進行自發性調養外，又多了一條通過外物之和來調節自身之和的路徑。〔註50〕

四、新「觀物」模式的審美獨立性

本文主張，嵇康雖然對兩漢氣化論思想有所承襲，卻在保留了元氣創生的系統結構的同時，懸置了物類氣性感通的直接性，將重心轉向主體身體與外物自身的氣性之和的橫向層面，借用蕭馳先生的話來說，「此正是嵇康將玄學本無本有的論辯引向生存論哲學和藝術哲學所作的開拓」〔註51〕。

嵇康音樂思想中對於對於傳統氣化論的改進，蘊含著極爲深刻的追求，是在爲時代危機之下的主體尋求生存理境，不過這種改進最直接的一個結果是，主體得以在審美化過程當中獲得超越傳統氣化系統之外的自身獨立性。首先，在緣情感物傳統中的物我關係裡，音樂本身正是最易牽動主體情感的一種「物」，所以君主往往正是通過音樂來引導調控整個氣化系統的；當嵇康把音樂與情感的直接對應性關係否定掉之後，將不得不引發整個物我關係發生轉變，使主體不再受制於一個由現實政治力量所操控的氣化系統，而能夠憑藉其自主行爲來維持自身的生存意義。其次，主體內在之和的達致實與主體看待外物的態度息息相關，因爲主體自身的種種情慾之動本就是因感物而起，正是因感物之動而引發了性情之搖盪；雖然嵇康否定了兩者之間某種廉價的感通作用，但主體實際上更可以藉由外物所呈現出的「自然之和」而

〔註50〕 值得注意的是，此「自然之和」的調養作用與主體自身的修養工夫的關係究竟如何？吳冠宏先生同樣將「氣」的視域引入了嵇康音樂問題的探討中，但他更多地將嵇康的「聲」「氣」關係與莊子氣論的工夫義與境界義相契合，從而主體的修養靜觀仍是第一義的，而和聲則是因嵇康鍾情之所在，而能夠「循循善誘，導和心以入和氣之妙」，參見吳冠宏：〈從莊子到嵇康──「聲」與「氣」之視域的開啓〉，頁13～16。這種詮釋固然有效地揭示了嵇康音樂思想與莊子氣論的契通妙處，卻易於忽略嵇康藉由音樂而提出的「自然之和」本爲莊子脈絡所無，此一面向的意義所在或許更值得我們詳作考量，有關此問題可參見下一章的分析。

〔註51〕 蕭馳：《玄智與詩興》（臺北：聯經出版社，2011年），頁215。

調養自身之和，在此情況下主體觀照外物的模式發生了某種審美式的轉變。
〔註 52〕

　　這種轉變意味著，嵇康實際上通過對傳統感物模式的改造，開啓了一種新的「觀物」模式，〔註 53〕其主要內容有二：其一，由於「氣」的倫理化，主體得以拋棄各種倫理上、人文上的預設，而直接面對物之本然形態；其二，主體觀物不再是將主觀的情志直接投注於其上，而是在自在獨立之物上觀照到其氣性之和，並以之疏導調節自身之氣性，進而與之同於大和。這表明在承襲兩漢氣化論傳統的人物才性之「氣」外，又開出了一種與主體之身體氣性平行的外在「自然」之「氣」，而主體亦在此新「觀物」模式下得以進行一種嶄新的審美活動，並於此活動中得以形塑自身生存的獨立性。〔註 54〕

第四節　古今倫理境況之別的消解：三種音樂的共時性

　　在上一節中，我們主要討論的是嵇康如何通過改變傳統氣化論中的感物模式，從而使得主體得以擺脫氣化系統的控制，在審美活動中實現自身價值的獨立性，這一面向在很大程度上是〈聲無哀樂論〉此文之著力所在。不過否定了傳統的感物模式之後，我們不禁要問那麼音樂的倫理教化功能是否就同時被取消了呢？正如秦客最終詰問說：「即如所論，凡百哀樂，皆不在聲，則移風易俗，果以何物耶？」也就是說，在消極性地否定了音樂與情感的直

〔註 52〕恐怕還要再稍微解釋一下爲何從嵇康的音樂思想入手能夠引申出感物模式轉變這個大問題，要之，嵇康的〈聲無哀樂論〉雖在表面上只討論音樂這一種「物」，但實際上，一方面由於音樂在傳統的宇宙論上承載著非常重要的象徵性作用，另方面在嵇康對音樂的分析中，實際上暗含著與其《養生論》相契通的一套主體修養論，故而無論從外在方面還是內在方面來看，音樂的問題都觸動了感物模式的內在機制。

〔註 53〕筆者在這裡之所以用「觀物」來取代「感物」，乃是爲了避免某種直接感通的意味，然而就其實質而言，仍是一種物我氣性之相感作用。

〔註 54〕值得說明的是，此新「觀物」模式所開啓的直面物之本然形態之面向，對於後世山水詩學的興起有著極其密切的聯繫，因爲按照不少學者的觀點，以謝靈運爲代表的山水詩之不同於以往的山水書寫，其典型特徵正是在於對山水本然形態的呈現，參見王國瓔：《中國山水詩研究》（臺北：聯經出版公司，1986 年），頁 11～78。關於嵇康此思想與後世山水詩學關係之具體討論，詳見第五章。

接對應關係之後，那麼音樂原本承載的積極性倫理作用還能夠實現嗎？嵇康對此的回答是肯定的，下面筆者即展開嵇康對音樂之「移風易俗」功能的論述，這將最終回過頭解決本章在一開始就提出的古今之辨問題。

一、歷史「三段式」的再現？

針對音樂如何「移風易俗」的疑問，嵇康作出長篇大論式的回答，這構成了此文的最終結論，下面我們分段來一一剖析：

> 夫言移風易俗者，必承衰弊之後也。古之王者，承天理物，必崇簡易之教，御無爲之治。君靜於上，臣順於下；玄化潛通，天人交泰。枯槁之類，浸育靈液，六合之內，沐浴鴻流，蕩滌塵垢；羣生安逸，自求多福；默然從道，懷忠抱義，而不覺其所以然也。和心足於內，和氣見於外；故歌以敍志，儛以宣情。然後文之以采章，照之以風雅，播之以八音，感之以太和；導其神氣，養而就之；迎其情性，致而明之；使心與理相順，氣與聲相應。合乎會通，以濟其美。故凱樂之情，見於金石；含弘光大，顯於音聲也。若此以往，則萬國同風，芳榮濟茂，馥如秋蘭，不期而信，不謀而成，穆然相愛；猶舒錦布綵，而粲炳可觀也。大道之隆，莫盛於茲，太平之業，莫顯於此。故曰：移風易俗，莫善於樂。樂之爲體，以心爲主。故無聲之樂，民之父母也。（〈聲無哀樂論〉，頁221～223）

以上的一大段鋪陳很顯然對應著嵇康歷史「三段式」的第一階段，亦即上古大朴無爲的階段，此時君靜臣順，天人交泰，人們默然之間已遵從大道，安逸忠信，「而不覺其所以然也」。在這種境況下，和心足於主體之內，和氣見於主體之外，由於內在之自身與外在之物事皆爲一「和」，故而無論是感物而歌還是渲情而舞，都是一種自然而然的氣性流通，無論是內在之和形於外，還是外在之和感於內，都毫無阻礙，隨時而發：「使心與理相順，和與聲相應」。這意味著所謂「文之以采章，照之以風雅，播之以八音，感之以太和」這些外在的含有人文色彩的行爲，此時完全是自然發生的，而毫無人爲造作之感；進一步說，縱然有「凱樂之情，見於金石；含弘光大，顯於音聲」這樣實際音樂演奏的外顯，也仍然是一種「無聲之樂」，因爲「樂之爲體，以心爲主」，心既恆常平和條暢，則有聲與無聲並無實質性的差別，發於外的音聲不過是心之自然活動的外顯形式化。

很顯然，這種「無聲之樂」才是嵇康心目中音樂的最高理想，〔註55〕所以他對此總結爲「故曰：移風易俗，莫善於樂」，並以「無聲之樂」爲「民之父母」。然而這裡其實存在著一種弔詭，因爲嵇康在一開始就說：「夫言移風易俗者，必承衰弊之後也。」換言之，「移風易俗」本就是在世道衰弊之後才來談論的。其實我們仔細考察「移風易俗」這一用語本身，就會發現既然需要「移」和「易」，這也就說明其所作用的對象應該原是不理想的，所以才需要通過音樂來改善。嵇康在後面似乎認爲「無聲之樂」才體現了「移風易俗」，可是「無聲之樂」作爲上古無爲之世的某種當然性存有，並不需要對當時本已高度理想的社會進行「移風易俗」，那麼嵇康是否想說要用這種「無聲之樂」來「移」衰世之「俗」呢？至少從本段的論述來說，似乎又不可能，因爲「無聲之樂」實依附於上古理想社會內在蘊含的主體共有之存有狀態，而非眞正形之於外的客觀實體，如何能移用於後世呢？

對於這一疑問的解答，有待於我們繼續閱讀後面的文本：

> 至八音會諧，人之所悅，亦總謂之樂。然風俗移易，本不在此也。夫音聲和比，人情所不能已者也。是以古人知情之不可放，故抑其所遁；知欲不可絕，故因其所自。故爲可奉之禮，制可導之樂。口不盡味，樂不極音；揆終始之宜，度賢愚之中，爲之檢，則使遠近同風，用而不竭，亦所以結忠信，著不遷也。故鄉校庠塾亦隨之變。絲竹與俎豆並存，羽毛與揖讓俱用，正言與和聲同發。使將聽是聲也，必聞此言；將觀是容也，必崇此禮。禮猶賓主升降，然後酬酢行焉。於是言語之節，聲音之度，揖讓之儀，動止之數，進退相須，共爲一體。君臣用之於朝，庶士用之於家。少而習之，長而不怠，心安志固，從善日遷，然後臨之以敬，持之以久而不變，然後化成。此又先王用樂之意也。故朝宴聘享，嘉樂必存，是以國史採風俗之盛衰，寄之樂工，宣之管絃，使言之者無罪，聞之者足以誡。此又

〔註55〕 戴璉璋先生藉由嵇康有聲之樂與無聲之樂的區分，套用莊子「聽之以耳，聽之以心，聽之以氣」的結構，提出嵇康的音樂理路亦有一個從耳到心再到氣的結構，分別對應感覺、感興、感悟三個階段，而最後一個階段的和心和氣階段才是嵇康眞正想要達到的，參見氏著《玄智、玄理與文化發展》，頁187～194。此論頗有可參考性，然而尚有可商榷處：戴先生此觀點雖然提出「氣」作爲最後階段的標準，但在嵇康文本中，從聽之以耳的靜噪與聽之以心的眾情，實際上皆是以「氣」貫通的外物氣性與內在氣性之互動作用，恐未能截然分成兩個層次。

先王用樂之意也。(〈聲無哀樂論〉，頁 223～224)

嵇康首先聲明風俗之移易本不在於這種「八音會諧，人之所悅」的「有聲之樂」，可是恐怕不能把這個「本不在此」看得太絕對，因為接下來的大段論述恰恰是在展現這種「有聲之樂」如何「移風易俗」。對此問題，我們似乎可以先做一個推測，即嵇康所言的字面上的「移風易俗」，恐怕並非指涉著我們通常所理解的實際操作上的「移風易俗」，而是「移風易俗」之理想性目標，從嵇康的實際論述來看，真正承擔「移風易俗」之功能的恰為「有聲之樂」。

接著來看嵇康對「有聲之樂」，確切地說是先王之樂的描述。先王之樂所對應的歷史境況很顯然正是「三段式」中的中間階段，亦即先王通過禮樂制度來導引萬民的階段，然而我們在對待這一段看似陳詞濫調的論述時必須注意到它與傳統有所差異的兩點。其一，音樂在嵇康的脈絡裡，乃是使人情所不能已之物，故而古人將它限制在一個恰好可導引情欲至適當程度的範疇，是為「可導之樂」；然而這種「可導之樂」並非是〈樂記〉傳統裡「樂尚同，禮別異」的「樂」，它並不將人們引導向一個共同的方向，而是將個體內在的情欲導引向無內容規定性的「和」〔註56〕；其二，「樂」與「禮」的結合看起來又是對禮教傳統的一種復述，但其中仍有重大差別，「樂」與「禮」在此僅僅是並用、並存的關係，卻沒有實質性的交集；〔註57〕確切地說，由於「樂」本身沒有內容性，所以它實際上只是為「禮」的遵守提供了形式上的主體性基礎，先是通過「少而習之，長而不怠」達到主體內在心志的安固，然後再外在地依「禮」而行。〔註58〕

不過「無聲之樂」不單只有這種先王之樂，它還有另一種形式——鄭聲：

若夫鄭聲，是音聲之至妙。妙音感人，猶美色惑志，耽槃荒酒，易以喪業。自非至人，孰能御之？先王恐天下流而不反，故具其八音，

〔註56〕「和」首先屬於一種無方向性、無具體道德規定性的純形式範疇，這是與傳統樂論最大的區別所在。當然，這種形式性並不意味著價值的絕對中立。

〔註57〕相比之下，〈樂記〉則明顯地將音樂與實質性的倫理秩序進行內容上的對應：「律小大之稱，比終始之序，以象事行。使親疏貴賤、長幼男女之理，皆形見於樂。」，引見《禮記正義》，頁 1502。

〔註58〕值得討論的是，許建良先生單就這段論述而認為嵇康在選擇音樂「作為教化活性化手段這一點上，與歷來的觀點毫無二致」，並反過來認為這與嵇康前面區分心與聲的做法存在矛盾，參見許建良：《魏晉玄學倫理思想研究》，頁 246～247。筆者以為這種觀點並沒有真正認識到嵇康音樂思想的內在一貫性，及其與傳統觀點的差異所在，是值得商榷的。

> 不瀆其聲，絕其大和，不窮其變。損窈窕之聲，使樂而不淫。猶太
> 羹不和，不極勾藥之味也。若流俗淺近，則聲不足悅，又非所歡也。
> 若上失其道，國喪其紀，男女奔隨，淫荒無度；則風以此變，俗以
> 好成。尚其所志，則羣能肆之；樂其所習，則何以誅之？託於和聲，
> 配而長之，誠動於言，心感於和，風俗一成，因而名之。然所名之
> 聲，無中於淫邪也。淫之與正同乎心，雅鄭之體，亦足以觀矣。(〈聲
> 無哀樂論〉，頁 224～225)

對於〈聲無哀樂論〉這最後一段論述，如果我們仍要套用歷史「三段式」恐
怕會有些似是而非，確切地說，其中只有從「若上失其道」到「因而名之」
的描述可勉強算是與「三段式」中的現世階段相對應。實際上這段更多地是
在討論鄭聲與先王之樂（雅樂）的區辨，嵇康首先承認鄭聲爲「音聲之至妙」，
但這種「至妙」導致的是猶如「美色惑志」般的負面效果，所以先王要對之
有所抑制，使其不過分美妙誘人，實際上這種經過抑制的音樂，說的也基本
上就是作爲先王之樂的雅樂。因此在先王的意志之下，鄭聲本無從產生，只
有到了現世階段喪紀失道的境況裡，鄭聲才「風以此變，俗以好成」地出現。
然而，就算嵇康總體上對鄭聲持貶斥態度，他在最後仍理性地否定了鄭聲與
淫邪的直接性關係，認爲就音樂本身而言，鄭聲與雅樂皆是一「和」，而邪與
正乃存之於人的內心，鄭聲只不過是從實際欣賞效果上來說更容易引發普通
人內在的淫邪而已。〔註59〕

二、音樂的倫理效應：歷時性的區隔轉爲共時性的實現

　　〈聲無哀樂論〉結尾的這一番長篇大論看起來正是以三種音樂——無聲
之樂、先王之樂、鄭聲來對應歷史三階段——上古無爲之世、中世先王之治、
近世衰亂之政，不過這種對應關係似乎存在某些奇怪之處。我們先來看一下
這三個階段實際上是如何被引出的：首先，嵇康以「古之王者，承天理物」
的歷史敘事爲開端來闡述上古階段和「無聲之樂」，這看起來還很符合歷時性

〔註59〕對於嵇康在末尾對鄭聲的理性態度，以往論者常常有所誇大，將其抬高至肯
　　　　定通俗音樂的地步，如皮元珍先生就認爲嵇康將鄭聲提到了與雅樂相提並論
　　　　的地步，參見皮元珍：《嵇康論》（長沙：湖南人民出版社，2000 年），頁 241
　　　　～242。然而嵇康在此處所要表達的實際上是無論雅樂還是鄭聲都沒有直接的
　　　　內容性，故而對人心的影響都是間接的，兩者同樣是一種客觀的「和」；另外，
　　　　總體上來說嵇康仍然對易於使人放縱的鄭聲持有一種應當予以限制的態度。

的敘述方式；然而接著要進入先王禮樂階段時，卻並非以一種歷時性的歷史敘事，而是以「至八音會諧，人之所悅，亦總謂之樂」這種對「有聲之樂」的界說來開始的，正是因爲音樂乃人情之所悅，所以需要先王爲之制，進而才引導出了先王制禮作樂的禮樂時代；最後，由「若夫鄭聲，是音聲之至妙」開始，而引出的與鄭聲相對應的衰亂之近世，卻更在最後一段敘述中顯得模模糊糊：「若上失其道，國喪其紀，男女奔隨，淫荒無度；則風以此變，俗以好成」，差不多只是用來給鄭聲提供一個產生背景。歷史「三段式」的每一階段雖然都出現了，可是卻不眞的是以時間的線性發展來呈現，而是以三種音樂的平行關係來鋪展：「……至八音會諧……若夫鄭聲……」。時間性的標誌甚至是越到後面越模糊，最後一階段的歷史境況描寫幾乎已經淡化到雅樂與鄭聲之區辨討論之後，可以說，這種去時間化的跡象，正暗示了一條通向嵇康深層思維結構的道路。

　　如果說歷史「三段式」的古今之辨向來構成嵇康現世矛盾的一大來源，那麼在此所呈現的，則是通過三種音樂的平行鋪展使得歷史「三段式」原本因歷時性而被決定了的不可實現性，得以因被共時性化而有了實現的可能性。

　　此種實現的突破點正在於嵇康對中間階段的重構。原本古今倫理問題的焦點，乃是古之無爲理想已無法在今之衰世實現，就算引入過渡階段的禮樂制度來試圖挽救，也會因近世禮崩樂壞的事實而無可奈何。然而正如我們之前所注意到的，嵇康在論述先王禮樂制度的時候，並非像傳統上那樣將「禮」與「樂」實質性地綁在一起，毋寧說「樂」才是眞正奠定主體內在平和狀態的關鍵，而「禮」只是外在地將本已平和協調的各個主體引導向某些實際的外在行爲。這種無內容的內在性與有內容的外在性之分離，〔註60〕意味著縱使在外在的禮制已經衰敗爲嵇康抨擊的「名教」，「移風易俗」的眞正內在基礎 ── 音樂仍然可以不受影響。事實上，這亦正是嵇康「越名任心」的主張之表現，嵇康主張超越這與時代之衰亂同朽的外在禮教制度，而直接任主

〔註60〕這種分離的背後實際上亦蘊含著嵇康抨擊名教的理據：由於這兩者的分離，所以當主體內在的「自然」狀態隨著時代移至現世而不再能夠維持時，外在的禮制就必然成爲一個僵死的空殼，這一空殼亦即「有名之教」，是爲嵇康文本脈絡裡的「名教」之本義，對此僵死禮制的強行奉行將直接等同於暴政。而後世出現的廣義上的「名教」指的實爲理想性的社會整體秩序，此應是內在與外在的統一，當主體內在的和諧狀態無法被保證，則外在制度再如何修訂與被遵循也無濟於事。

體內在之自然，這種主體個人的「任心」看起來在充滿矛盾的現實中是缺乏保障的，不過嵇康通過引入音樂作為「自然之和」彌補了這一缺陷。

所謂「任心」、「任自然」，亦即想要恢復上古無為時代人們那種「和心足於內，和氣見於外」的主體自然狀態，這種自然的主體狀態也就是「無聲之樂」的同義詞。同樣的，我們在養生理論中也會發現，當身體之「氣」良好地維持在「和」的狀態中時，便是所謂的「有主於中」，如此便會出現與〈聲無哀樂論〉中「無聲之樂」的理想狀態高度一致的描述：「有主於中，以內樂外；雖無鐘鼓，樂已具矣。」（〈答難養生論〉，頁 191）我們之前分析過，這種通過養生來達到個體自身「任自然」的道家路徑未能使嵇康得以安身，但是如果我們將「無聲之樂」與「有聲之樂」的可連接性考慮進去，情況就不同了。

這首先要歸功於嵇康在〈聲無哀樂論〉中極力主張的音樂本身之獨立外在性，因此聖王的音樂可以不必由聖王本人親自演奏就能流傳後世：「舜命夔擊石拊石，八音克諧，神人以和。以此言之，至樂雖待聖人而作，不必聖人自執也。」（頁 208）由於音樂本有其「自然之和」，而與演奏者的主觀情感或道德境界無關，所以雅樂一旦由聖人制定出來了之後，其本身就不再會改變了。而聖人或先王之作樂，乃是因為「知情之不可放，故抑其所遁；知欲不可絕，故因其所自」，故而制作出「可導之樂」，也就是說這種先王之雅樂恰好符合著那種將人之情欲調節到「自然」狀態的「和」，而音樂的「和」又是一種不隨時移世易而改變的「自然之和」，因此通過聆聽這種音樂的「自然之和」，正能幫助主體在現世之當下超越歷史階段性的阻礙，去重現先王所肯定的「和」。

由此我們看到原先古今之別的問題在一定程度上被解決了。制禮作樂的先王同樣在其時代面臨著（至少在一定程度上）人們不再如上古般無為而能夠自發達到內外「自然」的問題，於是先王通過制作「可導之樂」來使人們內在平和、心志向善，再設置外在的禮制來指示人們實際的行為標準。然而隨著時代衰退、禮崩樂壞，先王的制度已經僵死無用，反成為當權者濫用的所謂「名教」，而在傳統觀念裡樂總是與禮捆綁在一起，如果禮教不能重振，那麼與之相連的雅樂亦無從復興。〔註61〕但是嵇康卻把音樂從與僵死的禮制

〔註61〕這在很大程度上正體現了嵇康與玄學史上的王弼、郭象路徑的不同之處，後者更多地是從「禮」的角度入手，想通過重整「名教」來使之符合「自然」；

捆綁在一起的困境中解救出來了，從而先王賦予雅樂的那種「自然之和」，能夠不受損害地再度爲將主體導向「自然」提供不衰的資源。

不過以上仍僅是以作爲「自然之和」的音樂打破古今之辨的困境，爲上古之治的重現提供基本的可能性，而要實質性地達到倫理價值的重構與實現，則還有待於從此「自然之和」進於「自然之和域」。

而前者則從「樂」入手而直契「自然」，讓主體在「自然」中實現其在現世「名教」中無法實現的人生價值。

第四章　從「自然之和」到「自然之和域」

　　在上一章的論述，我們發現一方面嵇康的現世憂患意識，導致他無法安然遵循單純的道家原則而隱於山林，另方面個體式的養生理路固然高妙，但如果不能讓氣化主體獨立於傳統氣化大系統的脈絡，則無從保障其實現。然若轉從嵇康的音樂思想入手，則可發現他藉由改變傳統氣化論脈絡下的感物模式，使主體得以在審美活動中觀照外物本然的氣性之和，進而獨立自身的生存價值於氣化系統之外。而且如果說這種審美活動仍然是開展於消極性的自我維護層面，那麼嵇康實際上並不僅停留於此。他還進一步揭示出音樂如何作為一種共時性線索，打破了因古今倫理境況差異所造成的實踐困境，讓音樂作為一種可持存的「自然之和」超越了外在禮制的規定性束縛，得以直接導引主體趨向內在的「自然」狀態。此「自然之和」解決了現世衰敗境況下主體因自身修養工夫缺少客觀性依憑而無從上追古人的問題，並貯存了倫理價值的實現可能性。

　　通過對嵇康音樂思想的初步揭示，我們已跳出了傳統上僅僅強調嵇康道家式個體工夫修養的觀點，而呈現出他從「任自然」轉向「自然之和」的歷程，由此個體所希望尋求的「自然」乃藉著「自然之和」的引導而得到保障，現世中所面臨的倫理衝突，亦有望在「自然之和」的共時性線索中得以消解。

　　然而此「自然之和」的提出恐怕仍將面對著如下的質疑：其一，如果說「自然之和」只是通過其外在的推動作用，讓主體自身達到體氣之平和，那麼在主體自己確能夠憑養生工夫達此功效的情況下，「自然之和」之於主體而

言，畢竟就只是第二義的，僅能作爲一種外在的輔助之物；〔註1〕其二，「自然之和」固然能夠以其自在持存性讓個體超越歷史階段間的隔絕，而得以復現上古的「自然」，但這種「自然」之復現是否僅僅停留在主體自身的層面，而無從擴大到其他主體身上？果眞如此的話，將意味著人人自足自樂的倫理理想仍無法實現，「自然之和」仍不過是讓養生主體自全其身而已。

　　針對以上的質疑，本章將由「自然之和」進階至「自然之和域」的探討，確切的說，前者僅僅是後者的先行鋪墊，後者才是終極的實現形態。在「自然之和域」得以揭示之後，問題將不再停留在主體自身的層面，而是更關乎主體與主體之間的倫理之域。

第一節　個體的智用悖論與音樂的優越性

　　我們之前曾藉由「越名任心」所遭遇的現世衝突而引出「自然之和」之作爲解決路徑，但如此一來「自然之和」就僅像是一個外部的保障，亦即主體自身如確能暢通無礙地憑藉養生工夫達到體氣平和，那麼「平和之和」就僅僅是輔助性工具而已。然而如果我們深入考察嵇康在〈答難養生論〉中討論的「智」與「欲」之問題，則會發現在嵇康的論述脈絡裡，主體自身的養生之路不僅面臨著外在的現世倫理衝突，而且其理論還內在地存在著難以解決的困境，由此，個體的封閉狀態必須被打破，必須藉由「自然之和」進於眾多主體共在之「和域」。

一、養生理論中「智」的悖論

　　現在再次回到嵇康養生理論的探討，不過這次的重點不在〈養生論〉而在〈答難養生論〉上，前者較爲正面地闡述了嵇康的養生理路，後者則是在經過向秀〈難養生論〉的詰難之後，而展開的針對重點問題的辨析。

　　嵇康在〈養生論〉中主要通過倡導「養神」、「養形」的表裡相濟來建立其養生理路，此已不需贅述，而以往對於向秀〈難養生論〉的探討，則多偏重於他對嵇康在「養形」問題上倡導不食五穀的反對，以及「人壽夭定，不

〔註1〕值得說明的是，「自然之和」自身的「和」固然已直接與天地萬物整體之「大和」相契通，然而音樂之作爲「自然之和」在主體的價值實現層面上仍然只是外在的，僅僅是貯存了價值實現的可能性，而並未眞正進入具體的實現層次，關於後者還有待於「自然之和域」概念的進一步闡發，方得以開顯。

如行樂」這兩個方面，就此而言，向秀的觀點確如牟宗三先生所說，像是一種俗情的申論。〔註2〕不過實際上向秀此文更提出了兩個關鍵性問題，嵇康的〈答難養生論〉全文亦是圍繞此二點展開的：

> 夫人受形於造化，與萬物並存，有生之最靈者也。異於草木，草木不能避風雨，辭斤斧；殊於鳥獸，鳥獸不能遠網羅，而逃寒暑。有動以接物，有智以自輔。此有心之益，有智之功也。若閉而默之，則與無智同。何貴於有智哉？有生則有情，稱情則自然得，若絕而外之，則與無生同。何貴於有生哉？且夫嗜欲；好榮惡辱，好逸惡勞，皆生於自然。夫天地之大德曰生，聖人之大寶曰位，崇高莫大於富貴。然則富貴，天地之情也。貴則人順己以行義於下；富則所欲得以有財聚人，此皆先王所重，開之自然，不得相外也。〔註3〕

向秀的立論實際上尖銳地提出了「智」與「欲」的問題，他將「智」歸諸人之所以為「有生之最靈者」，將「欲」強調為「生於自然」，再藉由這均具有極高合法性的二者推出人當追求富貴的結論。

關於「欲」與「自然」的問題，我們在上一章裡已經討論得很多了，要之，對「欲」的直接滿足只有在上古階段才可以被認為是「自然」的表現，在現世階段則由於其境況已經轉變而無法再如此說。此處更關鍵的乃是「智」的問題，因為其實嵇康在〈養生論〉中藉以支撐養生理路的重要理據常常暗含著「智」的身影，如「夫至物微妙，可以理知，難以目識」（〈養生論〉，頁155），「知名位之傷德，故忽而不營，非欲而強禁也；識厚味之害性，故棄而弗顧，非貪而後抑也」（〈養生論〉，頁156）；至物既然如此微妙而難以目識，對其的「理知」自然可以算是一種高超的「智」；而名位之不營，厚味之弗顧，也都同樣是建立在認識到前者的「傷德」與後者的「害性」之上，這種認識恐怕也不得不算是「智」。然而向秀既然能將「智」導向與縱慾同功的方向，則嵇康不得不在〈答難養生論〉開篇就強調說：

> 所以貴智而尚動者，以其能益生而厚身也。然欲動則悔吝生，智行則前識立；前識立則志開而物遂，悔吝生則患積而身危。二者不藏

〔註2〕參見牟宗三：《才性與玄理》（長春：吉林出版集團有限公司，2010年），頁286～288。

〔註3〕此向秀〈難養生論〉文本引自〔魏〕嵇康撰，戴明揚校注：《嵇康集校注》，頁162～163。

之於內，而接於外，袛足以災身，非所以厚生也。(〈答難養生論〉，頁 168)

嵇康在此判定「智」與「欲」如果「接於外」，則「袛足以災身，非所以厚生也」，同時把這二者斥為負面的。然而他在第一句明說「貴智而尚動者，以其能益生而厚身也」，雖然「貴智而尚動」的說法源自向秀，但嵇康所說的「益生而厚身」顯然暗指著他在〈養生論〉中正是通過「智」來支撐養生理路這一事實，那麼這與緊接著又將「智」與「欲」一起貶斥的做法，是否前後矛盾呢？

然而問題的複雜程度還不僅於此，如果說在上述引文中「智」與「欲」尚是以平行的方式導致惡果，那麼在接下來的論述中，二者又將發生極為糾纏的關係。首先，嵇康提出「嗜欲雖出於人，而非道德之正」(頁 168)，如果不對它有所抑制，就會導致「欲盛則身枯」(頁 169)；由此嵇康提出的對策是：

是以古之人知酒色為甘鴆，棄之如遺；識名位為香餌，逝而不顧。使動足資生，不濫於物，知止其身，不營於外。背其所害，向其所利。此所以用智遂生之道也。(頁 169〜170)

不難發現，嵇康實際上再度使用〈養生論〉裡的策略，以一種合理的「智」來識辨欲求的危害，從而達到自覺予以摒棄的效果，是為「用智遂生之道」。於是我們發現嵇康一方面將「智」與「欲」一同貶斥，另方面又不得不再度使用某種好的「智」來對治「欲」，從而又回到了〈養生論〉一文的理路。

不過更加造成困難的，乃是接下來〈答難養生論〉中試圖提出真正有進於〈養生論〉、真正有突破性的觀點，而正是這一觀點使問題進一步複雜化：

夫不慮而欲，性之動也；識而後感，智之用也。性動者，遇物而當，足則無餘。智用者，從感而求，勌而不已。故世之所患，禍之所由，常在於智用，不在於性動。(〈答難養生論〉，頁 174)

這段關乎人性論的議論單看起來是極為深刻的，它通過區分「從欲而動」本身與因智用而導致的「勌而不已」，解決了人性之欲動為何既自在於性內，又需要抑制的問題。嵇康告訴我們，真的導致禍害的不是性動本身，因為如果只是任由自然之性的發動，則只會停留在「遇物而當」的層次，很容易就能達到快然自足；真正有害的，是後天的「智用」導致人在本該自足的地方繼續不知滿足，無窮無盡。這段對人性欲望問題的解釋本極為出色，可是如果把它跟我們前面的討論脈絡聯繫在一起，則會出現嚴重的問題，因為在前文

中嵇康本提倡「用智遂生之道」，以「智」來抑制「欲」，可在這裡「智用」反而成爲禍之所由，反是「智」導致「欲」成爲了問題。

　　針對以上這種錯綜複雜的矛盾，我們固然可以說「智」顯然應該被區分爲一種好的「厚身」之「智」與一種壞的「災身」之「智」，但這仍然解決不了問題，其原因有二：其一，嵇康在〈答難養生論〉中並沒有明確對這兩種「智」進行區分，而僅僅強調要怎麼樣才是「益生」的「用智」，只是從效果上做判斷，而沒能從根本上對兩種「智」的具體性質差異進行辨析；其二，正如向秀所說的，「智」原本就是人作爲萬物之靈的標誌，乃是一種綜合性的人類特質，無論是藉由它來識別害生之物，還是反因它而導致欲動之無窮，這都是人類之智巧本身所帶來的兩面性效應，我們很難僅取其一而捨其餘。實際上，嵇康所批判的「名教」，以及與之相關的引發人欲的富貴名利，亦正是「智」所造成的人爲產物，現在嵇康要藉由「智」本身來抵制「智」的產物，是否不免會陷入自我循環之中？其中錯綜糾纏的層次區隔眞的能夠被把握得清嗎？

　　在嵇康的原文中對於這種矛盾是這樣解決的：

> 故智用則收之以恬，性動則糾之以和。使智止於恬，性足於和。然後神以默醇，體以和成，去累除害，與彼更生。（〈答難養生論〉，頁175）

對於這裡的「收之以恬」、「糾之以和」，學者一般都認爲是源自於《莊子》的思想，〔註4〕然而順著本文的脈絡而下，則會發現只有把此「智用」僅僅視爲負面性的，這種解決路徑才是有效的，一旦了解到在嵇康的養生脈絡中藉以達到這種「恬」與「和」的手段正是「智」本身，我們就不會覺得問題眞正得到了解決。

〔註4〕《莊子‧繕性》曰：「古之治道者，以恬養和；知生而無以知爲也，謂之以知養恬。知與恬交相養，而和、理出其性。」引自〔戰國〕莊周撰，王叔岷校詮：《莊子校詮》（臺北：中央研究院歷史語言研究所，1999年），頁。學者們常常傾向於直接援引莊子之理境來解決嵇康此處的問題，但是嵇康對莊子的直接繼承性實爲一個有爭議的問題。羅宗強先生就認爲調莊子偏向於一種純哲理的境界，並非實有的人間境界，而嵇康恰恰是把莊子思想人間化了，參見羅宗強：《玄學與魏晉士人心態》（天津：天津教育出版社，2005年），頁84～85。筆者以爲，從嵇康在養生上強調「智」這一較爲平實的路徑，就可以看出他比莊子更傾向從常人實踐的角度來談養生，故而對於其中出現的矛盾恐不宜直接援用莊子思想予以消解。

　　如上所述，嵇康關於「智」與「欲」的論述複雜而充滿矛盾，而最終又是直接用「和」來解決問題，由此可以看出這種個體式的養生路徑，始終存在著主體內部的「智」的悖論，「和」的達致似乎無法完全靠主體個人的「智」來實現。因而個體內部的封閉式循環必須被打破，「和」的達致必須藉由其他路徑，嵇康關於音樂的論述正爲我們提供了這一契機。

二、「樂」相對於「智」的同構性與優越性

　　當我們從養生理論中的「智」轉向〈聲無哀樂論〉中的「樂」時，首先不難發現「樂」與「智」之間有著某種同構性，確切地說，我們雖然強調了音樂作爲「自然之和」得以疏導主體情欲的諸多妙處，但它仍然像「智」一樣有著兩面性。嵇康很明確地表示：「及宮商集比，聲音克諧。此人心至願，情欲之所鍾。古人知情不可恣，欲不可極，故因其所用，每爲之節。使哀不至傷，樂不至淫。」（〈聲無哀樂論〉，頁 197～198）又「夫音聲和比，人情所不能已者也。是以古人知情不可放，故抑其所遁；知欲不可絕，故因其所自。爲可奉之禮，制可導之樂。」（頁 223）音樂因其愉悅人心的效果而像「智」一樣會導致人之情慾的不可已，故而古人要對之有所控制，是有「每爲之節」而「制可導之樂」。反之，如果缺乏先王或古人的制約，那麼音樂便會流爲鄭聲：「若夫鄭聲，是音聲之至妙。妙音感人，猶美色惑志，耽槃荒酒，易以喪業。自非至人，孰能御之？」（頁 224）

　　但嚴格地說，音樂（此特指有聲之樂）應該分爲「先王之樂」與「鄭聲」這兩種類型而予以分別考量，這正如「智」亦應分爲「厚身之智」與「災身之智」，兩者的效用顯有不同。「鄭聲」與「先王之樂」雖然同爲一「和」，但是「先王之樂」恆以其「自然之和」調節人之身心到一個適當的狀態，至於「鄭聲」則由於過於美妙而「猶美色惑志」，非常人所能駕馭，只有至人方能御之；同樣的，嵇康在〈答難養生論〉中將「厚身之智」作爲養生的重要基礎，而「災身之智」卻是無限引發情慾的源頭。可是「樂」與「智」的不同之處在於：「智」的兩面性內在於主體一身之中，常人很難把握自身內這兩種「智」的區辨，進而堅持「厚身之智」，摒棄「災身之智」，恐怕只有理想中的至人可以把握這種兩面性而善用其積極面向；而美妙的「鄭聲」雖然同樣只有至人方能御之，但「鄭聲」與「先王之樂」的區分有著明確的界限，因此如果堅持用「先王之樂」對主體進行情慾之疏導，就是常人也能夠達到「和」

的狀態而無須陷入「智用」的循環悖論。

這樣看來作為「先王之樂」的音樂與「智」相較而言，至少具有以下這兩點好處。其一，合法性：「先王之樂」乃是依先王的意志而制定的，符合先王心目中人民所該達到的「和」，而不像「智」那樣全憑主體自身的調控和把握，實並無標準可言；其二，持存性：由於「先王之樂」有其「自然之和」而無關乎人情，所以一經制定就能夠維持在恰當的「和」的程度，進而穩固地為主體提供調節標準，可以傳之萬代永駐其「和」，而不像「智」那樣源自個體自身的維持，不具有延續性。

由此我們對嵇康所追求的「自然」理想之考察，已由傳統上主體自身達致的「任自然」，轉向了「自然之和」的協調作用，從而解決了養生理論中的「智用」困境。作為「自然之和」的音樂，就其與情欲主體同為氣化流行之產物而言，本不見得具有優先於後者的合理性，但是由於音樂可以憑此「自然之和」獨特的自在性質而被先王制定為「先王之樂」，因此就被賦予了某種合理性與神聖性，能夠穩固地為主體進行疏導致和的作用。

然而如果「自然之和」的合理性基礎僅僅來源於先王的神聖性賦予，那麼它對於主體來說仍然缺乏實質性的內在契通。如果在此重新引入嵇康的歷史「三段式」，則會發現對中間階段的「先王之樂」的重視，仍應該被視為藉以通契上古無為階段的一個過渡；實際上，嵇康心目中最高的理想一直是「無聲之樂」，而非「先王之樂」。作為「自然之和」的「先王之樂」僅僅是為我們呈現了最高之「和」的基本外在性徵，而當我們進一步探究其更內在、更深層的理論基礎時，「自然之和域」將作為其終極形態呈現出來。

第二節 「自然之和域」的形態構成

由於嵇康主張心聲二分，也就是音樂不再能夠引導聽眾趨向某種集體性的定向情感活動，所以我們很容易忽視嵇康脈絡下音樂所承擔的群體性功能，而僅僅關注它之於個體的作用。然而這並非嵇康的本意，他的音樂思想裡實際上開啟了一個涵攝眾多主體於其中的「和域」。

一、「和域」的審美基礎

〈聲無哀樂論〉曰：

> 美有甘,和有樂;然隨曲之情,盡於和域;應美之口,絕於甘境。
> 安得哀樂於其間哉?然人情不同,各師所解,則發其所懷。若言平
> 和哀樂正等,則無所先發,故終得躁靜。若有所發,則是有主於內,
> 不爲平和也。(〈聲無哀樂論〉,頁 216～217)

音樂作爲「自然之和」本與人情無涉,而在眾人聆聽音樂的過程中,音樂本身的「曲情」(亦即其「和」的形式)則會在與主體情感的互動過程中開啟出一個「和域」空間。〔註5〕「自然之和」本無哀樂可言,然而聽音樂的人如果本懷哀樂之情,就會「自師所解,則發其所懷」,也就是在藉由音樂所開啟「和域」之中將己身所懷之情感揮發出來。音樂本身的「和」性並不隨著樂曲具體的猛靜特徵而改變:「且聲音雖有猛靜,猛靜各有一和,和之所感,莫不自發。」(頁217),進而其所開啟的「和域」也是穩固而無限開放式的,眾多主體圍繞此「和域」將形成「吹萬不同」的局面:

> 夫會賓盈堂,酒酣奏琴,或忻然而歡,或慘爾而泣。非進哀於彼,
> 導樂於此也。其音無變於昔,而歡感並用,斯非吹萬不同耶?(〈聲
> 無哀樂論〉,頁217)

如上一章所分析的,「自然之和」有其自在的形式之「和」,而不會對主體的情感產生定向的引導作用,故而在眾多主體共同聆聽音樂時,自然會出現各發其情、「吹萬不同」的局面,〔註6〕若由此進而探究「和域」問題,則不得不繼續追問道:此「和域」莫非僅僅提供了一個容納眾多主體毫無規律的情感抒發之場域,而全無某種可共通的內在基礎寓於其中以維持某種和諧嗎?換言之,若單個主體確能通過「自然之和」的調節而致「和」,那麼在這眾多主體共同聆聽音樂的場合下,每個主體分別達到的「和」是否有其共通性可言呢?

〔註5〕 若就嵇康本文中所言之「然隨曲之情,盡於和域」,則「和域」之本意僅指涉音樂欣賞之時所達到的某種境界,未必包涵有眾多主體的參與之意,筆者此處乃是將此「和域」概念擴大化,藉以進一步指涉嵇康文本背後所蘊含的深層關懷,這不僅並非嵇康有限的思想文本本身所能窮盡,而是更需進一步從其生命的整體形態來詮釋,故而「和域」(尤其是「自然之和域」)的用法,並不拘於此詞原初的文本脈絡。

〔註6〕 嵇康此處「吹萬不同」義顯然取自《莊子‧齊物論》中所云:「夫吹萬不同,而使其自己也。咸其自取,怒者其誰邪?」,見〔戰國〕莊周撰,王叔岷校詮:《莊子校詮》,頁48。不過嵇康既將此義顯題化爲音樂問題的討論,則有待我們進一步探討其是否更有獨出之發明。

　　以往專門研究嵇康音樂美學者，往往基於表面上的相似性，而偏向於將嵇康跟以音樂自律美學著稱的奧地利音樂學家漢斯立克（Eduard Hanslick）相比較，從而流於討論嵇康在界定音樂這一藝術形式上的利弊得失。〔註7〕然而依筆者拙見，嵇康此文的眞正意涵恐怕不會是像西方近代音樂學者那樣關注於特定藝術門類內在的獨立性徵，而是有著更深層的探索向度。實際上我們只有追溯漢斯立克音樂理論的源頭——康德（Immanuel Kant）美學，才能眞正把握到兩者至少在表面上的相似性之基礎何在，而康德在其《判斷力批判》一書有關鑑賞判斷（judgment of taste）的討論，將有助於我們理解嵇康這一從「自然之和」到「和域」的路徑背後所指涉的人類心智結構。

　　康德於《判斷力批判》中認爲，在純粹審美過程中所產生愉悅感不是建立在主體的某種偏好（inclination）之上的，亦即審美主體並非將其愉悅的根據建基於某種私人條件（private conditions），因而他有理由相信他也能夠在他人那裡找到與自己相似的愉悅。〔註8〕不難發現，康德所界定的這種純粹的審美愉悅實際上與嵇康所說的對音樂「自然之和」的欣賞方式有高度的相似性：首先，嵇康之所以能夠主張音樂自身與人的喜怒哀樂無關，正可以解釋爲內在的喜怒哀樂乃是偏屬於主體自身的私人條件，而與純粹的審美愉悅無關；〔註9〕其次，正因爲在審美過程當中排除了私人的因素，因此主體有理由相信他在欣賞音樂之「和」時所感受到的愉悅，〔註10〕同樣能夠在在場的其他人那

〔註7〕　可參見張蕙慧：《嵇康音樂美學思想探究》（臺北：文津出版社，1999年），頁195～210。漢斯立克同嵇康一樣主張音樂有其自身的形式結構，而無關乎人之情感，因此論者往往將二者作爲古今音樂理論之最相近者而予以比較研究，然而這種去脈絡化的平行比較，恐怕未能有助於探討嵇康本人之深意。

〔註8〕　參見 Immanuel Kant, *Critique of The Power of Judgment*, ed. Paul Guyer, trans. Paul Guyer& Eric Matthews（Cambridge: Cambridge Universtiy Press,2000）, pp.96～97。

〔註9〕　實際上，康德並不否認在實際的審美活動中我們可能會參雜有個人的情感於其中，但是這並不與他在此所界定的所謂純粹的審美愉悅感相衝突，僅僅是不純而已。同樣的，如果我們始終難以對嵇康完全否定了音樂的情感引導作用這一點釋懷，則也可以將嵇康的這種主張理解爲，他爲了建構自己的理論，而對實際審美活動所進行的一種「提純」工作。

〔註10〕「自然之和」本是由其氣性所決定的，但若單從欣賞者的角度來考量，則此「自然之和」由於既不會引起人的直接情感（主觀的目的/subjective end），又不蘊含某種道德目的（客觀的目的/objective end），因而實近於康德所言之「無目的的主觀合目的性」（the subjective purposiveness without any end），參見 Immanuel Kant, *Critique of The Power of Judgment*, p.106。

裡找到，這種愉悅感的類似性，正可以構成「和域」中主體與主體之間的共通基礎。

然而，康德的理論固然有助於找到嵇康由「自然之和」進於「和域」的內在理據，卻被限制在純粹的審美領域，〔註 11〕無法解釋藉由音樂欣賞的審美活動而拓展出的倫理功效，試看嵇康對先王用樂之意的描寫：

> 故朝宴聘享，嘉樂必存，是以國史採風俗之盛衰，寄之樂工，宣之管弦，使言之者無罪，聞之者足以誡。此又先王用樂之意也。（〈聲無哀樂論〉，頁 224）

在先王用樂之意的場景中，音樂與民間採集來的風俗民情相結合，形成了一個特殊的開放式場域，其中有用的建議得以被提出與採納，聽取建議的人也能夠自生警戒之心。然而，嵇康所說的「先王之樂」本身並不含有具體的倫理導向性，它的作用實際上只是提供了一個無內容性的「和域」，提供了這一開放式場域的形式基礎，從而使參與其中的眾多主體得以順暢地進行倫理教化工作。

如果說在上述的教化過程中，實際的倫理功效有賴於先王的引導，那麼在脫離了先王用樂的歷史脈絡之後，現世境況下聚集賓客共同欣賞音樂還能起到某種倫理效果嗎？此時音樂已不再跟具體的倫理教化內容並用，它只是開展出其純然的「和域」形態，讓共同欣賞它的人們「歡感並用」，這是否將表現為一種純粹的審美活動而無關於倫理呢？

二、「自然之和域」：從審美活動到倫理勝境

音樂，無論是先王所作的「先王之樂」還是「鄭聲」，若僅僅被視作人為的產物，則其本身將受限於設定的功能與目的，只能被框限在有限的審美活動領域，而無從擴展出更深遠的倫理意涵。然而若就其作為「自然之和」而言，則音樂雖乃經由人工制作，卻無礙於其自身的自在之「和」的維持，正是這種「自然之和」使得音樂得以超越狹隘的人為活動空間，而通契向廣大無限的自然世界。〔註12〕

〔註11〕康德本人嚴格地對這種審美鑑賞的愉悅與感性的愉悅、道德實踐的愉悅作出了區分，認為唯有鑑賞的愉悅是沒有任何興趣（或利害，interest）的愉悅，同上註，p.95。

〔註12〕若延續之前關於「自然之和」與康德的「合目的性」之對比，則康德同樣認為美的藝術作品的合目的性雖然是有意的（intentional），卻不會顯得是有意

　　若以「氣」而論，音樂只是氣化生生之天地萬物之一而已，然而音樂在萬物之中畢竟有其特殊之處。嵇康在〈琴賦〉開篇中說：「余少好音聲，長而翫之，以為物有盛衰，而此無變，滋味有猒，而此不勌，可以導養神氣，宣和情志，處窮獨而不悶者，莫近於音聲也。」（〈琴賦〉，頁 83），而〈聲無哀樂論〉對「先王之樂」的描寫也說：「少而習之，長而不怠，心安志固，從善日遷，然後臨之以敬，持之以久而不變，然後化成」（〈聲無哀樂論〉，頁 224）；這意味著氣化流行之萬物皆變遷不定、盛衰無常，唯有音樂具有如此穩固不變的品質，能夠持續地為主體開啓身心導養之過程。換言之，整個氣化流行之天地萬物本顯現為一自然之「大和」，但人們往往只能觀看到這一「大和」的局部，而無從真正把握到此「和」之形式；不過音樂卻得天獨厚地為我們提供一個樣本，一種純粹的「自然之和」。

　　嵇康追溯雅琴的來源，乃是遠從巍峨的高山峻嶺鋪陳起，顯示琴乃是吸取天地之精華而成的：「含天地之醇和兮，吸日月之休光」（〈琴賦〉，頁 85），也就是說音聲之作本肇始於天地和氣的凝聚；個別之物恆有其盛衰無常，而天地之和氣凝聚成的雅琴所彈奏出來的音聲則自在不變，音樂作為「自然之和」實為天地萬物總體之「大和」的一個縮影。

　　傳統上對於天地萬物的觀看與體驗，往往或蔽於先在的倫理觀念，或流於抽象的自然律考察，然而經由音樂之「自然之和」所開啓的「和域」，卻能進一步讓人得以契入自然山水的本然之「和」中。實際上，嵇康本人正是經常以音樂為媒介而沉醉於自然山水之中：

> 息徒蘭圃，秣馬華山，流磻平皋，垂綸長川。目送歸鴻，手揮五弦。
>
> 俯仰自得，遊心太玄。嘉彼釣叟，得魚忘筌。郢人逝矣，誰可盡言。
>
> （〈兄秀才公穆入軍贈詩十九首〉其十四，頁 15～16）

嵇康瀟灑放逸，流連於平皋長川，指下彈奏雅琴不已，目間遠送鴻雁歸去，此時藉由音樂的「自然之和」而為主體呈現出了自然山水之「大和」，音樂之「和域」亦進而擴展為在無限自然世界中呈現的「自然之和域」。〔註13〕嵇康

的，因此藝術作品必須被視作自然；人們雖然意識到它是藝術而非自然，但其擺脫了一切規則強制性的合目的性又使得它像是純然的自然產物。同上註，pp.185～186。

〔註13〕可參考的是，李美燕先生從古琴演奏實踐的視角出發，認為嵇康正是藉由撫琴操縵使身心靈與琴樂會通，從而建立起人與大自然的關係，參見李美燕：《琴道：高羅佩與中國古琴》（香港：香港大學饒宗頤學術館，2012 年），頁 119

由此而「俯仰自得，遊心太玄」，進入了體氣和暢、心神玄遊的絕妙理境。

當我們從宴會場景的音樂「和域」轉向自然山水之中的「自然之和域」，則其意涵將在審美的基礎上進一步擴大到倫理層面，此時音樂與自然山水融合無間，參與其中的眾多主體也已不再只是宴會上的賓客，而是相攜暢遊的知音好友。嵇康在〈琴賦〉對此有頗為豐富的描寫：

> 若夫三春之初，麗服以時，乃攜友生，以遨以嬉，涉蘭圃，登重基，背長林，翳華芝，臨清流，賦新詩，嘉魚龍之逸豫，樂百卉之榮滋，理重華之遺操，慨遠慕而長思，若乃華堂曲宴，密友近賓，蘭殽兼御，旨酒清醇，進南荊，發西秦，紹陵陽，度巴人……然非夫曠遠者，不能與之嬉遊，非夫淵靜者，不能與之閑止，非夫放達者，不能與之無吝，非夫至精者，不能與之析理也。（〈琴賦〉，頁 101～102，頁 104～105）

「三春之初，麗服以時」這個開頭，不禁讓人想到《論語》中的著名段落：「莫春者，春服既成。冠者五六人，童子七八人，浴乎沂，風乎舞雩，詠而歸」，〔註 14〕正如同《論語》所呈現的儒家倫理之理想圖景，嵇康在〈琴賦〉中也描繪出了春光中友人們相攜共遊的和諧景象，他們登山涉水，臨川賦詩，樂草木蟲魚之繁盛，於是慨然長思，操琴曲以寄懷。下面則進入所謂「華堂曲宴」，〔註 15〕於是有各種琴曲，或高雅或稍流俗，皆一一奏來，亦多有可觀。然而值得注意的是，嵇康緊接著提出了「曠遠者」、「淵靜者」、「放達者」、「至精者」四種人格，分別對應著「嬉遊」、「閑止」、「無吝」、「析理」這四種行為模式，並認為如果沒有這四種人就無從共同完成這四種行為。

可是在這音樂演奏與山水暢遊的描寫中，突然提出這四種人格和四種行為，到底有什麼用意呢？我們接著看嵇康的敘述：

> 若論其體勢，詳其風聲，器和故響逸，張急故聲清，間遼故音痺，絃長故徽鳴，性潔靜以端理，含至德之和平，誠可以感盪心志，而發洩幽情矣。是故懷戚者聞之，莫不憯懍慘悽，愀愴傷心，含哀懊咿，不能自禁；其康樂者聞之，則歘愉歡釋，抃舞踊溢，留連爛漫，

〔註 14〕 〔宋〕朱熹：《四書章句集注》（北京：中華書局，1983 年），頁 130。

〔註 15〕 從表面上看，這裡的「華堂曲宴」似乎又使我們回到了狹隘的室內演奏，但是在此處的文脈中，室內與戶外、音樂與山水的界限實已被打破，整個描述都可視為建基在「自然之和域」上。

> 嘔噦終日；若和平者聽之，則怡養悅愉，淑穆玄眞，恬虛樂古，棄
> 事遺身。（〈琴賦〉，頁 105～107）

這段看起來又回到了〈聲無哀樂論〉中的論述，即音樂自有其張急、間遼，人情則自有其哀、樂，兩者不相屬，然而此處則更加突出了音樂對人情的正面作用：「誠可以感盪心志，而發洩幽情矣。」，而「懷戚者」、「康樂者」、「和平者」這三種情緒狀態的人聽了音樂之後各自的效果也被渲染得更加生動。更重要的是，如果我們聯繫到這一段描述的上文正是那四種人格與行爲模式，則嵇康的深層用意也將逐漸浮出水面。要之，嵇康首先藉由音樂本身的去哀樂化，使它得以開啓一個能夠讓不同情緒狀態的主體各發其情的「和域」，接著這種「和域」的意義不單停留在狹義的音樂欣賞本身，它更將擴大到自然山水之中而呈現出「自然之和域」；在這種從宴坐享樂到遊契山水、由「和域」進於「自然之和域」的擴充過程中，「和域」對眾多主體的容納，也不單單停留在可顯的情感，而是提升到了人格特質的高度。「曠遠者」、「淵靜者」、「放達者」、「至精者」這四種人格，本各有其特殊性，如果不能找到與之符契的人格類型，則相對應的四種行爲亦將無法實現，然而一旦這四種人個同時融入到「自然之和域」當中，則能夠各師所解，各得其和，不再因人格的特殊性而被框限，〔註 16〕亦非任由其特殊性而肆意發展，而是在此「自然之和域」中以「和」的形式相通，共契於自然。〔註 17〕嵇康最後甚至還把這種抽象人格具體化爲歷史上典型的幾個道德原型：

> 是以伯夷以之廉，顏回以之仁，比干以之忠，尾生以之信，惠施以
> 之辯給，萬石以之訥愼。其餘觸類而長，所致非一，同歸殊途，或
> 文或質，摠中和以統物，咸日用而不失，其感人動物，蓋亦弘矣。（〈琴
> 賦〉，頁 107～108）

於是我們看到廉、仁、忠、信這幾種主流道德價值，甚至還有辯給、訥愼這樣的行爲、處世態度，都被嵇康認爲是「所致非一，同歸殊途」，至此藉由「自

〔註 16〕其實按照每個人不同的天性而適其所願，一直是嵇康所主張的，正如他在〈與山巨源絕交書〉中說：「夫人之相知，貴識其天性，因而濟之。」（頁 123），更是把尊重、輔助朋友天性的發展作爲交友的首要原則。

〔註 17〕康德將審美鑑賞中的這種普遍可傳達性歸結爲「共通感」（sensus communis），這意味著雖然是主體自身對審美對象的判斷，但卻打破了自我主觀的狹隘性，而置身於每個他人的地位，參見 Immanuel Kant, *Critique of The Power of Judgment*, p.106。

然之和域」，每一主體不但自發其內在之情志、各盡其人格之特質、展現其道德之品行，更殊途同歸，共濟「和域」，〔註18〕這豈不正與上古無爲之世「天人交泰」的道德理想相一致嗎？〔註19〕

然而原本欣賞音樂作爲「自然之和」的審美活動，爲何擴大到「自然之和域」中就能通契爲倫理理想的實現呢？對此問題我們首先需要了解到，審美的（aesthetic）和倫理的（ethical）這兩者在嵇康和康德之前的傳統裡本是相互關聯而無明顯界限的，而二人開始似乎在做同樣的一項工作，即將某種純粹的審美活動提取出來；〔註20〕然而不同於康德那樣最終將審美領域先驗地獨立於道德領域（實踐理性），嵇康在排除了音樂先在的倫理定性之後，卻又開啓了藉由審美活動通向倫理實踐的路徑。

康德嚴格地將鑑賞判斷區別於感性活動與道德實踐，以保持其無目的的合目的性，這導致了審美判斷雖然可能與道德之間存在某種象徵關係，〔註21〕但在直接性關係上始終無涉；嵇康同樣否定了傳統音樂觀通過「聲有哀樂」而帶來道德教化的路徑，隔絕了人自身的情感與音樂的「自然之和」，卻由此使主體超越名教的束縛而重返自然，復現上古的倫理勝境。嵇康之所以能夠貫通審美與倫理之域，一個重要的原因正在於其氣論基礎；康德的共同感只能是以純粹的想像力之運作來保障他者「應該」與己一致，而無法進入道德

〔註18〕 戴璉璋先生將此段各種德性同歸的描寫歸爲「聽之以心」的感興層面，此恐有待商榷，因爲此處已發展到各種人格與德性的殊途同歸，不再停留在情緒的感盪上，實應以「氣」言之方可收納，戴先生之所以如此歸類，恐怕仍是因爲此處之情景似爲「有聲之樂」所引發，故無法歸入「聽之以氣」的層次，然而依本文之見，則「自然之和域」中音樂與自然山水之間恆以「和」相契通，其界限已消融無痕，不復可作此區分。參見戴璉璋：《玄智、玄理與文化發展》（臺北：中央研究院中國文哲研究所，2010 年），頁 189～194。

〔註19〕 當然，這並非是對上古理想狀態的單純回歸，而是在殘酷現實條件下的重構。

〔註20〕 高達美（Hans-Georg Gadamer）在其《真理與方法》中梳理了人文傳統中富含道德意味的共通感（sensus communis），趣味（品味/鑑賞，taste）等概念的演變史，並批評康德將它們狹義化到其先驗基礎中，從而將審美判斷力排除於道德領域之外的作法，參見 Hans-Georg Gadamer, *Truth and Method*, trans. Joel Weinsheimer & Donald G. Marshall（London & New York: Continuum, 1989），pp.17～37。應該說康德在《判斷力批判》中的作法本就是使美學得以在西方近代學術潮流中獨立爲一門獨立學科的一大源頭，如上一章所述，嵇康的做法與之十分相似，同樣將原本爲傳統倫理所束縛的音樂純化一種「自然之和」，然而其結果卻跟西方近代學術的發展脈絡極爲不同，詳見下文討論。

〔註21〕 參見 Immanuel Kant, *Critique of The Power of Judgment*, pp.227～228。

實踐層面，〔註22〕而在嵇康的氣論脈絡下，「自然之和」並非像所謂「主觀的合目的性」那樣全然收攝在主體範疇，而是由其氣性基礎來予以保障，進而自我與他者在「自然之和域」以「和」之氣性形式恆相感通，由此超越了現實的矛盾與阻礙，實現了「和心足於內，和氣見於外」的「無聲之樂」。〔註23〕嵇康藉由辨析「聲無哀樂」，使審美與倫理脫離了傳統的紐帶，實現了初步的分離，卻進而在「自然之和域」中完成了二者更高層次的結合。

　　〈琴賦〉一文在這絕妙理境的描寫中達到了高潮，可是其帶有消極性色彩之結尾卻又不容我們忽視：

　　　　識音者希，孰能珍兮，能盡雅琴，唯至人兮。（〈琴賦〉，頁 109）

嵇康既然在前面已盛大地描寫了眾人共濟於「和域」的場面，那麼在結尾處為什麼又會認為「識音者希」，乃至唯有「至人」方能「盡雅琴」呢？〔註24〕此句之所以看起來會與前面的主張相矛盾，是否意味著「自然之和域」雖然已在嵇康的理境中臻於完備，但仍面臨著某種實現上的困境呢？

第三節　「自然之和域」的顯現困境

　　正如〈琴賦〉一文所呈現的，「自然之和域」雖然以一種輝煌的形態得以呈現，但在文章的結尾處卻蒙上了一層陰影。這提醒我們「自然之和」本身雖然恆定不變，但由此而開啟的「自然之和域」卻恐怕在其實際顯現上有其困難；「自然之和域」的展開，在理論上召喚著眾多主體的參與，但所謂唯有至人「能盡雅琴」則似乎意味著，唯有像嵇康這樣的極少數人能夠藉由「自然之和」而進於「和域」。果真如此麼？此需我們轉而對嵇康的真實生存處境作一番考察。

〔註22〕　實際上美國政治哲學家漢娜·鄂蘭（Hannah Arendt）在其晚年的思考中，力圖打破康德審美判斷力原先的審美限定，從中發展出一套政治哲學，此亦是鑑賞判斷有其超出審美領域的可能性之一例，參見 Hannah Arendt, *Lectures on Kant's Political Philosophy*（Chicago: University of Chicago Press, 1992）。

〔註23〕　如果說康德不僅從手段上而且從目的上分判了審美與倫理之域，則嵇康藉由去除音樂傳統上的倫理規定性，卻得以淨化出超越「名教」直達上古「自然」的路徑，通過審美與倫理的初步分離，卻讓兩者在更高的層次上結合。

〔註24〕　有的研究〈琴賦〉的學者很容易就據此句認為嵇康主張唯有「至人」才能演奏雅琴，參見黃潔莉：〈高佩羅《嵇康及其〈琴賦〉》探析〉，《藝術評論》第二十期（2010 年），頁 23。不過筆者以為，這與嵇康在〈聲無哀樂論〉中聖人制樂但不必自執的觀點是相矛盾的，嵇康的主要觀點應是後者，此句的說法乃是另有其意旨在，詳見下節分析。

一、思與詩之間

嵇康既是大思想家，同時也是一位重要的詩人，這種雙重身份至少在魏晉時期的思想家中極其罕見，〔註 25〕我們一般研究一個思想家的理論，一方面固然可以從其思想著作裡發掘其理論架構的來龍去脈，但要考察其理論在何種程度上實現化於自身實踐，則只能以記載生平的歷史資料來驗證。這種以生平資料來驗證的方式至少有兩個缺陷：其一，史料的可靠性與充分性總是不能完全讓人滿意；其二，這種方式一般只能考察到較爲外在的行爲表現，而難以深切地契入思想家的內在生存狀態。但如果一個思想家同時又是一個文學家，一個詩人，那麼上述這兩個缺陷就可以得到彌補。文學創作，尤其是詩歌寫作，本就是人抒發其最內在的情感、最深切之關懷的獨特路徑，而當一個思想家在進行詩歌創作的時候，則我們可以期待他因而將思想與現實生活的衝突與碰撞書寫下來。

自古以來對於嵇康詩歌的評價多半傾向於關注其清峻直切的特點，這是自《文心雕龍》和《詩品》以來就形成的導向，如《文心雕龍‧明詩》曰：「唯嵇志清峻，阮旨遙深，故能標焉。」〔註 26〕，《詩品》則評嵇康詩爲「過於峻切，訐直露才，傷淵雅之致。然托喻清遠，良有鑒哉，亦未失高流矣。」〔註27〕。這種峻切的印象在很大程度上得自於嵇康剛直的性格和壯烈的生平，他確實有很多詩作體現了這一特點，從這些詩很可以考察嵇康與友人的交遊狀況以及對自身志向的表述，亦可以此將之分爲兩大類，一類是親友贈答，一類是自述己志。

在親友贈答方面，先看一下這首著名的「雙鸞」詩：

雙鸞匿景曜，戢翼太山崖。抗首漱朝露，晞陽振羽儀。長鳴戲雲中，
時下息蘭池。自謂絕塵埃，終始永不虧。何意世多艱，虞人來我維。
雲網塞四區，高羅正參差。奮迅勢不便，六翮無所施。隱姿就長纓，
辛爲時所羈。單雄翻孤逝，哀吟傷生離。徘徊戀儔侶，慷慨高山陂。
鳥盡良弓藏，謀極身必危。吉凶雖在己，世路多嶮巇。安得反初服，

〔註25〕 魏晉時期其他重要思想家如王弼、向秀、郭象，都不以文名稱於世，而與嵇康同時的阮籍固然詩文顯赫，卻不太夠格稱得上是重要思想家。
〔註 26〕 〔梁〕劉勰著，范文瀾注：《文心雕龍注》（北京：人民文學出版社，1958 年），頁 67。
〔註 27〕 〔梁〕鍾嶸著，曹旭箋註：《詩品箋註》（北京：人民文學出版社，2009 年），頁 118。

抱玉寶六奇。逍遙遊太清，攜手長相隨。（〈兄秀才公穆入軍贈詩十
九首〉，頁4～5）

此詩一般被認爲是贈給即將從軍的兄長嵇喜的，《詩品》列「叔夜雙鸞」入「五
言之警策者也」〔註28〕，實頗爲中肯。這首詩先是描寫了逍遙於塵俗之外的
雙鸞形象，緊接著又以世之多艱打破了起初的和諧，沉痛地呈現出雙鸞中的
一隻爲羅網所羈的情景，而剩下的單雄則在哀痛之下慷慨激憤而後又轉向悠
然神思。從這首詩裡，我們已經可以看到嵇康此類詩的三個要素：自身的世
外之志、友人的陪伴、現世的險惡，這三個要素將不斷地在嵇康詩中出現。

　　然而值得注意的是，秀才的應答詩卻呈現出與嵇康頗爲不同的論調：

君子體通變，否泰非常理，當流則蟻行，時逝則鵲起。達者鑒通機，
盛衰爲表裏，列仙徇生命，松喬安足齒。縱軀任世度，至人不私己。

〔註29〕

這位「體通變」的君子應該說原本是無可指責的，他的行爲頗符合儒家可進
可退的準則，然而上一章的論述揭示出，在嵇康的脈絡裡這種處世原則無法
安然於現世的倫理衝突，不能夠被眞誠地奉行的，一旦自持出仕與入仕爲一
的想法而身入宦海，則原初的理想和抱負恐怕只能成爲虛假的安慰。我們之
前也曾在嵇康思想文本中探討其自身理念與現世問題之間的辯證衝突與解
決，然而在此問題上，嵇康卻與自己的親友發生了直接的分歧。

　　下面再來看一下另一組贈答詩：

吾無佐世才，時俗不可量，歸我北山阿，逍遙以倡伴，同氣自相求，
虎嘯谷風涼。惟予與嵇生，未面好分章，古人美傾蓋，方此何不臧，
援箏執鳴琴，攜手遊空房，栖遲衡門下，何願於姬姜。予心好永年，
年永懷樂康，我友不期卒，改計適他方，嚴東咸發日，翻然將高翔，
離別在旦夕，惆悵以增傷。〔註30〕

這首詩是嵇康的友人郭遐周送別嵇康時所作，其基調固然也慷慨，其情意固
然也深厚，可是不難發現其中對兩人的共同志向，對隱居志願的描寫，實有
粗糙之嫌，所謂「虎嘯谷風涼」者，渾不見高士隱居之幽靜，而僅是某種離

〔註28〕同上註，頁211。
〔註29〕此詩引自〈秀才答四首〉，收於〔魏〕嵇康撰，戴明揚校注：《嵇康集校注》，
　　　　頁22～23。
〔註30〕此詩引自〈郭遐周贈三首〉，同上註，頁55～56。

棄俗世後臆想出來的世外景象，而同組詩中其他的描寫如「俯察源魚遊，仰觀雙鳥飛」〔註 31〕之類，往往也僅是意象的鋪陳，而未呈現出自然景物之實存感。進言之，友人所贈嵇康之詩往往圍繞著其人與嵇康的交情本身而作鋪排，卻未見兩人共同志趣的充分呈現，這與嵇康應答詩所展現的風格並不對稱：

> 昔蒙父兄祚，少得離負荷，因疏遂成懶，寢跡北山阿，但願養性命，終己靡有他，良辰不我期，當年值紛華，坎壈趣世教，常恐嬰網羅，義農邈已遠，拊膺獨咨嗟。朔戒貴尚容，漁父好揚波，雖逸亦以難，非余心所嘉，豈若翔區外，滄瓊漱朝霞，遺物棄鄙累，逍遙遊太和，結友集靈岳，彈琴登清歌，有能從此者，古人何足多。（〈答二郭三首〉，頁 62～64）

相比之下，嵇康的應答詩對現世之紛亂有更明確的表述，對自身志向之實現有更清晰的展露，而且總是對友人之同心一志寄予著厚望。

在嵇康直接抒發己志的詩作中，這種結構呈現得更加明顯：

> 潛龍育神軀，濯鱗戲蘭池，延頸慕大庭，寢足俟皇羲，慶雲未垂景，盤桓朝陽陂，悠悠非我儔，圭步應俗宜，殊類難徧周，鄙議紛流離，轗軻丁悔吝，雅志不得施，耕耨感寧越，馬席激張儀，逝將離羣侶，杖策追洪崖。焦鵬振六翮，羅者安所羈，浮遊太清中，更求新相知，比翼翔雲漢，飲露湌瓊枝。多念世間人，鳳駕咸驅馳，沖靜得自然，榮華安足為！（〈述志詩二首〉，頁 35～37）

嵇康自比為卓爾不群的潛龍，悠然自足於懷，然而在認識到天下大多數人都無法與之相隨，而世間衰敗又讓人志不得舒時，他終不免激憤慷慨，痛辭舊友，獨自追尋自己的理想，進而又希冀能夠找到新的真正知己，共同比翼翱翔，從此不問世事，沖靜得自然。

從這首詩中我們可以進一步考察出其中的發展結構，在前面的贈答詩中已經可見己志、友人、現世這三重因素的呈現，其結構為己志─現世─友人─己志；〔註 32〕而此處則是在己志與現世的嚴重衝突下，認識到對於一般的友人也不得不忍痛辭別，進而離群獨居，更求能夠遇到新的知音，以共遊雲漢，

〔註 31〕同上註，頁 57。
〔註 32〕這種結構意味著，在己志與現世產生衝突時，通過友人的陪伴，重返對己志的實現。

於是這裡的結構變為：己志—現世—友人—己志—友人（新）—己志。

　　這種結構的演變，意味著嵇康一方面在與友人的實際酬答中總對他人有所希冀，寄望於他人的相伴同趣；另一方面又在直接抒發己志的詩歌中，深切地認識到在過往的生活世界裡覓得知音之困難，於是揮別俗世，希望在一片新的領域中覓得良朋。這正可以與我們在嵇康思想文本中探尋到的脈絡相對應：嵇康在自身理想乃至修養工夫與現世矛盾不可調和的情況下，希望捨棄傳統的路徑，轉而在世俗倫理關係之外另尋一片「自然之和域」，以讓自己與他人在這新的場域裡重構倫理勝境，共遊天地之和。對於這一面向更直接的呈現，實際上反映在嵇康的另一類詩作——「自然詩」當中。

二、「自然詩」中的「和域」與知音

　　嵇康的詩歌素有「清峻」的傳統評價，而人們往往囿於其「峻切」的印象，忽略了其「清淡」的面向，後者較多地表現在嵇康描寫自然景物的詩歌中，我們可稱之為嵇康的「自然詩」。嵇康的「自然詩」並非沒有引起過研究者的注意，只是大多數學者都認為它們在通向後世山水詩的歷史脈絡中尚處於不完善的階段，〔註 33〕故而未予以足夠的重視，近年來才開始有少部分學者，如蕭馳先生提出嵇康的「自然詩」以其恬和淵淡之境，對中國抒情傳統以及後世山水詩都有著重大的貢獻。〔註 34〕

　　從嵇康的「自然詩」中，我們可以直觀到他身處自然山水之中的實際狀態，首先來看下嵇康是如何呈現自然山水之和的：

　　　淡淡流水，淪胥而逝，汎汎栢舟，載浮載滯，微嘯清風，鼓檝容裔，

　　　放櫂投竿，優游卒歲。（〈酒會詩七首〉，頁 73）

流水淡淡，栢舟汎汎，清風之中，微嘯從容，這麼一幅平和清淡的圖景，實在正符合嵇康所提倡的主體與「自然之和」相契相通的境界。不過實際上嵇

〔註33〕如胡大雷先生認為嵇康的景物描寫「實際上是嵇康為抒情而自己創造出來的自然景物……嵇康只是以這些景物創造出一種氛圍，讓人深深地沉浸在其中」，參見胡大雷：《中古詩人抒情方式的演進》（北京：中華書局，2003 年），頁 93；錢志熙先生則認為嵇康大多數的詩有「缺乏形象」的缺點，參見錢志熙：《魏晉南北朝詩歌史述》（北京：北京大學出版社，2005 年），頁 59。以上兩家學者都共同指向就是，嵇康所描繪的自然山水與後世山水詩相比，尚不具有呈現山水實然形態的特點，而只是內在心境的外化。

〔註34〕參見蕭馳：《玄智與詩興》（臺北：聯經出版公司，2012 年），頁 188～195。

康很少這樣整首詩都只呈現了單個主體與自然景物的諧和無間狀態，他在更多詩作中引入了他人的身影，比如這類描寫與友人共遊於「自然之和域」之暢快淋漓的詩作：

> 攜我好仇，載我輕車。南淩長阜，北屬清渠。仰落驚鴻，俯引淵魚。
> 盤于遊畋，其樂只且。（〈兄秀才公穆入軍贈詩十九首〉，頁 11）

> 樂哉苑中遊，周覽無窮已。百卉吐芳華，崇基邈高跱。林木紛交錯，
> 玄池戲魴鯉。輕丸斃翔禽，纖綸出鱣鮪。坐中發美贊，異氣同音軌。
> 臨川獻清酤，微歌發皓齒。素琴揮雅操，清聲隨風起。斯會豈不樂，
> 恨無東野子。酒中念幽人，守故彌終始。但當體七絃，寄心在知己。
> （〈酒會詩七首〉，頁 72～73）

前一首詩描寫與好友攜手共遊山川之樂，後一首詩則描寫眾人在山林之中的宴飲之趣，這兩首詩都不再僅是嵇康一人的獨遊，而是與他人、與眾多好友共同陶醉於自然美景之中。尤其是後一首開頭所呈現的自然景象，與其後遊宴眾人的娛樂嬉遊交融無痕，無怪乎引得雅琴奏起，隨風而發，最終雖酒中生幽人之念，但體此七弦之意，則寄心於知己無愁。

然而問題在於，這類描寫與友人同樂的詩歌也並不佔嵇康「自然詩」的多數，嵇康「自然詩」中最多呈現的實為一種他人以不在場的形式出現的意境：

> 輕車迅邁，息彼長林。春木載榮，布葉垂陰。習習谷風，吹我素琴。
> 咬咬黃鳥，顧儔弄音。感寤馳情，思我所欽。心之憂矣，永嘯長吟。
> （〈兄秀才公穆入軍贈詩十九首〉，頁 12～13）

> 息徒蘭圃，秣馬華山。流磻平皋，垂綸長川。目送歸鴻，手揮五弦。
> 俯仰自得，遊心太玄。嘉彼釣叟，得魚忘筌。郢人逝矣，誰可盡言。
> （〈兄秀才公穆入軍贈詩十九首〉，頁 15～16）

> 藻氾蘭汜，和聲激朗。操縵清商，遊心大象。傾昧脩身，惠音遺響。
> 鍾期不存，我志誰賞。（〈酒會詩七首〉，頁 74）

這三首詩共同的特點是：它們在開頭都呈現為極為清遠恬淡的自然描寫，其意境之佳實更勝於之前所引，然而在此「自然之和」本該引導主體趨向身心平和，怡然自足的情勢下，詩人卻一下子轉向憂思，忽生知音不遇的嘆息，

〔註35〕這開頭的清曠與結尾的憂思形成了極為鮮明的對比，讓人蕩氣迴腸、難以自已。

這種突兀的轉變是怎麼產生的呢？在第一首詩中，詩人駕車出遊，山木欣欣，風吹我琴，鳥弄佳音，可如此的和諧卻不能阻止詩人表達自己內心中「思我所欽」的憂思；在第二首詩中，詩人放浪山川，寄情流水，並藉由音樂的和美達致玄境之悠遠，然而在其結尾處仍然硬是擲出了郢人已不再、無人可與言的哀嘆；第三首與第二首極為類似，同樣是達到了和諧之玄境後，又再度藉由鍾期與伯牙的知音典故而墜入懊喪之中。

從這幾首詩的表述來看，似乎總是嵇康單獨一個人在漫遊，或者說嵇康並不承認有一個他所認可的知音在與他共遊，雖說在贈答詩和己志詩的討論中，我們得知嵇康認識到他無法在世俗世界中得到他人充分的應和，但當他返入竹林、逍遙山野之後，果真還是這麼缺乏真正的知音嗎？

在我們通常的印象裡，嵇康屬於魏晉史上著名的風流名士集團——竹林七賢之列，本應該不乏與之同志同趣之輩，然而事實卻不像我們想像得那麼簡單。首先，近人多已考證出竹林七賢之名，實有後人所追加之成分在，甚至此七人是否真的同時遊過某片竹林都是個可爭議的問題，〔註36〕更遑論其實質性契合程度了。當然，七賢確實或多或少有著某些共同的氣質，故而可以形成一種群體影響力，然而單就嵇康隱而不仕的這一立場而言，七賢中真正選擇它的也遠不到一半。〔註37〕如果我們只是把目光放在嵇康身上的話，

〔註35〕由於這三首中有兩首都歸屬名為贈給秀才公穆的組詩中，所以有人可能會認為這裡的「郢人」或所思對象乃實指為其兄長，如此則此知音之嘆就不再成為一個具有普遍效力的問題了。關於此問題，筆者在第二章的腳註中已有詳細的討論，此不贅述，要言之，「知音」在此組詩中的出現應有其普遍性的指涉意涵。

〔註36〕早在陳寅恪先生的〈陶淵明之思想與清談之關係〉一文中就質疑「竹林七賢」之名乃後世追加，而非實指，參見陳寅恪：《金明館叢稿初編》（北京：三聯書店，2001 年），頁 202～205。其後，莊萬壽、王曉毅、羅宗強等眾多學者都對此問題進行過討論，他們雖然互有分歧，但大體上都承認所謂「七賢」至少不能被想像成同心同志的鐵板一塊，而僅僅指涉著一個非常鬆散的群體。

〔註37〕七賢中，山濤待司馬氏開始穩固掌權就開始出仕，終居高位；阮籍為司馬氏所迫而不得不出仕，王戎、向秀也都先後出仕；阮咸與劉伶在這方面較為模糊，他們多以醉托其不羈之行，雖有些許出仕經歷，但大抵上不任其事；綜合起來「七賢」中實則只有嵇康（至少在司馬氏開始奪權的過程中）完全堅持了不出仕的立場。

事實上根據史料真正能夠確定與嵇康有長期的共遊相處關係的，只有呂安和向秀這兩個人。〔註 38〕然而呂安其人，如筆者在第二章中所言，雖與嵇康交情甚篤，但未必真的與嵇康的內在情懷完全相契；而向秀相比於嵇康與呂安而言，則似乎較有好讀書之名，〔註 39〕他在嵇康死後最終投奔司馬氏集團，亦是其志向不堅之證。這樣看來，我們本就無法從史料上為嵇康找到一個真正能符合其志趣的知音，所以無怪乎他要屢屢嘆息「郢人逝矣」、「鍾期不存」了。

確認了這一點之後，我們可以再回過頭來探討嵇康「自然詩」中所呈現的問題。首先，嵇康通過他清麗淡雅的描寫，表明他本人確實能夠直觀到自然山水的「自然之和」，有時還借助彈奏雅琴來使這種「和」得以更加充分地開展，然而要由此「自然之和」再進而開啟「自然之和域」時，卻因缺乏眾多主體的實際參與而產生了斷裂。其次，若僅僅是像康德那樣訴諸一種純粹的審美活動，則本不需要他者的實際在場，所謂「共同感」本就是藉由想像力來維持的；然而嵇康基於氣論基礎的「自然之和域」，則要求在場的主體與他者以其氣性之和相互感通，從而由純粹的審美靜觀，進入審美與倫理交融的實踐性「和域」，因此他者的實際在場是必需的。最後，「自然詩」中的知音之嘆以及《琴賦》中的「唯至人兮」，實際上表明「自然之和域」的理論形態雖然已經在嵇康的思想中被構建出來，但由於倫理實踐性是其基本要素，故而如果缺乏他人的實際參與，就無法真正使之呈現出來，亦無從實現其倫理價值，只能空令嵇康發此長嘆。

由此可見，嵇康所嘆的「能盡雅琴，唯至人兮」不是沒有依據的，它意味著在現實生活中唯有嵇康一人能夠盡得此「和域」之妙，故而當他獨自一人面對自然山水時，努力地將「自然之和域」的外在形式，亦即自然山水之「和」投射出來，然而無人能夠看見與欣賞，無人能與嵇康一起參與其中，「自

〔註38〕 有關這三人之共處關係的史料頗多，其中最可靠的當屬向秀在〈思舊賦〉中的自述：「余與嵇康、呂安居止接近，其人並有不羈之才，然嵇志遠而疏，呂心曠而放，其後各以事見法。」引自〔南朝梁〕蕭統編，〔唐〕李善注：《文選》（臺北：藝文印書館，2012 年，宋淳熙本重雕鄱陽胡氏藏版），頁 234。

〔註39〕 據《世說新語・文學》注引《向秀別傳》曰：「秀與嵇康、呂安為友，趣舍不同。嵇康傲世不羈，安放逸邁俗，而秀雅好讀書。二子頗以此嗤之。」見〔南朝宋〕劉義慶撰，徐震堮校箋：《世說新語校箋》（北京：中華書局，1984 年），頁 111。

然之和域」遂無法眞正呈現，僅成爲嵇康獨自空擲出來的一個幻影。

然而如果總是一個人空持著這「自然之和域」的幻影飄遊於清麗山水之中，而無人響應這「和域」的召喚並與之共遊，那麼就是再強健的心靈恐怕也無法再憑虛維持著這近乎諷刺的平和之境了。因此，嵇康的「自然詩」中也不禁會因此強烈的知音之渴求而激發爲建安風骨：

> 浩浩洪流，帶我邦畿；萋萋綠林，奮榮揚暉；魚龍瀺灂，山鳥羣飛。
>
> 駕言出遊，日夕忘歸，思我良朋，如渴如飢，願言不獲，愴矣其悲。
>
> （〈兄秀才公穆入軍贈詩十九首〉，頁 13～14）

此詩慷慨悲壯，實有魏武遺風，無怪乎東晉謝安亦在臨危之際從容詠此詩以示其志。〔註 40〕在此壯麗的文字背後，雖充滿了無法實現其理想的失落，但同樣也蘊含著進一步推動「自然之和域」植入士人心中的潛在可能性，關於此點還有待於我們下一章的探討。

〔註40〕 據《世說新語‧雅量》載：「桓公伏甲設饌，廣延朝士，因此欲誅謝安、王坦之。王甚遽，問謝曰：『當作何計？』謝神意不變，謂文度曰：『晉祚存亡，在此一行。』相與俱前。王之恐狀，轉見於色。謝之寬容，愈表於貌，望階趨席，方作洛生詠，諷『浩浩洪流。』桓憚其曠遠，乃趣解兵。王、謝舊齊名，於此始判優劣。」見〔南朝宋〕劉義慶撰，徐震堮校箋：《世說新語校箋》，頁 206。

第五章 「自然之和域」的昇華與演進

上一章的討論揭示出，「自然之和域」雖然已在嵇康的思想中構建成形，卻因缺乏他人的實際參與而面臨實際顯現的困境，這種困境長期籠罩在嵇康的竹林生活中，並屢屢引發他四言詩中的知音之嘆。

然而嵇康最終正是通過他的死打破了這一困境，將「自然之和域」以一種更高的形態植入士人們心中，死亡之於嵇康並不是消極性的個體生命之終結，而是積極性的昇華了「自然之和域」的行動。

嵇康身死之後，西晉的士人轉入一種較為墮落的狀態，未能充分繼承嵇康的精神，而在進入東晉之後，審美活動之場域雖已移向自然山水，卻仍未能充分通契倫理之域；只有到了由晉入宋之際，「自然之和域」的實際形態才逐漸在南朝山水詩的寫作中得以呈現，從而開啓了影響深遠的自然山水之「域化」。

第一節 嵇康之死與「自然之和域」：責任承擔與權力批判

本論文本從嵇康之死背後的矛盾出發，來探究其「自然」思想的另一面向，在經歷了從「任自然」到「自然之和」再到「自然之和域」的旅程之後，現在則將再度回到我們的起始點，重新激發嵇康之死的真正意義，以全幅朗現嵇康人生的完滿內涵。

一、從對他人的召喚到為他人而死

在「自然之和域」的意義揭示出來後,首先我們可以依憑嵇康對此「和域」的原則性維護,在一定程度上解釋呂安事件背後的人際關係問題。既然「自然之和域」本身召喚著眾多主體的實際參與,而不能僅限於其主張者嵇康一人的維繫,則嵇康雖然明確認識到他人之難以希冀,但仍不免將產生以下兩種態度。其一,對於不可能參與此「和域」的士人,乃至威脅這一「和域」的當權者要採取堅決保持距離的立場,這一方面增強了嵇康堅拒司馬氏之拉攏的原則性,另方面更說明了嵇康為什麼要對鍾會那麼冷淡;顯然在嵇康心目中,鍾會被判為那種不宜被接納入「和域」的士人,因此不能遷就於現實的利害考量而輕易敷衍之,這樣就有可能導致這一類不合格的士人滲入「和域」之中,從而破壞了「和域」所需維持的和諧。〔註1〕其二,對於有可能參與此「和域」的士人要盡可能地親善,呂巽雖然後來如此背信棄義,但從嵇康起先能夠跟他有一定交情的情況看來,他大概亦有所沾染於其弟呂安的高致,本有參與「和域」的可能性,所以嵇康對他寄予了高度的諒解與信任;至於呂安則不用說了,他大概算是當時士人中所能找到的最能符合「和域」標準的人了。

顯然,正是基於對「自然之和域」的原則性維護,嵇康在現實的利害關係,尤其是自保問題上作出了很大的犧牲。首先,若不是由於「和域」的緣故,嵇康本該按照〈家誡〉中的現實性原則來處理跟鍾會之間的關係:「立身當清遠,若有煩辱,欲人之盡命,託人之請求,當謙言辭謝,某素不預此輩事,當相亮耳」(〈家誡〉,頁317),這意味著對於這種人本當在表面上「謙言辭謝」,以求不惹事端;可是這樣一來就可能使鍾會之流絡繹不絕而來,這雖更可以保障嵇康自身安全於一動態平衡之中,卻會讓其「自然之和域」的平靜不堪其擾。其次,若非「和域」本身召喚更廣泛性的群體參與,嵇康本可

〔註1〕如果考慮到鍾會造訪嵇康的一幕,正是發生在嵇康與向秀一起鍛鐵的場景中,則這種維護「和域」的動機大概能得到進一步的證明,與向秀的共鍛或許可被視為「和域」活動的一種嘗試性準備。其描寫可參見《世說新語·簡傲》:「鍾士季精有才理,先不識嵇康,鍾要于時賢儁之士,俱往尋康。康方大樹下鍛,向子期為佐鼓排。康揚槌不輟,傍若無人,移時不交一言。鍾起去,康曰:『何所聞而來?何所見而去?』鍾曰:『聞所聞而來,見所見而去。』」,見〔南朝宋〕劉義慶撰,徐震堮校箋:《世說新語校箋》(北京:中華書局,1984年),頁411~412。

以秉持個人的自在養生之路而無需外求，至多有一二如呂安之類的相知友人相伴即可，何須再寄望於呂巽這樣難以有真正交集的士人，以至於終為其所背叛呢？

更重要的是，嵇康由於「自然之和域」所內含的倫理訴求，而最終作出了為他人而死的行為。對此首先要澄清一個問題，即嵇康挺身為呂安辯護這一行為本身基本上就已經意味著為呂安而死的決定，因為正如傳統上已指出的，司馬氏確有殺害嵇康的動機，嵇康自己也確有與當局對立的態度，只是他原本將這種殺機與對立都保持在適當的距離之外，不與當局進行近距離的接觸，從而維持著在野的獨立性與安全性，而一旦他挺身而出，正面與朝廷相交涉，就意味著將自身送入司馬氏掌控的陷阱中，嵇康對於這一點應有相當程度的自覺。所以嵇康之死，以其實質而論，就等同於為他人而死這一行動本身。

進而言之，嵇康的這一行動正是對其最高原則「自然之和域」強有力的驗證與捍衛。「自然之和域」的提出，本就是為「越名教而任自然」的主張重新提供一個可立基的領域，因為「越名教」意味著對現行的傳統倫理制度的摒棄，亦即在行為上不再拘束於倫理的規範性，而任其內在良心的顯發；但正如我們之前所揭示的，若純由主體自任其自然，則會面臨現世衝突的脅迫與「智用」悖論的質疑，因此主體在超越了傳統的倫理規定性的基礎上，須得在其外再尋求到一個安放此道德主體的新域。可是由於「自然之和域」之作為嵇康個人的思想構建，在現實中遭遇到了無人知賞的困難，因而難以將其實際形態呈現出來，所以從其實際的倫理處境來看，嵇康正處在摒棄了傳統的倫理規範，而走向「自然之和域」這一新的倫理之域的途中，這種「尚在途中」的狀態導致了嵇康與他人的關係，由「自然之和域」中理想性的相互感通之「與他人共在」，變成了單向而不對稱的「為他人而在」，從而引發了一種為他人負責的倫理責任。〔註 2〕

〔註 2〕此處對嵇康倫理處境的討論，借鑒了英國社會學家鮑曼（Zygmunt Bauman）關於後現代倫理問題的判斷，鮑氏認為在後現代狀態中，一個人必須將這種「為他存在」（being for the Other）先於「與他共在」（being with the Other）的道德責任作為自我的第一本質，參見 Zygmunt Bauman, *Postmodern Ethics*（Oxford & Cambridge: Blackwell,1993）, p.13。鮑氏所討論後現代倫理狀況雖然與嵇康所處的時代狀況有很大的差別，但在因倫理典範的斷裂、轉型而導向道德責任的直接為他性這一點上卻是頗可相互參見的。

　　不過為什麼我們需要從「與他人共在」談起呢？為何從「與他人共在」到「為他人而在」，就能引發這種為他人的倫理責任呢？首先，人乃是社會性的存在，他在世界上的生存活動本離不開他人，當我們認為可以不用思考到「與他人共在」這一維度時，實際上是因為這一維度已經被現成的規範性的倫理關係所掩蓋；可是當傳統的倫理關係被質疑而趨於瓦解之際，重構這一「與他人共在」之關係的緊迫性就浮出了水面，〔註3〕這亦是嵇康提出「自然之和域」以拓出一片新的共在之域的背後深意。其次，由於「自然之和域」在實際的呈現過程中遭到阻礙，使得本該有的「與他人之共在」竟變成了「他人的缺席」；而這種「他人的缺席」並不意味著倫理關係的消失，反是激發出一種「為他人」的倫理責任之產生。〔註4〕

　　我們在分析嵇康「自然詩」時曾發現，開頭的自然景物描寫愈是清曠淡遠，其與末尾「知音不存」之間的反差也愈是強烈，實際上自然景物之清淡正是嵇康心目中「自然之和域」投射出來的外在形態，當嵇康將其展開得愈加完善、和諧，其中對他人共在的召喚也就愈加強烈，於是「知音」之嘆湧現，成為這缺席的他人的代名詞，對於這一「知音」的渴望既在「自然之和域」的展開形式中無法得到滿足，就轉而產生了一種為現實中的「知音」替代者承擔責任的倫理訴求。這一訴求的極端形式即表現為為知音的現實替代

〔註3〕以嵇康所處的時代脈絡而論，在之前的兩漢時期，主體與他人之間的關係由傳統的儒家倫理所決定，因而在一個規範性的範疇內並無直接思考如何與他人共在的必要，然而在嵇康所處的魏晉之際，漢末以來的名教危機，導致舊有的人倫典範趨於瓦解，人與人之間的關係呈現為非規範性狀態，這就使如何「與他人共在」的問題被顯題化了出來。

〔註4〕關於他人的缺席（l'absence de l'autre）如何導致為他人的責任這一問題，可以參考法國哲學家萊維納斯（Emmanuel Levinas）的觀點，實際上正是萊氏關於他者（l'autre）的理論在很大程度上啟發了前註所引的鮑曼本人之觀點。萊氏認為主體與他者（他人）的關係正是他者的缺席，而實際上亦是在交流上的失敗所導致的他者的缺席，使對方呈現出他異性（altérité），他異性引發了主體對他者的責任，參見 Emmanuel Levinas, *Le temps et l'autre*（Paris: PUF, 1983），p.83, p.89。很顯然，萊氏關於交流上的失敗以及他者的缺席問題，都頗與我們「自然之和域」之顯現困境的分析相符合，故而其所言為他者的責任之理路亦可在此作一參考。在此基礎上，萊氏進一步認為這種與他者的關係是一種人際間的非對稱性（asymétrie de l'interpersonnel），並且正是這種非對稱性正意味著對他者的責任，參見 Emmanuel Levinas, *Totalité et infini*（Paris: Librairie Générale Fran□aise, 1990），pp.236～238。

品、爲作爲他人的呂安而死的行動。〔註5〕爲呂安而死這一行動，不但並非在維繫「自然之和域」上的個人性失敗，更是基於「自然之和域」而必然被要求的責任承擔。

二、嵇康之死下的「養生」與「任心」之新義

　　嵇康之死既是基於「自然之和域」而爲的積極性的倫理責任之承擔，則看似與其相矛盾的「養生」原則與「任心」原則，亦將在這一視域下煥發出新的意義。嵇康的養生理論原本與其未得善終的命運相互衝突，而「任心」的主張也不見得能夠支持嵇康爲他人而死這一行爲，然而在「自然之和域」與嵇康之死的內在關聯性彰顯後，嵇康之死作爲一個積極性的行動，將使這兩者在更高的意義上得以實現。

　　養生從表面上理解，往往讓我們想到個體生命的延續，然而確切地說，嵇康在〈養生論〉中一開始就認爲神仙不可習得，而常人通過養神調養達到的效果也不過是對一般壽命的相對性延長：「導養得理，以盡性命，上獲千餘歲，下可數百年」（〈養生論〉，頁144），可是所謂的壽命延長亦不過是調養得宜的一個附帶性效果，我們試看嵇康對養生最終效果的描述：

> 外物以累心不存，神氣以醇白獨著，曠然無憂患，寂然無思慮，又守之以一，養之以和，和理日濟，同乎大順。然後蒸以靈芝，潤以醴泉，晞以朝陽，綏以五絃，無爲自得，體妙心玄，忘歡而後樂足，遺生而後身存，若此以往，庶可與羨門比壽，王喬爭年，何爲其無有哉！（〈養生論〉，頁156～157）

雖然末尾又提到了長壽的問題，但從養生的總體效應來說，養生主要是使個體達到外內相濟、體氣和平的狀態，進而忘歡而遺生，若能保持這種狀態則自然能夠長壽。所以我們會發現養生的最終目的實爲達到主體內在之「和」，而個體生命的延續只是這種「和」之維持的自然性結果。

　　於是如果我們以「自然之和域」的視角來看待這種個體自身之「和」，則會發現個體生命的延續將變成次要性的。因爲當個體之「和」融入「自然之

〔註5〕實際上，爲他人而死這一傾向亦可在萊氏的思想中找到印證，萊氏認爲對他人的責任的眞正源起，正是對他人的死亡的責任，參見 Emmanuel Levinas, "Ethics as first philosophy", *The Levinas Reader*, trans. Sean Hand（Bodmin: Hartnoll Ltd, 1997 ），p.86。

和域」當中，此「和域」之作為容納了眾多主體於其中的「大和」之維持意義，就高過了個體的局部之「和」在個體生命上的存續價值。從而嵇康倡導養生卻不能自保其身的矛盾被取消了，以「自然之和域」這一更高標準來看，養生的最終訴求——「和」可以超越個體生命的終結，而在「和域」之中持存，嵇康正是因充分意識到了這一點，而義無反顧地走向刑場，無悔於長壽盡性理想的破滅。

另一方面，對於「任心」這一原則來說，其核心原則「無措是非」意味著超越紛擾名相，懸置對世俗事務之是非善惡的判斷，然而這種是非判斷的懸置，並不代表著不作為，並非對倫理責任的逃避。倫理責任的承擔，最重要的不在於具體判定與選擇其中的是非善惡，而在於去選擇，亦即去承擔這一行為本身，〔註6〕所謂「去選擇」正意味著單純地任其心而為，而非先行地執著於其中現實的是非之措。進而言之，去選擇，亦即對倫理責任的承擔，其本身就代表著倫理上的終極之善，於是有：「忽然任心，而心與善遇」（〈釋私論〉，頁 235）。嵇康的「去選擇」與「去承擔」，正是最強烈、最集中地體現在他的死上，通過為他人而死這一行動，嵇康才真正實踐了他「越名任心」的主張，進而「任心」由傳統的道家養生意涵彰顯為魏晉士人的倫理實踐。

然而，如果這種「任心」僅僅停留在個人層面上，我們仍免不了要從效果論的角度，來質疑它在是否會導致一種道德上的混亂無序或所謂相對主義（relativism），換言之，如果人人都如此自任其心，每個人的實際道德行為標準都直接取自其內在的自然之性，則人心千千萬萬，每個人的道德實踐豈不是將互相衝突，毫無共同指向可言了嗎？〔註7〕這樣的結果若以社會整體的善

〔註6〕關於此問題，丹麥哲學家齊克果曾提出「或此或彼」（either/or）的主張，他認為真正的選擇不是在善與惡之間作選擇，而是選擇去選擇那善與惡（the choice by which one chooses good and evil），而去選擇善與惡，本身就是選擇了善，而不選擇的審美式態度則是一種冷漠，參見 Soren Kierkegaard, *Either/Or II*, Ed. & Tran. Howard V. Hong and Edna H. Hong（New Jersey: Princeton University Press, 1987），p.169。齊克果的觀點可以提醒我們純粹的審美與倫理之界限何在，如果只是懸置對善惡的判斷，而採取無所謂的態度逍遙無為，則僅是一種審美式的非實踐性的態度；而嵇康的「任心無措」，則僅僅是在對事物的實際是非判準層面採取懸置的態度，而在實際的行為上卻是任其心而為之，由此則進入了倫理層面。

〔註7〕若從當代後設倫理學的角度來衡量，則這種每個道德行為主體皆有其內在的道德判斷標準的觀點，將被歸結為相對主義中的行為者相對主義（agent relativism），其道德判斷的標準將取決於每一個主體內在的道德框架（moral

來考量，恐怕並非一件好事。

不過若衡之以「自然之和域」，則上述質疑將不復存在。「和域」之中的主體雖然各自任心而爲，並未受到任何規定性的約束，無需作出是非之措，但由於主體之間恆以「和」的形式相感通，故而眾多主體的行爲仍然在形式上符合「大和」，〔註8〕這才是「忽然任心，而心與善遇」（〈釋私論〉，頁235）更深層的意涵。

嵇康爲呂安而死的行爲，並不以個體的現實利益得失爲考量標準，看似違背了個體的盡性養生原則，卻在「和域」之內代表著一種集體性的選擇。嵇康「任心」而挺身爲呂安辯護，看似個體的孤意抉擇，卻實爲基於自我與他者之立場反思而作出的行爲判斷。接下來我們將看到，嵇康爲呂安而死作爲個人性行爲，卻激發起了眾多知識分子的集體行動，喚醒了「和域」所潛在的複數性力量，從而打破了「自然之和域」原本的顯現困境。

三、「和域」的政治批判性：太學生三千與廣陵散一曲

「自然之和域」在嵇康生前長期處於無人知賞的狀態，僅由嵇康獨自空懷幻影，然而這一狀態在他臨死的那一刻被打破了，潛在的眾多主體開始聚集。據王隱《晉書》載嵇康下獄情形爲：

> 康之下獄，太學生數千人請之。於時豪俊皆隨康入獄，悉解喻，一
> 時散遣；康竟與安同誅。〔註9〕

又，《世說新語・雅量》載爲：

> 太學生三千人上書，請以爲師，不許。文王亦尋悔焉。〔註10〕

---

framework），而無一個外在統一的規範性標準可言。參見 Andrew Fisher, *Metaethics: An Introduction*（Durham: Acumen,2011）, pp.112～119。

〔註8〕鄂蘭進一步發展康德審美判斷中的「共通感」問題，提出所謂批判性思索意味著擴展自己思想，同時站在他者的立場，以讓他者也得以在場，由此而形成具有普遍效力的判斷，進入一個開放式的空間，參見 Hannah Arendt, *Lectures on Kant's Political Philosophy*（Chicago: University of Chicago Press, 1992）, pp.41～44。不過鄂蘭仍然採取康德的想像力概念作爲此普遍判斷的基礎，因而只能止於旁觀者的範疇內，缺乏實現爲行動的直接資源；嵇康藉由氣論基礎而揭示出的「和」之感通性，一方面在形式上與鄂蘭的觀點有相近之處，另方面卻不乏其倫理實踐性。

〔註9〕《世說新語・雅量》注引，見〔南朝宋〕劉義慶撰，徐震堮校箋：《世說新語校箋》，頁195。

〔註10〕同上註，頁195。

雖然各處的記載略有差異，但是從嵇康下獄到臨刑的過程中，有民眾、尤其是太學生自發地組織起來爲嵇康向當局請命、爲嵇康而與司馬氏政權對抗，這應是不可否認的事實。尤其值得注意的是，司馬氏在逐步篡魏奪權的過程當中雖然遭遇過至少三次的大規模反叛，但那都是現有政權內部的權力鬥爭，其反叛動機不外乎是政治利益的考量、自身安危的擔憂，正如我們在第二章中所分析的，嵇康本人是否眞的涉入這種實質性的政治反叛是缺乏證據的；而且實際上參與這一類的政治反叛也不過是以暴易暴，並無眞正的正當性可言，因爲司馬氏政權跟曹魏政權二者之間的合法性、正義性之別，不過是相對性的量上的問題，以叛亂的形式反抗司馬氏，並不見得就是在以某種正義的名義反抗黑暗的政治勢力。

然而嵇康的赴死所激發起的自發性集體抗爭，卻是眞正具有正當性的政治行動，是對司馬氏政權更實質性的搖撼，因爲此時人們不是因某一利益集團的組織與煽動而反抗，而是憤於嵇康無端受難的非正義性而採取行動。「太學生三千人上書，請以爲師」，這是自漢末所謂群體覺醒逐漸轉向個體覺醒之後，〔註 11〕已再難出現的群體性自覺行動。如果說東漢士人的群體性活動在很大程度上是出於對帝國政權、對經學傳統的認同，那麼此傳統的「名教」結構一旦在漢魏之際被質疑，就不再能夠實質性地聚集起人群；而嵇康之死所激起的集體性抗爭，則是否暗示著某種新的群體性典範之形成呢？

「自然之和域」從其本質形態來說召喚著眾多主體的實際參與，這一召喚在時代脈絡的限制下遭到了挫折，然而嵇康通過爲他人、爲倫理責任而死的行動，引發了眾多主體的群體性行動，這接連的行動實際上已開啓了一個潛在的由複數性主體構成的領域。〔註 12〕由此，「自然之和域」雖然還並不能

〔註 11〕可參見余英時：〈漢晉之際士之新自覺與新思潮〉，《中國知識階層史論》（臺北：聯經出版公司，1980 年），頁 205～327。

〔註 12〕筆者此處使用的複數性（plurality）一詞乃是有取於鄂蘭在《人的境況》一書中的觀點，鄂蘭認爲人的複數性乃是人類極爲特殊的一種境況，它既來源於存在者之間獨特的差異性，又維持著人與人之間相互顯現的可能性；這種複數性由言說（speech）和行動（action）揭示，通過這兩種方式，公共領域（public realm）得以形成，參見 Hannah Arendt, *The Human Condition*（Chicago: University of Chicago Press,1958），p.176, pp.199～200。鄂蘭所說的公共領域、人的複數性以及行動的概念，正可與筆者所討論的嵇康的「自然之和域」、眾多主體之共在以及爲他人而死之行爲等問題相參見，「自然之和域」並不完全是鄂蘭所說的那種由行動者組成的公共領域，然而它在特殊政治行動的衝擊下，卻能激發出一種與之相類似的由抗爭者構成的集體行動空間。

真正實現出來，卻以嵇康赴死這一行動作爲激發點，提前顯示出了它所蘊含的政治反抗力量，〔註13〕從而以某種潛在的方式植入士人們心中。

進一步說，嵇康本人充分意識到他的赴死所激起的行動性意義，但他更沒有忘記要在這最後的時刻向人們昭示其「自然之和域」的眞正內涵，唯有以持續的努力將後者實現出來，才能將此種承擔著倫理責任、蘊含著政治反抗的力量長久地維持下去。因此他最終選擇了一種最能昭示其「和域」內涵的方式——彈奏一曲〈廣陵散〉——來定格他臨死的瞬間：

> 嵇博綜及技藝，於絲竹特妙，臨當就命，顧視日影，索琴而彈之。
> 〔註14〕

> 康臨刑自若，援琴而鼓，既而歎曰：「雅音於是絕矣！」時人莫不哀之。〔註15〕

> 嵇中散臨刑東市，神氣不變，索琴彈之，奏廣陵散。曲終，曰：「袁孝尼嘗請學此散，吾靳固不與，廣陵散於今絕矣！」〔註16〕

嵇康正是從音樂思想開出「自然之和域」的，他臨刑之前的這一曲「廣陵散」不正昭示了他眞正的關懷乃在於此「和域」的存續，而不在於其個體生命的存亡嗎？嵇康擔憂此曲不傳的慨嘆或許可以視爲他對自己一番苦心可能落空的擔憂，又抑或只是以此強烈的方式給予後世的一個告誡。

他的苦心並沒有白費。嵇康之下獄，太學生三千人上書申訴，這是「和域」在士人心目中撒下的共同行動的種子；嵇康之臨刑，從容彈一曲〈廣陵散〉而終，這是「和域」在歷史時空中永駐的壯美碑石。至此，他已通過自己對此絕美「和域」的堅持與犧牲，使其超越了僅靠他個人信念維繫的狀態，

〔註13〕鄂蘭認爲權力實際上是當人們聚集在一起時就潛在的一種力量，而只有人們密切地共同生活在一起，才能使權力始終與他們同在，而此種權力就是在反抗物質上強大的統治者時，也幾乎是不可抗拒的。參見 Hannah Arendt, *The Human Condition*, pp.199～201。嵇康所建構的「自然之和域」實際上也正是要通過將眾多主體以「和」的形式聚集，進而形成獨立於傳統政治倫理之外的力量，「和域」雖然最終未能眞正實現其複數性形態，卻至少在嵇康之死的短暫時刻，顯示了人群聚集起來而能夠產生的「權力」。

〔註14〕向秀〈思舊賦〉，引自〔南朝梁〕蕭統編，〔唐〕李善注：《文選》（臺北：藝文印書館，2012 年，影清胡克家重刊宋淳熙本），頁 234。

〔註15〕裴松之注引孫盛《魏氏春秋》，見〔晉〕陳壽：《新校本三國志注》（臺北：鼎文書局，1978 年），頁 606。

〔註16〕〔南朝宋〕劉義慶撰，徐震堮校箋：《世說新語校箋》，頁 194～195。

撒播到每一個士人心中，恰恰是他個人的死亡鑄造出了「和域」不朽與持存的紀念碑。

第二節　嵇康死後的「自然之和域」：墮落與「域化」

　　嵇康在他死亡的時刻將「自然之和域」潛在而強烈地植入士人們心中，然而其真正的發展成形則還需要經歷漫長的過程。在嵇康身後的西晉與東晉階段，「和域」的部分意涵各自以不同程度變形地出現，直到南朝山水詩的興起，才使得「和域」逐步以其正常形態被實現出來。

一、西晉士人的墮落：審美人生態度的無責任性

　　嵇康死後不久，司馬氏便滅蜀稱帝，士人們由此正式進入西晉王朝的統治。嵇康之死所激發起的那種反抗意識，在新王朝的歌舞昇平中似乎戛然中斷了，此時在士人中間普遍流行的是那種頗為後世所詬病的放達士風。然而，頗具諷刺意味卻又在客觀上合情合理的是，傳統上一般正是把嵇康、阮籍等人為代表的竹林七賢，視為放達士風的開端，據《世說新語》劉孝標注引王隱《晉書》曰：

> 魏末，阮籍嗜酒荒放，露頭散髮，裸袒箕踞。其後貴遊子弟阮瞻、
> 王澄、謝鯤、胡母輔之之徒，皆祖述於籍，謂得大道之本。故去巾
> 幘，脫衣服，露醜惡，同禽獸。甚者名之為通，次者名之為達也。
> 〔註17〕

嵇康、阮籍作為魏晉之際的士人代表，其行為舉止確實體現出了不同於傳統的放達之風，其中尤以阮籍為甚，應該說這種放達的行為作風在一定程度上亦與嵇康超越傳統名教的意圖是相符的。然而西晉士人對此風的承襲卻從未獲得過後世的肯定，甚至竹林名士本身也意識到後人承襲此風的危險性，近世學者大多注意到了《世說新語·任誕》中的這條材料：

> 阮渾長成，風氣韻度似父，亦欲作達。步兵曰：「仲容已預之，卿不
> 得復爾！」〔註18〕

阮渾既然風氣韻度與其父阮籍相似，則學習父親的放達作風看來是件很自然

〔註17〕同上註，頁14。
〔註18〕同上註，頁394。

的事情，那麼阮籍爲什麼要阻止自己的兒子這樣做呢？對此疑問，早在東晉戴逵就已作出了頗爲中肯的解答，據《世說新語》劉孝標注引戴逵《竹林七賢論》曰：

> 是時竹林諸賢之風雖高，而禮教尚峻。迨元康中，遂至放蕩越禮。
>
> 樂廣譏之曰：「名教中自有樂地，何至於此！」樂令之言有旨意哉！
>
> 謂彼非玄心，徒利其縱恣而已。〔註19〕

近世學者多延續戴逵的觀點，指出竹林七賢如阮籍者，之所以如此放達不羈實有其不得已之處，並非爲放達而放達，阮籍自己因不得已的苦衷而行發達之事，卻不希望自己的兒子再入此行列，足見其自知放達背後之痛苦；而西晉士人沿襲此放達之形式，就使放達成了放縱享樂的藉口，遂開爲人詬病的西晉「士無特操」的局面。

一般都將放達之風直接溯源於阮籍，而嵇康只是同阮籍一起附帶性的被提到，實際上從各種史料對嵇康的行爲記載來看，他更多體現的是一種清曠淡遠之雅量，〔註20〕而非阮籍那種無視禮法約束而又每每長歌慟哭的放任不羈。然而兩人不同的行爲風格，又可以說是同樣基於一種「越名教而任自然」的基本立場，直接造成兩人之差異的，乃是其各自的實踐場域之不同。阮籍在司馬氏逐步掌權的過程中，不得已而身入朝廷，處於司馬氏虛假維持的禮教空殼之壓制下，在此境況中，要想奉行「越名教而任自然」的原則，就不得不在「越名教」這一環節上作出激烈的舉動，以破壞性的方式在這虛僞的名教糞土上，間接地構建出一個虛幻的「任自然」之域。〔註21〕相比之下，嵇康始終堅持不出仕，獨守於山林之中，因此可以在自然山水之中瀟灑放逸，彈琴自樂，直接無礙地實踐「任自然」的行爲，〔註22〕而不必執著於某種激烈的「越名教」之行爲。

〔註19〕同上註，頁394。

〔註20〕嵇康的事蹟中最堪被視爲不拘禮法的，就是鍾會來訪而不與之交一言這一事件，然而此例情況頗爲特殊，恐怕不能單純地看作一種越禮放達之行爲，何況當時名士之間的交往本也未見禮節方面的強調。

〔註21〕換言之，阮籍之所以作出如此驚世駭俗的越禮行爲，實際上乃是因爲身處禮教世界的束縛之中，導致其「任自然」之理想的實現場域發生了嚴重的錯位，故而不得不更藉由對現成規範的破壞而獲取某種間接式的自由感。

〔註22〕當然，通過本論文的分析，我們知道嵇康在「任自然」的實踐上仍然有其問題，不過相較於阮籍而言，其致力之處已經轉向如何在「任自然」這一環節上達到深化與完滿。

　　進一步說，無論是嵇康的「自然之和域」，還是阮籍的放達之風，都與魏晉以降在士人中普遍興起的審美精神有關，〔註23〕這種審美精神在嵇康處構成了通向「和域」之倫理勝境的重要基礎，在阮籍處形成了知識分子個體的生存式掙扎，卻在繼承阮籍放達士風的西晉士人中間造成了無責任式的人生態度。

　　我們試看西晉名士中的代表人物王衍之行狀：

　　　　夷甫雖居台司，不以事物自嬰，當世化之，羞言名教，自臺郎以下，

　　　　皆雅崇拱默，以遺事爲高。四海尚寧，而識者知其將亂。〔註24〕

王衍身居高位，卻「不以事物自嬰」，也就是雖然身在名教世界的權力結構之中，卻對賦予自身的事務不以認眞態度對待，保持著一種瀟灑自若的人生態度，這確實可以說是雖陷「名教」羅網之內，卻自覺遊於「自然」之中了。西晉士人之所以會表現出這種生存狀態，不得不說是在很大程度上有賴於審美精神的維持。〔註25〕

　　審美精神之實現的正途，原是應像嵇康的「自然之和域」那樣，將審美活動開展於自然世界之中，並進一步藉此形塑出融合審美與倫理的價值之域；退而求其次，也應像阮籍那樣，心中仍秉持著某種倫理理想，認識到審美精神與名教世界乃是一種逆向式的關係，因而不得已地以對名教禮法的正面破壞而展開其審美活動。然而，對於西晉士人來說，審美精神與其身入其

〔註23〕宗白華先生曾指出漢末魏晉六朝是中國歷史上最混亂、最痛苦的時代，卻也同時是極自由、解放，因此也就是最富有藝術精神的一個時代，參見宗白華：《美學的散步》（臺北：洪範書店，1981 年），頁 71。不過以往關於此時期藝術精神的討論多注重它相對於黑暗政治現實之反差，而嵇康所代表的藉由此種藝術精神正面地重構倫理價值的路徑則較爲被忽視。

〔註24〕《世說新語·輕詆》引《八王故事》，見〔南朝宋〕劉義慶撰，徐震堮校箋：《世說新語校箋》，頁 447。

〔註25〕若從西晉士人之所以如此的現實性肇因來考量，則羅宗強先生指出，乃是因爲西晉朝廷本身的立身不正，以及隨之而來的思想原則之缺乏，導致了西晉士人自全、不負責任的態度，參見羅宗強：《玄學與魏晉士人心態》（天津：天津教育出版社，2005 年），頁 137。而晚近的史書研究則更加深入地揭示出了西晉士人所經歷的政治境況，要言之，西晉士人在現實政治上的不負責態度，從其歷史根源上來說，確有其不得已之處，他們身在政治結構之中，卻無法眞正取得政治決定權，始終處於帝王、外戚、宗室等力量的權力爭奪之中，對固定政治原則的奉行已持麻木態度，相關的史實分析可參見仇鹿鳴：《魏晉之際的政治權力與家族網絡》（上海：上海古籍出版社，2012 年），頁 233～269。

中的名教世界卻演變成了一種正向式的關係，從而將其人生價值完全以審美式的態度實現於名教世界之中，發展出一種純粹的審美式人生態度，催生出無倫理責任性的主體。〔註 26〕更有甚者，此一無倫理責任的主體，卻又可能在審美活動的共通感中，產生自身與他人恆常共處於無倫理矛盾之和諧狀態的幻覺，這無疑將助長西晉士人在王朝逐漸走向崩解的危機中卻仍自我陶醉、醉生夢死的趨勢。

二、從東晉到南朝：自然山水的「域化」

一般認為，從西晉轉入東晉之後，士風實已有所振作，士人們雖仍常常閒情宴飲，卻有更加清醒的政治自覺。據《世說新語・言語》載曰：

> 過江諸人，每至美日，輒相邀新亭，藉卉飲宴。周侯中坐而歎曰：「風景不殊，正自有山河之異！」皆相視流淚。唯王丞相愀然變色曰：「當共戮力王室，克復神州，何至作楚囚相對！」〔註27〕

前朝的覆亡無疑對過江名士有著很大的刺激，使得他們不再能夠像中朝名士那樣完全逃避現實責任，不過這種歷史教訓主要還只是一種精神層面的潛在刺激，真正使東晉士人產生形態轉變的，恐怕是所謂門閥政治的產生。

西晉士人雖然普遍身入政局，卻始終生存在宗室與皇權的夾縫當中，無法掌握主動權；可是過江之後的東晉政權卻是藉由君主與士族的聯合才得以建立的，因此士人開始掌握到實際的政治權力，並以與君主共治的形式開啟了獨特的門閥政治。〔註 28〕這種政治結構的改變會對於我們所討論的問題帶來巨大的影響：西晉士人被動地束縛於名教世界不得出，只能錯置審美精神

〔註 26〕關於純粹的審美人生觀如何是一種無倫理責任性的，可以參考齊克果的觀點。齊克果認為審美人生觀乃是一個人直接地是他所是者，而倫理人生觀則是一個人因之而成為他所成為者，前者總是審美地活在瞬間與相對性之中，參見 Soren Kierkegaard, *Either/Or* Ⅱ, pp.178～179。換言之，審美人生觀是直接肯定其當下直觀的多樣性，而不作進一步的抉擇與承擔，此種直接式的肯定若實現在自然世界中，則至少能表現為無害的審美靜觀，但若實現在現實人倫世界中，則會導致倫理責任的缺失。

〔註 27〕見〔南朝宋〕劉義慶撰，徐震堮校箋：《世說新語校箋》，頁 50。

〔註 28〕關於門閥政治在東晉的產生問題，可參考田余慶先生的經典論述，見田余慶：《東晉門閥政治》（北京：北京大學出版社，1996 年），頁 326～327。田先生強調西晉的權臣是宗室強王，而東晉的權臣則是名士，連宗室也要仰賴他們，參見《東晉門閥政治》，頁 26。

於其上，進而產生了無責任式的審美人生態度；東晉士人本身掌握了政治上的主動權，因而從名教世界內部打開了通向自然世界的閥門，使得自身得以自由出入於「自然」與「名教」之間，類似於西晉士人的那種尷尬處境已不復存在。

在此境況轉換之下，遂開啓東晉士人寄情山水之高致，有關於此的文獻記載當眞是不勝枚舉，不過其中尤堪注意的乃是人物品鑒之標準此時已完全移向自然山水的典範。據《世說新語·容止》所載，則在一清朗秋夜，身居要職的太尉庾亮亦放蕩不羈、與眾同樂，引得事後王羲之評其爲「唯丘壑獨存」，〔註29〕而其注引孫道〈庾亮碑文〉曰：

> 公雅好所託，常在塵垢之外，雖柔心應世，蟬屈其迹，而方寸湛然，
> 固以玄對山水。〔註30〕

這種「玄對山水」的形象，實堪爲東晉士人之典型。如果說風行於魏晉時期的人物品鑒在其早期仍不免有政教人倫之意味，〔註31〕至此則已完全以自然山水爲標的，以無限的自然山水之美爲其實現場域。〔註32〕

既然審美精神在東晉士人身上已移向自然山水之域，那麼嵇康的「自然之和域」是否就因此將得以實現了呢？恐怕未必如此，「自然之和域」乃是嵇康基於古代士人所處的君權政治之常態格局，而提出的一條藉由審美與倫理之交織來實現獨立生存價值的路徑，其前提是士人與政治權力之間既密切又可疏離的常態關係；而東晉的門閥政治乃是古代政治史上的一個短暫特例，〔註33〕在此階段古代士人所恆常面對的政治壓力與倫理衝突，以一種廉

〔註29〕見〔南朝宋〕劉義慶撰，徐震堮校箋：《世說新語校箋》，頁339。

〔註30〕同上註，頁339。

〔註31〕鄭毓瑜先生曾指出，人倫品鑒在其早期（漢代至魏晉）尚以是否合於道德禮義爲主，而至漢末才開始轉變爲「寓目」美學觀，再逐漸將此「寓目」移向山水這一新對象，參見鄭毓瑜：〈觀看與存有〉，《六朝情境美學》（臺北：里仁書局，1997年），頁125～133，頁141～142。鄭先生的觀點極具啓發性，不過筆者認爲此處由人物移向山水的過程，或許不單單是一整套審美觀的平行性移動，而是有其內在性推動，這一方面體現在如徐復觀先生所言之由有限性對象轉向無限性對象，另一方面則來源於東晉士人得以從名教世界內部通向自然山水的歷史契機。

〔註32〕這也正是如徐復觀先生所說的審美領域由人物轉向山水，亦即由「限定性」對象發展到「無限性」對象，參見徐復觀：《中國藝術精神》（北京：商務印書館，2010年），頁228。

〔註33〕田余慶先生亦指出，東晉門閥政治乃是傳統皇權專制結構的一個短暫變局，

價的方式消解,東晉士人乃是直接無礙地縱情於山水,再瀟灑自如地返歸朝廷,並無某種倫理衝突或政治立場需要藉由自然之域而予以協調或維護,〔註34〕因而只能純粹地表現為一種審美精神。

然而一旦由晉入宋,則士人再度恢復了與政權之間緊張的常態關係。從表面印象來看,南朝士族似乎延續著東晉的榮光,仍然身居高位、富貴無憂,但是由於南朝君主本身非高門出身,對士族大家頗有所猜忌,故而多借寒人之手來抑制士族的權力,〔註35〕這樣一來,士人們常常雖位高而無權,其生死操之於帝王權臣之手。

因此南朝士人的寄情山水已不再如同東晉士人般輕鬆直接,而是基於與嵇康類似的境況,試圖尋求一個現實政治世界之外的自然之域。正是因此種推動,才催生出了文學史上以謝靈運為代表的所謂真正山水詩的出現,〔註36〕下面試看謝靈運的這首〈從斤竹澗越嶺溪行〉:

> 猿鳴誠知曙,谷幽光未顯。巖下雲方合,花上露猶泫。逶迤傍隈隩,
> 苕遞陟陘峴。過澗既厲急,登棧亦陵緬。川渚屢逕復,乘流翫迴轉。
> 蘋萍泛沈深,菰蒲冒清淺。企石挹飛泉,攀林摘葉卷。想見山阿人,
> 薜蘿若在眼。握蘭勤徒結,折麻心莫展。情用賞為美,事昧竟誰辨?

僅僅存在於東晉時期,參見田余慶:《東晉門閥政治》,頁266。

〔註34〕 正是由於東晉士人能夠如此輕易地逍遙於山林,因此以他們的眼光看來,嵇康那種有所不得已的風度甚至是不夠的,參見牛貴琥:《廣陵餘響》(北京:學苑出版社,2004年),頁170。

〔註35〕 參見陳寅恪撰,萬繩楠整理:〈南朝官制的變遷與社會階層轉變的關係〉,《魏晉南北朝史講演錄》(臺北:知書房出版社,2010年),頁168~171。另外,唐長孺先生亦指出晉宋以下士庶之間的鴻溝,實為氏族面對寒門之危險而採取的自保策略;寒人實有與皇權結合的趨勢。詳見唐長孺:〈南朝寒人的興起〉,《魏晉南北朝史論叢》(石家莊:河北教育出版社,2002年),頁544,頁559。

〔註36〕 以往學者研究謝靈運筆下山水詩的產生,往往傾向於從歷史的線性發展脈絡上來考察東晉的玄言詩是如何逐漸減輕玄理比例而凸顯山水本身的;然而亦有學者如趙昌平先生則力主謝靈運的山水詩並非演變自東晉後期的玄言詩,而是應該上接於建安以來的行旅詩體,參見趙昌平:〈謝靈運與山水詩起源〉,《趙昌平自選集》(桂林:廣西師範大學出版社,1997年),頁300~320。要言之,關於從玄言詩到山水詩之間的發展關係,是存在著一定的爭議的,然而若以本論文的研究脈絡來看,則玄言詩與山水詩最大的差別實應在於,前者是東晉士人之審美精神的單純投射,故而山水呈現出飄渺空虛的意象,後者則是南朝士人基於生存境況的逼迫而將審美精神落實到了山水之上,這才使山水的實然形態真正得以呈現出來。

　　　　觀此遺物慮，一悟得所遣。〔註37〕

謝靈運此詩作於其第一次隱居始寧時期，它給人最爲突出的印象無疑是其中極爲密集細緻的山水描寫。這表明詩人將自己的身體眞實地投入了山水之中，「寓目輒書」，積極肯定主體在當下所直觀到的物象本身，進而在主體與山水的互動之中構建出一個眞實共有的實存世界。〔註38〕

　　如果我們回頭看嵇康的自然詩，則會發現其中自然山水的描寫固然清麗，卻未嘗有如謝靈運那般具體細緻：

　　　　輕車迅邁，息彼長林。春木載榮，布葉垂陰。習習谷風，吹我素琴。

　　　　咬咬黃鳥，顧儔弄音。感寤馳情，思我所欽。心之憂矣，永嘯長吟。

　　（〈兄秀才公穆入軍贈詩十九首〉，頁 12～13）

這說明「自然之和域」在嵇康處尚只是存在於其自身的構想當中，還無法將其以一種更公開、更具體的方式表現出來，然而到了謝靈運筆下，自然山水的實然形態已經能夠以一種成熟的方式、通過對自然山水的「寓目」式書寫呈現出來，從而使「自然之和域」終得進入實存狀態。

　　如果說東晉士人使得自然山水開始進入人們的視域，那麼謝靈運式的山水詩才進一步使得自然山水的本然形態得以被呈現，一種自然山水的「域化」工程由此正式啓動，逐漸形塑出「可居可遊」的「自然之和域」而向所有士人開放。〔註39〕

〔註37〕顧紹柏校注：《謝靈運集校注》（臺北：里仁書局，2004 年），頁 178。

〔註38〕鄭毓瑜先生認爲謝靈運詩中蘊藏著一種新的「以物色形象先於情理觀念，並以爲目光所及就足以成就意義」的世界觀或審美觀，進而得以呈現出景物的深度，參見鄭毓瑜：〈觀看與存有〉，頁 123～124，頁 159。

〔註39〕嚴格地說，山水詩眞正完成的還只是「域化」之前的「自然化」準備，亦即使山水呈現其本然形態，而要使自然山水充分「域化」，眞的變得「可居可遊」而成爲士人心中永恆的精神淨土，還有待後世逐漸的積澱與發展。有關此後續問題，暫非本論文所能涉及，故此從略。

第六章　結　論

　　魏晉名士向來以瀟灑風度引得後世稱羨，其在審美領域所奠定的風格典範更是影響深遠，然而他們偏偏又是歷史上遭受最多政治非議與倫理責難的士人群體之一，他們寄情山水的身影裡總難以抹去清談誤國的陰影，總褪不去自全其身或偏安一隅的負面色彩。

　　一般來說，中國古代士人（或知識分子，intellectual）的主流傳統確實偏重於現實的人倫之用，余英時先生在其《中國古代知識階層史論（古代篇）》一書中認為，早在先秦「哲學的突破」發生之際，就奠定了中國古代士人（余先生稱之為「古代知識階層」）以「道」的承擔者自居的身份，而這種「道」又有強烈的「人間性」色彩，注重對人間秩序的協調與安排。〔註1〕不過余先生所考察的主要在儒家範疇內，近來已有學者嘗試在傳統儒家知識分子的範疇外發掘出道家型知識分子的可能性，並認為後者並非純然是隱者，而是有著從外部進行權力批判的立場；〔註2〕若從此面向來看，則深染道家氣韻的魏晉名士是否有重新看待的可能性？

　　可問題在於，無論是所謂以道自任的性格還是外部批判的立場，實際上皆立基於先秦士人的「遊士」角色，而正如余先生所指出的，在進入秦、漢

────────────

〔註 1〕參見余英時：《中國古代知識階層史論（古代篇）》（臺北：聯經出版公司，1980年），頁 38～39，頁 54～56。

〔註 2〕參見賴錫三：《道家型知識分子論・自序》（臺北：臺大出版中心，2013 年），頁 VI～XII。賴先生的觀點對筆者頗有啓發，不過賴先生又通過批評魏晉王弼、郭象對道家的「名教化」，而使此道家型知識分子的範疇僅能收攝在莊子本身，恐有阻斷其之於後世的實質性影響之嫌；而正如後面所說的，秦漢之後從「遊士」到「士大夫」的轉變，恐怕亦會使莊子的性格成爲孤本。

之後，中國古代士人已從無根的「遊士」，轉變爲具有深厚社會經濟基礎的「士大夫」。〔註3〕如此則士人皆已從「遊」的狀態正式進入權力結構內部，從此身入局中，那麼他們是否還能維持對「道」的獨立性堅持？又如何還能從外部進行權力批判呢？〔註4〕

兩漢以降，士人們已逐漸形成了固定化、家族化的勢力，並與統一政權的命運緊密相連，然而在經歷了東漢末期慘烈的黨錮事件後，這種緊密關聯的整體開始鬆動了，士人們開始對於自身與政教、與天下之間的關係有了新的思考，這種動向恐怕不能僅以所謂個體覺醒或藝術精神的開啓來看待，其背後更指涉著古代士人的價值與立場之重構過程，更與其安身立命的內在生存基礎息息相關。

如果我們將目光聚焦在魏晉之際的士人代表嵇康身上，就會發現他一方面在司馬氏逐步奪取曹魏政權的過程中，堅持不出仕，不與當權者合作；另方面他又並非眞正隱於深山，不問世事。他析理深刻的文章、「越名教而任自然」的主張、卓然不群的風度，無不在當時引起廣泛的關注，令執政者暗忌憚而不敢妄動，令士人們心嚮往而共同仰慕。嵇康所處的這種位置，正意味著他是當時爲數不多的公共性知識分子，〔註5〕他身上代表著魏晉之際的士人在已不可避免地集體進入權力結構之後，探索如何延續自身的獨立性與批判性的一種努力。

進一步考察嵇康背後的思想理念，則會發現他一方面繼承了先秦道家的修養境界，發揮了其中所蘊含的藝術精神，另方面又在此基礎上，進一步由審美活動契通倫理之域，開出了「自然之和域」這一新的價值實現領域。「自

〔註3〕參見余英時：《中國古代知識階層史論（古代篇）》，頁86～90。

〔註4〕如按照美國學者薩義德（Edward W. Said）的界定，則近代知識分子實應具備一種「局外人」、「業餘者」的角色，才能避免成爲專家、專業人士而淪爲意識形態的工具，保持其對權勢說眞話的權力，參見薩義德撰，單德興譯，陸建德校：《知識分子論》（北京：三聯書店，2002 年），頁 2～6。中國古代的士人與所謂的近代知識分子，在其立身基礎上本有重大差別，此亦是余英時先生之所以使用「知識階層」這一概念的原因所在，參見余英時：《中國知識階層史論》，頁1～4。然而若要保持對先秦時期所奠定的「道統」的維護，則同樣需要像近代知識分子那樣避免被專業化與工具化，以保留對皇權政治結構的制衡作用。

〔註5〕正如薩義德所說的，純屬個人的知識分子是不存在的，知識分子在維持自身獨立性的同時，必須通過意見的公開表達而進入公共世界，參見薩義德撰，單德興譯，陸建德校：《知識分子論》，頁 16～17。

然之和域」實爲本論文通過梳理嵇康的文本脈絡所建構出來的一個概念，其實質意義乃是指涉著在嵇康身上體現出來的一種綜合性、集體性的歷史運動，是古代士人在動亂不寧的歷史長河中所匯聚出的一股堅定的潛流。它雖然在嵇康生前未能眞正實現，僅在其死亡的一刻被激發出內蘊的倫理意義與政治力量，但在其身後卻逐漸演進成形，引發了自然山水的「自然化」與「域化」過程。〔註6〕

所謂「自然化」乃是「域化」的基礎，亦即藉由嵇康對傳統氣化論的再詮釋，使得自然山水得以擺脫傳統氣化系統下的倫理預設，而呈現其自然氣性的本然形態，是爲「自然之和」；「域化」則是進一步在此「自然之和」中開啓出眾多主體共在相契的「和域」，主體與他人之間乃恆以「和」的形式相互契通，使現世倫理矛盾在此新域之中得以消解，進而實現爲上古無爲式的倫理勝境。

此「自然化」在後世直接顯題化爲以謝靈運爲代表的山水詩寫作，呈現爲對自然山水極爲細密詳盡的文學書寫；而「域化」則在此基礎上更深地契入後世士人的內在精神世界，使得每一個時代的士人無論是居廟堂之高，還是處江湖之遠，都能夠以此「自然」之典範維持一種既自我獨立又與眾契通的生存價值。〔註7〕此「自然之和域」在日常狀態下主要以審美活動之形式來維持，表現爲作爲「文人」的士人們的藝術欣賞與創作實踐；但我們通過對嵇康之死的探討已經說明，「和域」不僅是眾多主體共遊其間的審美體驗場，更可以是一個蘊含著倫理責任與政治反抗力量的公共領域。當他人發出召喚時，主體將有義不容辭的責任，去爲之承擔其死亡；當其內在的和諧感通形式受到外在政治權力的威脅時，眾多的主體將形成合意與判斷，共同對現有

〔註6〕 余英時先生近年來延續其早年「哲學突破」的觀點，進一步提出先秦時期的突破關鍵正在於一種新「天人關係」的形成，參見余英時：《論天人之際：中國古代思想起源試探》（臺北：聯經出版公司，2014年）。此形成過程涉及面向甚多，其中先秦諸子與禮樂傳統、氣化宇宙論的密切關聯，皆可與本論文中嵇康的音樂思想與氣論相互應；此外筆者嘗試提出，魏晉之際「自然山水」的顯題化似亦可於所謂「天人」之二重關係再補入一「地」的因素，形成一種「天、地、人」之新型三重性關係。

〔註7〕 可以作爲旁證的一條線索是，楊儒賓先生亦曾發現，對於後世的理學家們而言「自然」確爲最安和的一個樂園，最少收到理論烽火的洗禮與衝擊，參見楊儒賓：〈生生的自然觀——體現的觀點〉，《中國文學研究的新趨向：自然、審美與比較研究》（臺北：臺灣大學出版中心，2005年），頁141～183。

政治結構進行反抗。

　　魏晉時期本就是傳統典範斷裂、士人重新面臨生存抉擇的特殊階段，我們通過對嵇康的考察，或許確能擺脫僅僅注重純粹藝術精神之發展的傳統視域，正視此階段為後世士人所奠定的更深層之精神底蘊。

徵引文獻

一、專　書

（一）古典文獻（按著作年代先後排序）

1.《莊子校詮》，〔戰國〕莊周撰，王叔岷校詮，臺北：中央研究院歷史語言研究所，1999 年。

2.《禮記正義》，〔唐〕孔穎達正義，呂友仁整理，上海：上海古籍出版社，2008 年。

3.《春秋繁露義證》，〔漢〕董仲舒撰，〔清〕蘇輿義證，鍾哲點校，北京：中華書局，1992 年。

4.《老子指歸》，〔漢〕嚴遵撰，王德有點校，北京：中華書局，1994 年。

5.《論衡校箋》，〔漢〕王充撰，楊寶忠校箋，石家莊：河北教育出版社，1999 年。

6.《人物志校箋》，〔漢〕劉邵撰，李崇智校箋，成都：巴蜀書社，2001 年。

7.《老子四種》，〔魏〕王弼等，臺北：大安出版社，1999 年。

8.《嵇康集校注》，〔魏〕嵇康撰，戴明揚校注，臺北：河洛圖書出版社，1978 年。

9.《嵇康集》，〔魏〕嵇康撰，魯迅校，香港：新藝出版社，1978 年。

10.《阮籍集校注》，〔魏〕阮籍撰，陳伯君校注，北京：中華書局，1987 年。

11.《（新校本）三國志注》，〔晉〕陳壽撰，〔南朝宋〕裴松之注，臺北：鼎文書局 1978 年。

12.《世說新語校箋》，〔南朝宋〕劉義慶撰，徐震堮校箋，北京：中華書局，1984 年。

13.《謝靈運集校注》，〔南朝宋〕謝靈運撰，顧紹柏校注，臺北：里仁書局，2004 年。

14. 《詩品箋註》，〔南朝梁〕鍾嶸著，曹旭箋註，北京：人民文學出版社，2009年。

15. 《文心雕龍注》，〔南朝梁〕劉勰撰，范文瀾注，北京：人民文學出版社，1958年。

16. 《文選》，〔南朝梁〕蕭統編，〔唐〕李善注，臺北：藝文印書館影清胡克家重刊宋淳熙本，1974年。

17. 《（新校本）晉書》，〔唐〕房玄齡等撰，臺北：鼎文書局，1980年。

18. 《四書章句集注》，〔宋〕朱熹撰，北京：中華書局，1983年。

（二）近人論著（按作者姓名筆劃排序）

1. 仇鹿鳴：《魏晉之際的政治權力與家族網絡》，上海：上海古籍出版社，2012年。

2. 牛貴琥：《廣陵餘響 ── 論嵇康之死與魏晉社會風氣之演變及文學之關係》，北京：學苑出版社，2004年。

3. 王國瓔：《中國山水詩研究》，臺北：聯經出版公司，1986年。

4. 王曉毅：《儒釋道與魏晉玄學形成》，北京：中華書局，2003年。

5. 王葆玹：《玄學通論》，臺北：五南書局，1996年。

6. 田余慶：《東晉門閥政治》，北京：北京大學出版社，1996年。

7. 皮元珍：《嵇康論》，長沙：湖南人民出版社，2000年。

8. 牟宗三：《才性與玄理》，長春：吉林出版公司，2010年。

9. 余英時：《中國知識階層史論》，臺北：聯經出版公司，1980年。

10. 余英時：《論天人之際：中國古代思想起源試探》，臺北：聯經出版公司，2014年。

11. 余敦康：《魏晉玄學史》，北京：北京大學出版社，2004年。

12. 吳冠宏：《魏晉玄義與聲論新探》，臺北：里仁書局，2006年。

13. 李美燕：《琴道：高羅佩與中國古琴》，香港：香港大學饒宗頤學術館，2012年。

14. 林麗真：《王弼》，臺北：東大圖書公司，2008年。

15. 林文月：《山水與古典》，臺北：三民書局，2012年。

16. 周一良：《魏晉南北朝史論集》，北京：北京大學出版社，2010年。

17. 金春峰：《漢代思想史》，北京：中國社會科學出版社，1997年。

18. 胡大雷：《中古詩人抒情方式的演進》，北京：中華書局，2003年。

19. 侯外廬等：《中國思想通史》，北京：人民出版社，1956年。

20. 徐復觀：《中國藝術精神》，北京：商務印書館，2010年。

21. 徐復觀：《兩漢思想史》，臺北：臺灣學生書局，1976 年。

22. 唐長孺：《魏晉南北朝史論叢》，石家莊：河北教育出版社，2002 年。

23. 陳寅恪：《金明館叢稿初編》，北京：三聯書店，2001 年。

24. 陳寅恪撰，萬繩楠整理：《魏晉南北朝史講演錄》，臺北：知書房出版社，2010 年。

25. 莊萬壽：《嵇康研究及年譜》，臺北：臺灣學生書局，1990 年。

26. 許抗生：《魏晉思想史》，臺北：桂冠圖書公司，1992 年。

27. 許建良：《魏晉玄學倫理思想研究》，北京：人民出版社，2003 年。

28. 張蓓蓓：《中古學術論略》，臺北：大安出版社，1991 年。

29. 張立文主編：《氣》，臺北：漢興書局，1994 年。

30. 張蕙慧：《嵇康音樂美學思想探究》，臺北：文津出版社，1999 年。

31. 童強：《嵇康評傳》，南京：南京大學出版社，2006 年。

32. 曾春海：《竹林玄學的典範——嵇康》，臺北：萬卷樓圖書公司，2000 年。

33. 曾春海：《竹林七賢的玄理與生命情調》，臺北：五南圖書出版公司，2013 年。

34. 景蜀慧：《魏晉詩人與政治》，臺北：文津出版社，1991 年。

35. 湯用彤：《魏晉玄學論稿》，北京：三聯書店，2009 年。

36. 湯一介：《郭象與魏晉玄學》，北京：北京大學出版社，2009 年。

37. 楊儒賓主編：《中國古代思想中的氣論及身體觀》，臺北：巨流圖書公司，1993 年。

38. 蔡忠道：《魏晉處世思想之研究》，臺北：文津出版社，2007 年。

39. 趙昌平：《趙昌平自選集》，桂林：廣西師範大學出版社，1997 年。

40. 魯迅：《魏晉風度及其他》，上海：上海古籍出版社，2000 年。

41. 蕭馳：《玄智與詩興》，臺北：聯經出版社，2011 年。

42. 鄭毓瑜：《六朝情境美學》，臺北：里仁書局，1997 年。

43. 賴錫三：《道家型知識分子論》，臺北：臺大出版中心，2013 年。

44. 謝大寧：《歷史的嵇康與玄學的嵇康》，臺北：文史哲出版社，1997 年，。

45. 戴璉璋：《玄智、玄理與文化發展》，臺北：中研院文哲所，2010 年。

46. 錢志熙：《魏晉南北朝詩歌史述》，北京：北京大學出版社，2005 年。

47. 盧政：《嵇康美學思想述評》，北京：中國社會科學出版社，2011 年。

48. 羅宗強：《玄學與魏晉士人心態》，天津：天津教育出版社，2005 年。

49. 〔日〕小野澤精一等編，李慶譯：《氣的思想》，上海：上海世紀出版集團，2007 年。

50.〔美〕薩義德撰，單德興譯，陸建德校：《知識分子論》，北京：三聯書店，2002 年。

51.〔德〕顧彬撰，馬樹德譯：《中國文人的自然觀》，上海：上海人民出版社，1990 年。

（三）外文專著（按作者姓名首字母排序）

1. Arendt, Hannah. *The Human Condition*, Chicago: University of Chicago Press, 1958.

2. Arendt, Hannah. *Lectures on Kant's Political Philosophy*, Chicago: University of Chicago Press, 1992.

3. Bauman, Zygmunt. *Postmodern Ethics* , Oxford & Cambridge: Blackwell, 1993.

4. Fisher, Andrew. *Metaethics: An Introduction*, Durham: Acumen, 2011.

5. Gadamer, Hans-Georg. *Truth and Method*, trans. Joel Weinsheimer & Donald G. Marshall, London & New York: Continuum, 1989.

6. Gulik, Robert Hans Van. *Hsi K'ang and His Poetical Essay On The Lute*, Tokyo: Sophia Univertsiy Press, 1958.

7. Jullien, François. *Vital Nourishment: Departing from Happiness*, trans. Arthur Goldhammer, New York: Zone Books, 2007.

8. Kant, Immanuel. *Critique of The Power of Judgment*, ed. Paul Guyer, trans. Paul Guyer& Eric Matthews, Cambridge: Cambridge University Press, 2000.

9. Kierkegaard, Soren. *Either/Or Ⅱ*, ed. & trans. Howard V. Hong & Edna H. Hong, New Jersey: Princeton University Press, 1987.

10. Levinas, Emmanuel. *Le temps et l'autre*, Paris: PUF, 1983.

11. Levinas, Emmanuel. *Totalité et infini*, Paris: Librairie Générale Fran□aise, 1990.

12. Levinas, Emmanuel. *The Levinas Reader*, trans. Sean Hand, Bodmin: Hartnoll Ltd, 1997.

二、單篇論文（按作者姓名筆劃排序）

（一）論文集論文

1. 陳麗桂：〈漢代的氣化宇宙論及其影響〉，陳鼓應編《道家文化研究》第八輯，臺北：文史哲出版社，2000 年，頁 248～266。

2. 陳啓仁：〈採藥與服食——從生活實踐論嵇康自然和諧之養生活動〉，劉苑如編《體現自然：意象與文化實踐》，臺北：中研院文哲所，2012 年，頁 81～146。

3. 楊儒賓：〈生生的自然觀——體現的觀點〉，鄭毓瑜編《中國文學研究的新趨向：自然、審美與比較研究》，臺北：臺灣大學出版中心，2005 年，頁 141～183。

4. 楊儒賓：〈「山水」是怎麼發現的：「玄化山水」析論〉，蔡瑜編《迴向自然的詩學》，臺北：臺大出版中心，2012 年，頁 73～126。

5. 鄭毓瑜：〈身體時氣感與漢魏「抒情」詩——漢魏文學與楚辭、月令的關係〉，鄭毓瑜編《中國文學研究的新趨勢：自然、審美與比較研究》，臺北：臺灣大學出版中心，2005 年，頁 227～266。

6. 龔鵬程：〈從《呂氏春秋》到《文心雕龍》——自然氣感與抒情自我〉，柯慶明蕭馳編《中國抒情傳統的再發現》，臺北：臺大出版中心，2009 年，頁 679～708。

（二）期刊論文

1. 朱曉海：〈趙至〈與嵇茂齊書〉疑雲辨析〉，《東華中文學報》第四期，2011 年 12 月，頁 1～24。

2. 何乏筆：〈平淡的勇氣：嵇康與文人美學的批判性〉，《哲學文化》第卅七卷第九期，2010 年 9 月，頁 141～154。

3. 吳冠宏：〈從莊子到嵇康——「聲」與「氣」之視域的開啓〉，《清華學報》新四十四卷第一期，2014 年 3 月，頁 1～28。

4. 陳士誠：〈從兩種論證揭示【聲無哀樂論】之結構〉，《國立政治大學哲學學報》第二十八期，2012 年 7 月，頁 47～90。

5. 黃潔莉：〈高佩羅《嵇康及其〈琴賦〉》探析〉，《藝術評論》第二十期，2010 年，頁 1～27。

6. 蔡忠道：〈越名教而任自然——嵇康倫理價值的追求〉，《哲學與文化》第卅七卷第六期，2010 年 6 月，頁 83～99。

三、學位論文（按作者姓名筆劃排序）。

1. 王玉娟：《嵇康及其〈養生論〉研究》，臺北：華梵大學東方人文思想研究所碩士論文，2002 年。

2. 沈素因：《重探山水詩畫之思想來源——以嵇康思想爲核心考察》，嘉義：國立中正大學中國文學所博士論文，2010 年。

3. 金仁壽：《嵇康養生思想之研究》，臺北：中國文化大學哲學研究所碩士論文，1996 年。

4. 陳慶元：《阮籍、嵇康處世態度研究》，臺中：東海大學中國文學系碩士論文，1997 年。

5. 蘇秋旭：《嵇康生命觀之研究》，嘉義：國立嘉義大學中國文學系研究所碩士論文，2006 年。

附錄一　「文」與「樂」的互涉秘通：論《文心雕龍》與〈聲無哀樂論〉背後的共同關懷

提　要

在一般性的理解中，詩樂不分的早期傳統似乎已在文學走向獨立自覺的六朝時期顯得不那麼重要。然而，當我們對《文心雕龍》與〈聲無哀樂論〉進行深入的對照分析之後，則會發現一種「文」與「樂」之內在關係的復魅。兩者表面上的分離背後，實蘊含著更深切的共同歸旨，並交匯成一股文藝發展的潛在潮流。通過印證來自嵇康的洞見，我們有望從一個更全面、更整體的視角，考察出《文心雕龍》文本中的深層線索，進而呈現出從挑戰傳統到另闢天地、從審美鑒賞到人倫關懷、從作品批評到主體修養的層次遞進與生命探索。

一、前　言

在中國古代文學的歷史脈絡中，文學與音樂之間原本密不可分的關係向來毋庸置疑，〈毛詩序〉曰：

> 詩者，志之所之也，在心爲志，發言爲詩。情動於中而形於言，言之不足，故嗟歎之；嗟歎之不足，故永歌之；永歌之不足，不知手之舞之，足之蹈之也。情發於聲，聲成文，謂之音。〔註1〕

〔註1〕〔南朝梁〕蕭統編，〔唐〕李善注：《文選》（臺北：藝文印書館，2012 年，影宋淳熙本重雕鄱陽胡氏藏版），頁 649 上。

一般認爲，這一段引文中所呈現的「志─詩」、「情─言」的發生結構以及由聲成音的後續發展，皆與早期的音樂思想文獻密切相關，試看《禮記‧樂記》：

> 凡音之起，由人心生也。人心之動，物使之然也。感於物而動，故形於聲。聲相應，故生變，變成方，謂之音。比音而樂之，及干戚、羽旄，謂之樂。樂者，音之所由生也；其本，在人心之感於物也。〔註2〕

對照以上兩段引文，值得注意的有兩點：其一，《禮記‧樂記》在〈毛詩序〉原本的「志─詩」結構中，又補充了「感物」這一環節，從而使情之所以動的發生機制得到了充分的解釋，進而形成完整的「感物─抒情」之結構；其二，兩段引文的後半段結構基本相同，皆呈現爲由直接流出的聲與言，逐步節律化而爲歌與樂的過程，這表明了早期詩樂不分的實際狀態。〔註3〕

不過如果繼續追溯到所謂文學自覺的六朝時期，則此種詩樂不分的關係已不再被重視，一般認爲此時文學已經開始有其獨立的發展脈絡，而典型的抒情傳統式論述則更將其眞正的發生源頭定位在六朝；確切地說，奠定後世文學典範的「物色」論、「緣情」說、以及抒情主體的發生問題，其脈絡雖可上溯至先秦，但其眞正的奠基點則被認爲應歸屬於漢魏之際的〈古詩十九首〉。如呂正惠認爲「物色」論最具原創性的部分在於「歎逝」，「歎逝」則歸宗於〈古詩十九首〉中才開始出現的，由感受外物之變遷流逝而興發的生命意識與悲歎之情，由此方確立了「情」作爲人之主體性的界定依據。〔註4〕順此脈絡而下，以主體內在之「情」爲核心的「緣情」與「物色」，作爲對〈毛詩序〉與《禮記‧樂記》中「感物─抒情」結構的發展或突破，幾乎籠罩了整個六朝文學的詮釋範疇，無論是從〈古詩十九首〉以降的詩歌創作，還是

〔註2〕〔唐〕孔穎達：《禮記正義（十三經註疏整理本）》（北京：北京大學出版社，2000），頁1251～1253。

〔註3〕實際上有些學者，特別是一些海外漢學家更認爲在早期（六朝之前）的中國古代藝術思想中，音樂相較於包括文學在內的各藝術門類而言，具有某種優先性，也更受到思想家們的重視。Kenneth J. DeWoskin, A Song for One or Two: Music and the Concept of Art in early China（Ann Arbor: The University of Michigan Press, 1982），pp.6～7. 換言之，從以上兩段引文我們也不難看出，對文學（詩歌）的界定上似乎更多地是以音樂的性格爲主導原則。

〔註4〕呂正惠：〈「物色」論與「緣情」說──中國抒情美學在六朝的開展〉，《文心雕龍綜論》（臺北：臺灣學生書局，1988），頁292～297，頁305。

從陸機的〈文賦〉、鍾嶸的《詩品》、劉勰的《文心雕龍》這樣的重要文論中，我們皆能從中找到與此呼應的論據。

然而學者們又發現在六朝文學理論中還存在著另一股潮流，亦即如蔡英俊所指出的，魏晉時期存在著一種追求客觀藝術表現的思想潮流。〔註5〕這種客觀藝術表現的潮流，一般被認為與曹丕《典論‧論文》、摯虞《文章流別論》等漢晉以降形成的區別文類的文體論趨勢息息相關。〔註6〕那麼，上面的主體抒情脈絡與此處的客觀文體論脈絡這兩者，是否如其表面所顯示的，有著某種對立性呢？還是兩者實為同一時代裡互不相涉的兩條線索，而無需討論其關聯呢？〔註7〕

有關這一問題的爭論很容易顯題化在《文心雕龍》，因為其中既不乏與「物色」、「緣情」相呼應的論述，〔註8〕又在〈知音〉篇有文學批評上著名的「六觀」說，頗與文體論潮流相呼應。於是有關《文心雕龍》中這兩個面向之間的關係，就引發了學者們不同傾向的解讀：顏崑陽提出了著名的「情志批評」與「文體論批評」的區分，認為劉勰的「六觀」實為後者在六朝時期的系統

〔註5〕蔡英俊：〈「知音」探源〉，《中國文學批評（第一集）》（臺北：臺灣學生書局，1992），頁134～135。

〔註6〕「文體論」這一概念在現代學術論述中本主要指涉文類問題，但自徐復觀的〈《文心雕龍》的文體論〉一文以來則引發了一定的爭議，徐先生提出「文體」的本義並非文類，而是有著更關乎主體情性的意涵，此種看似不符現在常識的觀點背後，實際上正暗含了本文所要討論的上述兩種文學思潮之間的內在關聯問題，參見徐復觀：〈《文心雕龍》的文體論〉，《中國文學論集》（臺北：臺灣學生書局，2001），頁1～83。不過筆者這裡的「文體論」一詞仍暫取一般性意義上的文類之義，但由徐先生所揭示出的爭議性問題脈絡亦會在後文的論述中再度展開。

〔註7〕值得注意的是，前引指出此種文學上的客觀化潮流的蔡英俊，實際上與呂正惠同為當年提倡抒情傳統的重要學者，其《比興、物色與情景交融》一書亦主張〈古詩十九首〉乃是抒情傳統的歷史起點，認為它們揭露了抒情的主體與人類存在處境之間的關係，參見蔡英俊：《比興、物色與情景交融》（臺北：大安出版社，1990），頁33。

〔註8〕《文心雕龍‧明詩》曰：「人稟七情，應物斯感，感物吟志，莫非自然。」《文心雕龍‧物色》曰：「春秋代序，陰陽慘舒，物色之動，心亦搖焉……是以詩人感物，聯類不窮，流連萬象之際，沈吟視聽之區；寫氣圖貌，既隨物以宛轉；屬采附聲，亦與心而徘徊。」引見南朝梁‧劉勰著，范文瀾校注：《文心雕龍注》（北京：人民文學出版社，1958），頁65，頁693。本文所引《文心雕龍》原文皆本此書，為避文繁，其後僅於引文後標明篇次及頁碼，不再另行加注。

性論述，並指出這種文體論批評實際上與〈知音〉篇後面有關讀文可見作者之心的說法有所矛盾；〔註9〕而鄭毓瑜則結合《文心雕龍》中「知音」與「神思」兩大主題，試圖在物我的感通情境中消解這種矛盾，重新融合作者、作品、讀者之間的關係。〔註10〕

要言之，在感物而動、直發為詩的抒情發生機制下，在觀文則見其心的情志批評中，如果又同時要求作品的某種客觀規範化，則此二者之間似乎至少在表面上存在著一定的衝突。不過學者們大多是單獨從文學自身的發展脈絡來探討這一問題，並沒有真正將音樂問題也納入考量；而如果我們回顧一下前面由〈毛詩序〉與《樂記》所推出的兩個關鍵點，則不難發現主體抒情潮流正與第一點，亦即「感物—抒情」結構對應，而客觀規範潮流正與第二點，亦即詩歌的音樂形式化呼應。由此可見，此處的兩種思潮似乎已蘊含於詩樂共生的結構之中。〔註11〕實際上，雖然文學與音樂在後世逐漸分離而各自獨立，但在古人的觀念中，兩者仍密切相關。〔註12〕在文體論潮流的奠基之作曹丕的《典論・論文》中，一開始就將文學作品與音樂作了類比，並暗示我們這兩者之間以「氣」作為關鍵性連接點：

> 文以氣為主，氣之清濁有體，不可力強而致。譬諸音樂，曲度雖均，
> 節奏同檢，至於引氣不齊，巧拙有素，雖在父兄，不能以移子弟。

〔註13〕

當然，此時的文學批評多愛借用音樂術語的現象並非有沒受到注意，可是大多研究者只把同時代的音樂理論作為片斷性的引證與類比，缺乏對音樂本身的問題進行討論。實際上不難想象，魏晉時人對音樂的理解，與其文學觀念應當是難以截然二分的統一體，同樣隸屬於他們有關文學藝術問題的整體性

〔註9〕顏崑陽：〈《文心雕龍》「知音」觀念析論〉，《中國文學批評（第一集）》，頁211～215，頁224。實際上顏先生此文乃是對前引蔡先生之文的回應，它雖認為文體論批評實際上不能與主體情志截然分開，但仍然在一定程度上同意蔡先生的觀點，認為劉勰此處的主要傾向仍是針對作品本身的體貌。

〔註10〕鄭毓瑜：〈知音與神思——六朝人周旋交錯的生命情識〉，《六朝情境美學》（臺北：里仁書局，1997），頁49～52。

〔註11〕值得說明的是，如果說在早期詩樂傳統中詩歌的音樂形式化乃是基於兩者尚未分家的事實狀態，那麼在兩者已經形成一定程度分化的六朝，其在形式上的相關性則是基於另一新的維度，此詳見本文後面的闡述。

〔註12〕筆者所說的這種相關性並非某種局部的、附屬性的相關，比如詩歌中的音律問題，而是文學與音樂這兩種藝術形式就其整體性基礎而言的內在關聯。

〔註13〕同註1，頁734上。

思考。在此意義上，魏晉時期討論音樂問題最重要的作品——嵇康的〈聲無哀樂論〉，就尤其值得我們予以重視。〔註14〕

　　嵇康此文雖早已是學界研究的熱點，但目前的研究多集中在其玄學內涵與美學意義之上，缺乏將之放入其時代整體的文學、藝術觀念脈絡中予以考察。一旦將〈聲無哀樂論〉與《文心雕龍》進行實質性的對比研究，則不難發現這一對「樂」與「文」之原初關係的復魅，將有助於我們窺見六朝文藝觀念演進之全貌，進而開放出解決文學脈絡內部所遭遇之問題的可能性。

二、初階：「形式」的彰顯

　　要深入討論六朝時期這兩部重要作品的關聯，我們先需揭示出問題的另一個面向。在早期的詩樂傳統中，除了上一節所引的感物發生機制之外，還有一個重要的問題，亦即音樂、詩歌與政治的關係，《禮記・樂記》曰：

　　　是故治世之音，安以樂，其政和。亂世之音，怨以怒，其政乖。亡
　　　國之音，哀以思，其民困。聲音之道，與政通矣。〔註15〕

而〈毛詩序〉在前引情動成言的段落之後緊接著講述的，正是與此段引文基本相同的音樂與治亂之關係，只是在總結之處由《禮記・樂記》的「聲音之道」，改爲「故正得失，動天地，感鬼神，莫近於詩」，〔註16〕導向詩歌的教化作用。這種詩樂的政治教化作用實際上跟「氣」的觀念息息相關，《禮記・樂記》曰：

　　　地氣上齊，天氣下降，陰陽相摩，天地相蕩，鼓之以雷霆，奮之以
　　　風雨，動之以四時，暖之以日月，而百化興焉。如此，則樂者，天
　　　地之和也。〔註17〕

這種藉由「氣」來說明天地宇宙的運行秩序，進而奠定政治與音樂、文學之關係基礎的理路，實發源於先秦、奠基於兩漢；由於「氣」與音樂同樣具有

〔註14〕值得說明的是，並非沒有學者注意到嵇康此文與文體論潮流的呼應性，如前
　　　引蔡英俊之文就指出，嵇康的〈聲無哀樂論〉試圖爲音樂的表現活動建立客
　　　觀領域，並否定在音樂中追索作者情志的可能性，參見同註5，頁136～137。
　　　不過此種類比，仍然只是泛泛地引證某種時代趨勢，缺乏對嵇康此文的深入
　　　探究，因而未能發掘出其中值得重視的問題。
〔註15〕同註2，頁1254。
〔註16〕同註1，頁649上。
〔註17〕同註2，頁1277。

某種流動性與貫通性，這就爲整個宇宙論架構提供了某種運動、溝通的基質，〔註 18〕亦爲政治秩序與音樂、詩歌的對應關係提供了理論支持。

實際上從文學的抒情脈絡討論其源流的學者亦注意到了「氣」之問題的關鍵性，龔鵬程與鄭毓瑜先後各撰有一文，分別以《呂氏春秋》與《楚辭》、〈月令〉爲源頭來探討秦漢的「氣」之傳統如何貫通到魏晉：前者指出兩漢的人性論基本上就是以「情」來展開，而天人感應的世界即爲因「氣」而感的有情世界；〔註 19〕後者則認爲後世的「譬類」、「應感」等文學範疇，從根本上源自於秦漢形成的天人交感的互聯性「氣態」之中。〔註 20〕

將「氣」的視角引入文學問題的討論，一方面爲「情」的發生找到了前代的源頭，將其奠基於兩漢業已形成的氣感世界，另一方面，卻又引發了一些新的問題。首先，以上從氣感的角度固然可以更充分地解釋「物」與「情」的問題，但在抒情個體的界定問題上則開啓了進一步討論的空間；〔註 21〕其次，如果說這種兩漢的氣感模式乃與傳統的音樂觀緊密相連的話，那麼降至魏晉，嵇康在其驚世駭俗的〈聲無哀樂論〉中正是提出了對此種傳統音樂觀的反對，這一反對態度是否瓦解了音樂與文學的共生結構？抑或是開展出了一種新的詩樂關係？這些問題實牽動著我們對於六朝文學藝術發展脈絡的整體性理解。

（一）〈聲無哀樂論〉對早期音樂傳統的逆轉

嵇康的〈聲無哀樂論〉共有七難七答，如果再加上作爲申論的第一輪問

〔註 18〕 Kenneth J.DeWoskin, A Song for One or Two: Music and the Concept of Art in early China, pp.37～38.

〔註 19〕 龔鵬程：〈從《呂氏春秋》到《文心雕龍》—— 自然氣感與抒情自我〉，《文心雕龍綜論》（臺北：臺灣學生書局，1988），頁 319，頁 324～325。

〔註 20〕 鄭毓瑜：〈身體時氣感與漢魏「抒情」詩 —— 漢魏文學與楚辭、月令的關係〉，《中國文學研究的新趨向：自然、審美與比較研究》（臺北：臺灣大學出版中心，2005），頁 233。

〔註 21〕 以上由氣感模式來詮釋的對象主要是以〈古詩十九首〉爲代表的漢魏抒情作品，而在抒情傳統內部的晚近研究，實際上已經透露出了對於這一問題的進一步反思，蕭馳就指出〈古詩十九首〉所訴諸的是一種共有情感，其情感主體實爲一種「貫通個體」，而非眞正意義上的個體，參見蕭馳：《玄智與詩興》（臺北：聯經出版公司，2011），頁 44、頁 69。實際上這種個體的「貫通」性，亦正是傳統氣感模式下的產物，而如果由「貫通」性到眞正的個體性有其必要性的話，那麼其中某種關鍵性的線索就值得被揭示出來，本文後面的討論正有關乎此。

答，則共有發生在秦客與主人之間的八輪問答。其中，作為問難者的秦客所
代表的正是一種傳統的音樂觀，亦常常指涉到「氣」的問題，因此整篇問答
便呈現為傳統音樂觀與嵇康新音樂觀之間的拉鋸戰。

　　嵇康在開頭的觀點陳述中直接提出：

> 夫天地合德，萬物資生；寒暑代往，五行以成。故章為五色，發為
> 五音。音聲之作，其猶臭味在於天地之間。其善與不善，雖遭濁亂，
> 其體自若，而不變也。豈以愛憎易操，哀樂改度哉？及宮商集比，
> 聲音克諧。此人心至願，情欲之所鍾。〔註22〕

嵇康開宗明義地指出了音樂的獨立自在性，經由跟臭味同樣「其體自若」的
單純的聲音，推出由聲音所構成的音樂之「自若」性。藉由這種「自若」性，
嵇康進一步否定了音樂與人心的直接對應關係，認為兩者之間不存在情感內
容的可傳遞性：「夫哀心藏於內，遇和聲而後發；和聲無象，而哀心有主」（〈聲
無哀樂論〉，頁346）；也就是說，音樂本身不含有某種引導具體情感的內容，
喜怒哀樂乃是原本就藏於欣賞者的內心之中，再藉由和聲而抒發出來的，所
以音樂本身自有其評判標準而與人的主觀喜怒無關：「聲音自當以善惡為主，
則無關於哀樂」（〈聲無哀樂論〉，頁347）。

　　由於嵇康強調音樂本身的自在性，將其與人的主觀喜怒相分離，因此不
難想見他也必然要挑戰到影響深遠的知音傳統，實際上論敵的第一次問難就
舉出了知音的典故來質疑嵇康的新論：

> 昔伯牙理琴，而鍾子知其所志；隸人擊磬，而子產識其心哀；魯人
> 晨哭，而顏淵審其生離：夫數子者，豈復假智於常音，借驗於曲度
> 哉？心慼者則形為之動，情悲者則聲為之哀。此自然相應，不可得
> 逃。唯神明者能精之耳。（〈聲無哀樂論〉，頁347）

此處所舉的三個例子中尤以伯牙、子期的例子最為古代知音傳統的經典範
例，亦是我們後面討論《文心雕龍·知音》時會再度遇到的分析對象，在此
先指出其中值得注意的三點：其一，問難者的論述顯然建基於《禮記·樂記》
的傳統，認為由「情動於中」而發為音聲，那麼內在的情感與外在的音樂之
間必然是「自然相應」的；其二，問難者亦指出了好的鑑賞者（神明者）必

〔註22〕引見〔魏〕嵇康著，戴明揚校注：《嵇康集校注》（北京：中華書局，2014），
　　　　頁346。本文所引嵇康作品原文皆本此書，為避文繁，其後徵引皆僅於引文後
　　　　標明其篇次及頁碼，不再另行加注。

然能夠藉由作品而直達創作者（或演奏者）的心志，這就更明顯地指涉到了藝術鑒賞、乃至文學批評的問題了；其三，最值得注意的是，順此種「自然相應」的脈絡而下，問難者認爲鑒賞者對於音樂作品的理解竟可不需要借助於其自身結構（亦即「常音」、「曲度」），這將使藝術鑒賞缺乏穩定的標準而陷入神秘主義的傾向。

嵇康對於這種神秘主義傾向是極度反對的，他甚至大膽地提出：「若音聲之無常，鍾子之觸類，其果然耶？則仲尼之識微，季札之善聽，固亦誣矣。此皆俗儒妄記，欲神其事而追爲耳」（〈聲無哀樂論〉，頁348）。嵇康認爲傳說中那種無需藉助「常音」與「曲度」的神秘感應故事，乃是「俗儒妄記」，非眞有其事，而眞正正確的態度應該是：

> 夫推類辨物，當先求之自然之理。理已定，然後借古義以明之耳。（〈聲無哀樂論〉，頁349）

嵇康提出，首要的原則應是考察事物自身的「自然之理」，然後再結合古義而明其本然，而非妄加附會、神乎其事。實際上，在前三輪問答中，秦客的問難不單停留在伯牙、子期這樣典型的知音範例上，更是將音樂與人心之間的關係類比擴大到各種非音樂性的事物與命運、政事之關係，如牛鳴─犧牲、吹律─戰事、兒啼─喪家，〔註23〕秦客試圖證明這些外在事物作爲徵兆能夠與人的內心發生某種類似超驗性的內容傳遞，而代表嵇康的主人則通過理性的分析，把這些超驗性的作用都一一否定掉了，並明確指出「然則心之與聲，明爲二物」（〈聲無哀樂論〉，頁353）。如果說前舉音樂作品的例子，尚在藝術鑒賞的解釋範圍之內，那麼將例證範圍擴大到其他領域則明顯流於難以驗證的神秘事件，而這種神秘事件之所以能夠成立正是基於傳統的氣化感通思想，所以秦客與主人之間關於音樂是否能夠進行這種超驗性傳遞的爭論，其背後指涉著該如何理解「氣」，以及「氣」與音樂的關係究竟如何的問題。

要言之，嵇康通過主張音樂本身的自在性，實際上否定了傳統音樂觀中所蘊含的兩漢氣感模式，認爲音樂與人心之間並不在於那種直接性的情感傳遞，音樂作品有其獨立性的形式結構，而不受制於作者或欣賞者的當下情感：「音聲有自然之和，而無係於人情」（〈聲無哀樂論〉，頁350）。這種觀點的一

〔註23〕 如「葛盧問牛鳴，知其三子爲犧；師曠吹律，知南風不竟，楚師必敗；羊舌母聽聞兒啼，而審其喪家。」，見〈聲無哀樂論〉，頁351。這些非音樂性的聲音並不具備音樂的形式性，其傳遞信息的依據多半是基於氣類感通之觀念。

個顯而易見的結果是，爲音樂取得其藝術自主性贏得了空間，因爲在傳統的音樂觀中音樂的創作與演奏，總是與政治上的教化作用相捆綁，而無自身獨立的價值衡量標準。〔註 24〕另一方面，由於音樂原本是與兩漢氣化思想最緊密相連的藝術形式，因此由音樂問題上的這種改變，很可以透視出六朝「氣」之觀念的某種整體性變遷，〔註 25〕這種變遷亦很有可能會反映在其他藝術形式、乃至文學之上。

（二）《文心雕龍・知音》中的「情」與「理」

由〈聲無哀樂論〉轉向《文心雕龍》時，首先會發現劉勰似乎並不像嵇康那樣否認作品可以傳遞情感或某種具體內容，尤其是上古聖賢之情，他說「夫子文章，可得而聞，則聖人之情，見乎文辭矣」（〈徵聖〉，頁 15），這看來就是一個明證。不過所謂「聖人之情」指的乃是經學傳統中聖人所教導的微言大義，而綜觀《文心雕龍》的整體態度，劉勰實際上對這一面向採取了一種懸置的立場：

> 敷讚聖旨，莫若注經；而馬鄭諸儒，弘之已精，就有深解，未足立家。唯文章之用，實經典枝條，五禮資之以成，六典因之致用，君臣所以炳煥，軍國所以昭明，詳其本源，莫非經典。（〈序志〉，頁 726）

劉勰宣稱他不致力於傳統的注經工作，而是轉而討論文章之用，這乃是基於一種現實性的策略考量，前者已經被前賢研究甚深，唯有後者是有待開墾的新天地。我們當然可以說劉勰基於其無可爭議的崇儒尊經思想，並不否認文本對聖人之意的承載作用，但就《文心雕龍》本身的討論來說，文本背後的

〔註 24〕 這一點早已爲近世眾多研究者充分指出過，然而值得注意的是，筆者認爲，嵇康的真正意圖實際上並不在於證成音樂這種藝術形式去政治化的藝術獨立性，這裡初步的去政治化，只是對前代流弊的清除，而在後面的討論中，本文將指出，傳統士人的政教關懷將在嵇康的論述中以更加清明的姿態回歸，也正是在這一點上嵇康與劉勰達成了某種深刻的一致。

〔註 25〕 嵇康雖然仍然認爲主體與外物皆由氣所化，然而內在的心與外在的聲之間的現實區隔，意味著兩者不再是以兩漢模式而直接感應相通，換言之，外在的自然之物與內在的主體之情性既已在「氣」的基礎上成其殊形，則於其各自的成形常態下是異質而不能直接相通的。不過這種不能直接相通性，乃是對某種氾濫式的感通作用的抑制，它反而開放出了兩者在藝術欣賞過程中，亦即在形式之「和」的層面上相互感通的合法性空間，進而導向了真正的審美問題。

義理並沒有起到實質性的作用，整部《文心雕龍》所致力於探討的乃是「文」本身。因此在「宗經」這一基本立場背後，劉勰所主張的《五經》與「文章之用」之間的眞正關聯是：

> 邁德樹聲，莫不師聖；而建言修辭，鮮克宗經。（〈宗經〉，頁23）

由此可見，《文心雕龍》眞正關注的實爲如何通過「宗經」來得到「建言修辭」的文章之道，而非直接領會聖人的微言大義，因此在某種意義上，我們可以說劉勰和嵇康一樣，先是從作品所承載的政治性、倫理性功能轉向了對作品本身的關注。

我們接著來考察《文心雕龍》中最直接地與〈聲無哀樂論〉中對音樂自身形式之重視相呼應的地方，亦即〈知音〉篇中的「六觀」：

> 是以將閱文情，先標六觀：一觀位體，二觀置辭，三觀通變，四觀奇正，五觀事義，六觀宮商，斯術既形，則優劣見矣。（〈知音〉，頁715）

此「六觀」大體上表現出了劉勰對作品客觀規範性的重視，這一點基本上是沒有疑義的，於是不難發現這裡對作品進行規範性考察而「優劣見矣」的論述，正與〈聲無哀樂論〉中「聲音自當以善惡爲主」的觀點相符，兩者同樣是對作品本身的客觀評價。不過學者們一般將此處對作品規範性的重視歸源於魏晉以來判別文類的文體論潮流，與曹丕《典論‧論文》、摯虞〈文章流別論〉、李充《翰林論》的作法相呼應，而實際上《文心雕龍》上半部也確實對各種文體進行了詳盡的溯源辨體，因此劉勰的「六觀」可說是順此脈絡而發展出的一套系統化、規範化的文體論基礎性理論。〔註26〕

然而這種歷史脈絡的單純對照似乎不能完全說明《文心雕龍》內部的複雜面向，首先，「六觀」實際上被納入了知音傳統的論述中，這就引發了某些更深刻的問題，劉勰在「六觀」之後緊接著說：

> 夫綴文者情動而辭發，觀文者披文以入情，沿波討源，雖幽必顯。
> 世遠莫見其面，覘文輒見其心。豈成篇之足深，患識照之自淺耳。
> 夫志在山水，琴表其情，況形之筆端，理將焉匿？故心之照理，譬
> 目之照形，目瞭則形無不分，心敏則理無不達。（〈知音〉，頁715）

一旦進入作品創作與作品鑑賞的實際發生過程之中，就無法僅僅從文體源流

〔註26〕關於此問題的論述可參見顏崑陽：〈《文心雕龍》「知音」觀念析論〉，同註9，
頁205～215。

的角度界定作品的規範性了，而需具體解釋其中「作者—作品—讀者」之間的關係，其中「志在山水，琴表其情」已明顯地指涉到了伯牙與子期之間的知音典故，可是如果說嵇康斷然否定了能夠通過音樂而知曉創作者的內在情志，那麼劉勰此處卻似乎持肯定的立場，果真如此嗎？

首句「綴文者情動而辭發」看起來內應「情以物遷，辭以情發」之說，上接《禮記‧樂記》感物之統，可是劉勰對此種感物傳統的部分性徵引，是否真的把其背後的實質性內容整個繼承了過來呢？是否意味著作品就一定與創作者當時的具體情感內容直接相對應呢？如果答案是肯定的話，則意味著後一句「觀文者披文以入情」指的是讀者可以通過觀賞作品而直接體驗到作者的情感，可是如果讀者是以前面所說的「六觀」來觀賞作品的話，則僅能評鑒作品本身的優劣，又如何能夠由此觸及作者之情呢？

實際上，如果我們回過頭來參考嵇康的觀點，則可能使此問題產生一定的轉機。嵇康雖然提出了「聲無哀樂」的主張，卻並沒有否認情動辭發的發生過程，而是認為：「夫內有悲痛之心，則激切哀言。言比成詩，聲比成音。雜而詠之，聚而聽之。心動於和聲，情感於苦言。」（〈聲無哀樂論〉，頁346）由此可見，作者在自身情感的激發下創作出作品這一發生過程，並不與作品本身沒有承載作者情感這一點相矛盾；進言之，作品本是在作者的情感觸發下創作的，但其自身並不承載著作者當下的具體情感，而是與此情感背後更深層的主體性結構相對應，後者才具有進一步引發他人情感的功能。

在澄清了這一點之後，我們將得以對〈知音〉篇提出新的解讀方式。首先，「情動」之「情」與「入情」之「情」可以被解讀為不同的「情」，前者確實指的是作者當時的個人情感，而後者則是作品本身之「情」，亦即所謂客觀的文理結構，至於「沿波討源，雖幽必顯」指的正是對此文理結構的探究。可是如此一來，「覘文輒見其心」又如何解釋呢？筆者認為，此處「心」的內在性、傳遞性正與「面」的外在性、在場性相對，揭示的是文之「情」與作者內在主體性的某種對應關係，而這種內在主體性恐怕並非作者的個人情感。〔註27〕繼續分析此段文本，則會發現一個關鍵詞，即「理」。劉勰先藉由

〔註27〕實際上，顏崑陽的文章正是因為將此處的「心」與首句的「情動」之「情」相聯繫，才會得出劉勰此處「顯然混淆詮釋與評價的批評效用」這一結論，參見同註9，頁224。而如果按照本文的理解方式，則這種混淆恐怕並不存在。

知音的典故，說如果「志在山水」，則音樂能夠「表其情」，〔註28〕而如果形諸筆墨的話，則「理」亦將無從隱匿。此處的「理」與「情」對文，亦即承接了文之「情」的意涵，並在後面又連續出現了兩次，與「心」形成符應關係，由此可見作者與讀者兩心之間正是以「理」爲中介而互通的。

當我們由「情」轉向「理」的時候，實際上已經更明確地與〈聲無哀樂論〉中的觀點對接上了。此處的「理」首先應基礎性地理解爲「紋理」、「肌理」的意思，而這種「紋理」的基本義在「氣」的脈絡下實應理解爲「氣」的形式結構，如果把〈知音〉中的作者之心以「理」來限定，則此心所指涉的實爲主體的內在氣性，〔註29〕而文之「情」也就是所謂的「文氣」。〔註30〕

可是當我們把作品的文理結構歸諸「氣」的形式結構時，這是否僅僅指涉的是外在自然物某種任意的形態呢？如果是這樣的話，那麼它跟內在的主體性，抑或主體氣性又是如何產生對應關係呢？所謂作品無關於主體的具體情感，是否會導致其完全缺乏規範性呢？

三、進階：審美之和域與人倫之規範

要解決上一節末尾所引發的疑問，我們需要進一步在〈聲無哀樂論〉中看到，嵇康切斷作品本身結構與主體情感的直接關聯這一看似消極性的作法背後，其實隱藏著更爲積極性的建構，由此我們將轉而獲得面對《文心雕龍》中某些傳統問題的新詮釋向度。要言之，由主體情感的主導性轉向作品本身

〔註28〕值得注意的是，此處的「志」和「情」之間恐怕並非互文關係，筆者傾向於認爲此處的「志」表示是一種意向性，其用法類同於「氣以實志，志以定言」（〈體性〉，頁506），也就是說「志」本身並不涵攝一個實質性範疇，而是對於某一具體內容的標示性概念。由此分判則我們比較能確認，此處的「情」應該與上文相對應，指的是文之「情」層次的「情」，而非傳統上「情」、「志」並舉的「情」。

〔註29〕顏崑陽將「情志」分爲三個層級，其中第一層級的「情」屬於「氣質性」的範疇，此實與本文所說的主體內在氣性大體相近，不過顏先生認爲此層級僅能適用作品「體式」的範疇，因而與作者之心相衝突，參見同註9，頁220～221。

〔註30〕徐復觀早已通過對《文心雕龍·風骨》的分析，詳盡地論述了文章中的氣與作者之關係，本文所取的「文氣」之義亦大體不出徐先生所論及的意涵，然而徐先生僅僅將氣視爲「血氣」，以及作者的生理生命力，這一點還有再討論的空間，詳見本文後面的論述。參見徐復觀：〈中國文學中的氣的問題——《文心雕龍》風骨篇疏補〉，同註6，頁297～349。

的結構，這並非是一種表面上的客觀化、規範化要求，其中更爲基本的是在
六朝所謂藝術精神興起的大背景下，一種純粹的審美鑒賞活動的要求，而在
此審美鑒賞的形式基礎上，人倫關懷又能夠以更加清明的方式重新介入作者
與作品、讀者與作品之間。

（一）審美之「和域」與「自然」

在〈聲無哀樂論〉中，嵇康提出「音聲有自然之和，而無係於人情」（〈聲
無哀樂論〉，頁 350），由此將帶來的疑問是，音樂自身的這種「自然之和」，
既然不受創作主體當下的具體情感所影響，那麼它與作者、尤其是與欣賞者
之間又是如何建立聯繫的呢？實際上，嵇康在音樂對於欣賞者的影響上有非
常積極性的描寫：

> 五味萬殊，而大同於美；曲變雖眾，亦大同於和。美有甘，和有樂；
> 然隨曲之情，盡於和域；應美之口，絕於甘境。安得哀樂於其間哉？
> 然人情不同，自師所解，則發其所懷。（〈聲無哀樂論〉，頁 354）

> 夫會賓盈堂，酒酣奏琴，或忻然而歡，或慘爾而泣。非進哀於彼，
> 導樂於此也。其音無變於昔，而歡戚並用，斯非吹萬不同耶？（〈聲
> 無哀樂論〉，頁 355）

在第一段引文中，嵇康指出各種音樂作品雖然有其迥異的變化與體式，但總
其根源，則皆歸同於「和」，進一步說，各種曲情、變化皆本於「和域」這一
基礎規定性。當音樂作品向欣賞者展開這一「和域」時，欣賞者雖然各有其
情、各有所懷，但皆能共同爲此「和域」所感召，而「自師所解，發其所懷」。
第二段引文進一步強調了一個問題，就是不同的欣賞者同時聆聽同一首音樂
作品時，往往會表現出或喜或哀的不同情態，可是音樂本身卻是不隨人的情
感而改變的；換言之， 在一部其體不變的音樂作品上可以引發不同主體迥異
的情感抒發，這裡無疑是指涉到了《莊子・齊物論》中所說的「夫吹萬不同，
而使其自己也」。〔註31〕

那麼究竟規定了音樂作品自身結構的這種「和」抑或「和域」究竟是什

〔註31〕引見〔戰國〕莊周著，王叔岷校詮：《莊子校詮》（臺北：中央研究院歷史語
　　　言研究所，1999），頁 48。不過這裡雖然指涉到莊子的哲學理境，但在嵇康藉
　　　以詮釋音樂實際欣賞過程的脈絡中，仍不能直接將其等同於某種玄理的直接
　　　呈現，正如徐復觀在《中國藝術精神》中所呈現的，莊子的思想雖然實爲一
　　　種藝術精神，但其眞正進入藝術實踐領域還需要經過複雜的發展過程。

麼呢？它爲何能夠引發不同主體的情感抒發呢？要理解這一問題，我們還是必須回到嵇康否定了音樂作品本身不承載具體情感這一點。一般認爲音樂乃至其他藝術形式之所以能夠打動我們，乃是因爲其向我們傳遞了創作者投注於其中的情感，我們基於對這種情感的認同與理解而爲之感染；可是這種理解實際上往往會剝奪藝術作品自身價值的獨立性，使藝術變成某種道德功能或實際目的的附屬品、乃至工具，這一點也正是導致嵇康要反對傳統音樂觀的重要原因。不過西方近代美學的發展，尤其是康德（Immanuel Kant, 1724～1804）《判斷力批判》中的觀點，卻給予我們一種新的重新思考藝術作品本質的契機：我們在進行純粹的審美過程中所感受的某種愉悅感，並非由自身本有的私人偏好（inclination）而來，亦即我們對作品的鑒賞並不由我們原有的私己情感所決定，而是來源於大自然或藝術作品所呈現的無目的的主觀合目的性（the subjective purposiveness without any end）；另一方面，這種審美鑒賞由於非關於個人的偏好或喜怒，因此雖然以主觀的形式呈現，卻具有其普遍性，亦即某種共通感。〔註32〕

由以上西方理論的對照，顯然有助於我們一窺嵇康觀點背後的實質。嵇康去除了傳統上賦予音樂的道德與目的論式的主觀預設，切斷了作品與作者、欣賞者情感之間的直接聯繫，此作法一方面凸顯了音樂作品自身的某種獨立自在性，另一方面卻並非將其棄置爲某種任意的隔絕於主體的「物」，而是使其呈現爲可以引發主體審美活動的「和域」。「和域」本身指向的主體的某種純粹的無關於自身喜怒的審美愉悅，正如嵇康在前引「自師其解，則發其所懷」後所說的：

> 若言平和哀樂正等，則無所先發，故終得躁靜。若有所發，則是有
> 主於內，不爲平和也。（〈聲無哀樂論〉，頁 354）

換言之，如果欣賞者原本心境平和，則享受到的純粹的審美愉悅，而無某種與作品相應的具體情感引發；而如果欣賞者在審美愉悅的基礎還呈現出各種不同的情感表現，則是因爲其「有主於內」，本懷有某種個人情感，再藉由藝術欣賞活動而抒發出來。

〔註32〕 Immanuel Kant, Critique of The Power of Judgment, ed. Paul Guyer, trans. Paul Guyer& Eric Matthews （Cambridge: Cambridge University Press, 2000）, pp.96～97, p.106.另外值得說明的是，康德主觀合目的性的提出原本是基於主體欣賞大自然的脈絡，但他實際上在後面也進一步此概念延伸到了藝術作品上，認爲藝術品中的合目的性雖然本是出於人爲，卻必須顯得像是無目的式的純自然的。Immanuel Kant, Critique of The Power of Judgment, pp.185～186.

　　無論眾多欣賞者如何抒發其千差萬別的個人情感，但其情感抒發皆奠基於
一種基礎性的審美鑒賞，這種審美鑒賞所對應的作品之「和域」，既呈現於主觀
視域又具有共通性與普遍性，因此得以在取得不受主觀情感限制的客觀獨立性
的基礎上，再度與主體性相聯接，形成了一種打破主客二分關係的審美範疇。

　　我們在此雖然暫不能證明〈聲無哀樂論〉對《文心雕龍》的直接性影響，
但前者中的觀點無疑呼應了整個六朝文學藝術發展中的一大趨勢，〔註33〕亦
即對自然山水本然形態的發現。〔註34〕不難發現自然山水的前身乃是「感物
而動」中的「物」，〔註35〕可是傳統中的「物」處在一個氣類感應的大氛圍之
中，易於先入為主地染上主觀的情感色彩、乃至政教意味，從而無從讓其自
身被以純粹的方式觀看；如果更具體的從山水詩的發展史上來看，從山水身
上去除原本的主觀預設而顯其本然形態，亦即使山水之氣性清明化，〔註36〕
正是至關重要的環節。

　　顯然，嵇康所提倡的對音樂作品自身「和域」的審美性觀看，正與這一
重新發現山水，以其本然形態觀照自然的趨勢相呼應，而徐復觀在其〈《文心
雕龍》的文體論〉一文中開篇就提出，《文心雕龍》所體現的文學的自覺，抑
或文體的自覺，實為藝術性的形相的發現，此種形相實亦頗借鑒於山水的自
然形相。〔註37〕實際上，《文心雕龍》在其開篇的論述中就將「文」的發生與

〔註33〕　可作為對照的是，康德的《判斷力批判》實際上對於西方近代美學領域的獨
　　　　　立化，起到了極大的促進作用，因為其提出的審美判斷力，使得審美活動能
　　　　　夠獨立於道德目的與理性認知而形成自身的領域；而六朝時期藝術精神之所
　　　　　以能夠興起，恐怕也與某種類似的突破不無關係。

〔註34〕　有關自然山水的發現問題，肇始於徐復觀《中國藝術精神》一書中的觀點，
　　　　　而後世則多有學者從山水詩發展史的角度予以探究，其中的代表性成果如林
　　　　　文月：《山水與古典》（臺北：三民書局，2012）、王國瓔：《中國山水詩研究》
　　　　　（臺北：聯經出版公司，1986）皆詳盡地論述了山水如何在晉宋之際的山水
　　　　　詩寫作中才真正得以呈現出其本然形態。

〔註35〕　這種轉變過程，被不少學者稱之為由〈古詩十九首〉的「感物」或「氣類感
　　　　　應」轉向「物色」；參見蔡英俊：《比興、物色與情景交融》，頁50；蕭馳：《玄
　　　　　智與詩興》，頁73。

〔註36〕　關於山水如何在山水詩的寫作中呈現為一種清明虛靈的氣性形態，可參見楊
　　　　　儒賓：〈「山水」是怎樣發現的——「玄化山水」論析〉，《迴向自然的詩學》
　　　　　（臺北：臺大出版中心，2012），頁95～99。

〔註37〕　同註6，頁2～3，頁52～54。另外徐先生所用的「形相」一詞，在英文中實
　　　　　為 "form"，與前面康德界定主觀合目的性時所用的「形式」概念實為同一
　　　　　個詞。

自然界中的動植、山水之形態相聯結：

> 傍及萬品，動植皆文：龍鳳以藻繪呈瑞，虎豹以炳蔚凝姿……夫豈
> 外飾，蓋自然耳。至於林籟結響，調如竽瑟；泉石激韻，和若球鍠；
> 故形立則章成矣，聲發則文生矣。夫以無識之物，鬱然有彩；有心
> 之器，其無文歟！（〈原道〉，頁 1～2）

在劉勰的論述中，萬物皆以其自然形態而爲「文」，此「文」之於萬物並非是
外在的修飾，而是其自然本性的顯現，「文」之形態亦即物之「自然」；而我
們一般意義上所說的文學作品則是人這種「有心之器」所呈現出的一種比較
特殊的「文」。其中「至於林籟結響，調如竽瑟；泉石激韻，和若球鍠」，更
是明顯地點出自然之物實際上是以與音樂同樣的「和」的形式呈現爲「文」；
〔註38〕進而劉勰眞正要討論的人之「文」亦是基於同樣的形式基礎而生成，
只是前者乃「無識之物」自然成文，後者爲「有心之器」用心爲文，「無識」
與「有心」之間並不存在嚴格意義上的鴻溝，因爲二者皆呈現爲審美鑒賞下
無目的性的「自然」。

劉勰還進一步藉由「自然」來規定實際寫作過程中的文章之勢，以及「文」
所實際呈現的整體形態：

> 夫情致異區，文變殊術，莫不因情立體，即體成勢也。勢者，乘利
> 而制也。如機發矢直，澗曲湍回，自然之趣也。圓者規體，其勢也
> 自轉；方者矩形，其勢也自安：文章體勢，如斯而已……譬激水不
> 漪，槁木無陰，自然之勢也。（〈定勢〉，頁 529～530）

這裡藉由取法大自然中自然物的形態，來說明文章之形態應當因其體而自
然，不應摻雜人爲的造作。值得注意的是，此處對體與勢之關係的描述恐怕
不應視爲某種維持傳統規範的保守立場，而是更應看作對「文」之審美基礎
形式的保障。

（二）人倫規範的回歸

雖然嵇康和劉勰同樣注重作品本身的審美基礎性規定，但是這並不意味
著兩人的內在關懷就僅僅停留於此。實際上，他們乃是先藉由此種審美鑒賞

〔註38〕 簡良如亦指出，《文心雕龍》此處藉由音樂的象徵而標舉出「文」的人文特性，
而音樂相較於其他文字制作也更加深入欣賞者的感性活動，參見簡良如：《《文
心雕龍》研究——個體智術之人文圖像》（臺北：國立臺灣大學出版中心，
2008），頁 169～171、頁 182～183。

的基礎性形式，清除傳統上附加給藝術作品的功利性色彩，進而再將其深層的人倫關懷滲入其中。

首先，就嵇康而言，他實際上並沒有以審美的基礎性原則，亦即「和」來掩蓋具體音樂作品的殊相，他實際上指出不同的作品類型對人有不同的引發效果：「蓋聲音有大小，故動人有猛靜也」（〈聲無哀樂論〉，頁 354），又音樂「皆以單複、高庳、善惡爲體，而人情以躁靜專散爲應」（〈聲無哀樂論〉，頁 354），這就爲音樂的不同類型與聽眾反應建立了相對應的兩套測量表。當然，所謂「曲變雖殊，亦大同於和」（〈聲無哀樂論〉，頁 354），「且聲音雖有猛靜，猛靜各有一和」（〈聲無哀樂論〉，頁 354），無論猛靜，不同類型的音樂終究要歸諸於「和」這一基礎性形式，但是在「和」之基礎上，不同的音樂體式確實能夠對欣賞者產生不同的影響作用，亦即有其實質性的引導、形塑功能，而不單單停留在某種純粹而空洞的審美愉悅當中；「和」實際上乃是爲此種具體而別異的影響提供了基礎性的機制，保障其得以正向性地運作。〔註39〕

其次，嵇康雖然強調音樂本身的「自然之和」，但時時對其可能產生的負面效應保持著警惕，他在第一次申論時就說：

及宮商集比，聲音克諧。此人心至願，情欲之所鍾。古人知情不可恣，欲不可極，故因其所用，每爲之節。使哀不至傷，樂不至淫。（〈聲無哀樂論〉，頁 346）

而他在最後的結論中又再次強調了先王制樂、用樂的苦心：

先王恐天下流而不反，故具其八音，不瀆其聲，絕其大和，不窮其變。捐窈窕之聲，使樂而不淫。（〈聲無哀樂論〉，頁 358）

由此可見，嵇康雖然將音樂作品的自身基礎建立在審美領域的「和」之範疇，但同時又並非完全將其維繫於審美活動，這是因爲音樂對人內在情感之引導作用有其兩面性：一方面可以適度地讓主體內在積壓的情感以正向的方式抒發，另一方面如果這種引導、抒發作用進行得過度，則有可能使人過於放縱，

〔註39〕在這方面，美國思想家蘇珊・朗格（Susanne K. Langer, 1895～1982）的觀點其實與嵇康十分接近，朗格在其《哲學新解》一書討論音樂的章節中認爲，音樂實際上並不再現具體、個殊的情感，而是爲我們呈現情感深層的運作形態。Susanne K. Langer, Philosophy in a New Key: A Study in the Symbolism of Reason, Rite, and Art（Cambridge: Harvard University Press, 1976），pp.204～245. 實際上朗格的觀點乃是繼承自德國哲學家卡西勒（Ernst Cassirer, 1874～1945），而後者則是新康德主義出身，故而與前文對康德觀點的借鑒之處實有一脈相承的意味。

從而在倫理上造成一定的負面效果。那麼如何才能避免其消極的一面呢？嵇康乃是藉由上古先王的神聖性而賦予音樂作品以某種限定性，在審美的基礎上進一步劃定了倫理的界限。

以上兩點在《文心雕龍》中有更加明顯而複雜的反映。首先《文心雕龍》不但遍論當時各種文類，詳細討論了「文」在不同的功能導向下形成的各種規範，更整體性地提出文之「八體」：

> 若總其歸塗，則數窮八體：一曰典雅，二曰遠奧，三曰精約，四曰顯附，五曰繁縟，六曰壯麗，七曰新奇，八曰輕靡。（〈體性〉，頁505）

緊接著，劉勰更把文體的不同類型與作者的不同性格作了對應式的考察，認為兩者之間必然是相互吻合的：「觸類以推，表裏必符」（〈體性〉，頁506）。如此一來，文之體實與作者的先天氣性緊密關聯，作者根據自身的特殊才性而創作出對應風格的文章，然而劉勰又提示我們這幾種「體」之間並非完全是並列、分散的：

> 故童子雕琢，必先雅製，沿根討葉，思轉自圓，八體雖殊，會通合數，得其環中，則輻輳相成。（〈體性〉，頁506）

劉勰告訴我們在學習的最終階段，雖然八體各殊，卻有可能將其會通而得其環中，此「環中」之地實際上指涉的是審美的基礎性原則——「自然」，八體雖然各有其形貌，但皆立基於此。

更值得注意的是，在學習的過程中，雖然最終似乎是要對全部八體都循序掌握，但其中仍然有一個優先性原則，即「雅製」，其顯然指涉的是「八體」中的「典雅」，於是這似乎意味著文章在具體各種類型與風格上的開展，仍須以富含人倫規範意味的「雅」作為前定界限。

這種在審美基礎上的倫理性限定，其實在前引〈原道〉篇的開頭就有所反映，劉勰在論及萬品之文之前，先是一種傳統的模式描述了所謂的「道之文」：

> 夫玄黃色雜，方圓體分，日月疊璧，以垂麗天之象；山川煥綺，以鋪理地之形：此蓋道之文也。（〈原道〉，頁1）

此段中雖然同樣出現了一些可被歸類於自然界的物事，如日月、山川，但是整個敘述形成的是一個目的論的譜系，換言之日月山川在此敘述模式下構成的不是審美意義上的自然形態，而是「道」的外在顯現形態，但是這種意義

上的「文」只能從屬於「道」，並不能眞正凸顯出其自身的獨立性，因此劉勰在本段的後半段轉向自然山水之「文」，以人之「文」與自然萬品之「文」的共通性來說明「文」的發生意義。

不過劉勰同嵇康一樣對藝術作品逾越倫理界限的可能性有所警惕，所以他雖然在開頭雖然沒有實質性對「道之文」的倫理意義作出充分的說明，但在下一段他很快又轉而向上古的神聖譜系尋求「文」的合法性，於是以「人文之元，肇自太極」開端，追溯了「文」如何出自聖人之制作的神聖歷史，這實在與嵇康的做法極爲相似。其中尤其值得注意的是，其中有一句「逮及商周，文勝其質」（頁 2），似乎暗示了某種近似於形式壓過內容的危險趨勢，於是先有「文王患憂」，後有「夫子繼聖」，共同奠定了「六經」作爲後世「文」之合法性的永恆標準。

以上分析反映出來的問題是，劉勰雖然就其在《文心雕龍》寫作的宗旨上，宣稱是要專注於討論「文章之用」，同時對傳統上關於義理的注經工作予以懸置，從而得以探索出「文」自身的審美價值與形式規範，可是古老的「文勝於質」的警告仍然時時引起劉勰的焦慮，因此他必須從聖人所定的「五經」系統中尋求保障，這顯現爲劉勰顯而易見的尊經立場。不過劉勰從「五經」中所借取的並非某種內容上的指引，而是從中抽繹、建構出了一套形式上的規範，〔註 40〕同嵇康一樣爲作品劃定了倫理性界限。這種形式上的倫理規範與限定，亦可簡要地概稱爲前面所說的「雅」。

至此，我們已經考察了〈聲無哀樂論〉與《文心雕龍》如何確立了作品本身在審美鑒賞上的基礎性形式，並進而從人倫的角度對之予以的限定，確保其不逾越倫理上的界限。需要指出的是，這種從審美形式到倫理限定的處理之所以能夠成立，在很大程度上源於其背後的「氣」之思想，換言之，審美領域內原本由單純的想象力所支撐的形式概念，經由「氣」實顯化爲某種可把握的形態，方得以進一步將其往倫理方向調整，亦由此消弭了形式與內容之間的隔閡。〔註 41〕基於審美上的價值而對形式方面的強調，本有與現實

〔註40〕這就是〈宗經〉篇所說的：「故文能宗經，體有六義：一則情深而不詭，二則風清而不雜，三則是事信而不誕，四則義貞而不回，五則體約而不蕪，六則文麗而不淫」（〈宗經〉，頁 23），很顯然，此「六義」皆是就形式表達而言，而無關具體的內容。

〔註41〕前引徐復觀〈《文心雕龍》的文體論〉一文雖然開篇即標舉藝術的形相性，可是在進一步將文體分爲體貌、體要、體裁三層次時，原本承載形相性的主要

中的倫理相衝突的危險，但對這種矛盾的解決並不需要直接引入某種內容性的倫理限制，從而再度形成將藝術作品工具化的暴力，而是可以在形式層面上對作品予以限制，使其符合聖賢所制作的經典之標準，這亦是劉勰探討「文章之道」的本意。〔註42〕

進言之，這種對作品形式的倫理規範，不單單是一種消極性的對其可能引發的倫理危害的避免措施，更富於一種積極性的正面價值。〔註43〕

四、終階：主體氣性的調和與修養

前文的討論主要針對作品的問題，現在我們則要回歸到主體本身，畢竟後者往往才是一個有理想、有深度的思想家的真正關懷所在。不過，由於《文心雕龍》就其寫作宗旨而言，確實很容易被詮釋為單純探討「文章之用」規律的書，其指向主體自身的關懷不易凸顯，而如果我們轉而藉由嵇康的觀點切入，則適能彰顯出劉勰真正的用心所在。

在我們前面對〈聲無哀樂論〉的討論中，已經顯示了嵇康有關主體內在氣性的關注，內在氣性如果原本是平和的，則能夠無礙地欣賞作品本身的「和」，而如果其氣性本為主觀情緒所擾亂，亦能藉由作品欣賞過程而得以調節抒發。實際上這一面向正與嵇康〈養生論〉中的主張相呼應，其中提倡對主體內在氣性的調養，認為「精神之於形骸，猶國之有君也」（〈養生論〉，頁253），因此把握住精神上的節制，乃是保養體氣的關鍵：

意涵的體貌卻無法落實到一個穩定的基礎上，以至於被解釋為「辭的聲色」，於是中心也不免向事義性的體要傾斜，參見同註6，頁30～35。這個地方引起了後來不少學者的批評，可參見龔鵬程：〈《文心雕龍》的文體論〉，《文學批評的視野》（台北：大安出版社，1990），頁105～119；顏崑陽：〈論《文心雕龍》「辯證性的文體觀念架構」〉，《文心雕龍綜論》（臺北：臺灣學生書局，1988），頁73～124。實際上，徐文引起爭議的地方在於其原本強調的形式或形相概念，到後面無法與劉勰的宗經立場完全融合，因此導致了內容重新凌駕於形式的趨勢。

〔註42〕顏崑陽同樣指出「體要」指的不是實用性的事義，而是存在於形式因、材料因的對應「關係」中，是「一無實質性之虛概念」，參見同前註，頁121。

〔註43〕徐復觀所使用的「形相」概念在一定程度上源自於卡西勒的影響，而後者在康德美學的基礎上進一步主張審美活動並非是完全排除情感，而是將情感提升到一個更高的強度上，以至改變了它們的形式，這種觀點一方面與前面討論的嵇康、劉勰之觀點相接近，另一方面也暗示了我們某種藉由藝術作品而產生積極性轉變的可能性。Ernst Cassirer, An Essay on Man（New Haven &London: Yale University Press, 1972），pp.143～144.

> 故修性以保神，安心以全身，愛憎不棲於情，憂喜不留於意，泊然
> 無感，而體氣和平，又呼吸吐納，服食養身，使形神相親，表裏俱
> 濟也。（〈養生論〉，頁 253）

嵇康除了強調通過這種精神修養來調節自身本有氣性外，還注重以後天的服
食吃藥來輔助，無論這一點在後人看來是否可作非議，但它無疑反映了嵇康
對如何維持內在體氣良好狀態的關注，因此他認為「凡所食之氣，蒸性染身，
莫不相應」（〈養生論〉，頁 254），希望外物之氣能夠對其自身之體氣有所補充。
〔註 44〕

不過這種對內在氣性的調節修養，並非僅僅停留在獨善其身的養生私
域，在〈聲無哀樂論〉的最後部分，嵇康為我們呈現了他終極的人倫理境，
這是一種超越了「有聲之樂」而躋於「無聲之樂」的理想狀態：

> 古之王者，承天理物，必崇簡易之教，御無為之治。君靜於上，臣
> 順於下；玄化潛通，天人交泰……和心足於內，和氣見於外；故歌
> 以敘志，儛以宣情。然後文之以采章，照之以風雅，播之以八音，
> 感之以太和；導其神氣，養而就之；迎其情性，致而明之；使心與
> 理相順，氣與聲相應。（〈聲無哀樂論〉，頁 357）

在這種「無聲之樂」中，由於每一個主體的內在氣性都達到了平和自足，因
此外在的音樂已經不需要了，確切的說，是音樂的演奏與聆聽已經完全融合
在「和心足於內，和氣見於外」的自然狀態當中，音樂的「和」與主體的氣
性之間已不再存在實質性的區隔，因此內在與外在的界限亦消弭無痕。

轉而來看《文心雕龍》，其下半部實以〈神思〉冠首，唯有回到這裡我們
才得以最終窺見劉勰最終的用心所在：

> 故思理為妙，神與物遊。神居胸臆，而志氣統其關鍵；物沿耳目，
> 而辭令管其樞機。樞機方通，則物無隱貌；關鍵將塞，則神有遯心。
> 是以陶鈞文思，貴在虛靜，疏淪五臟，澡雪精神，積學以儲寶，酌
> 理以富才，研閱以窮照，馴致以懌辭，然後使玄解之宰，尋聲律而

〔註 44〕 嵇康雖然對自身體氣的維持更為看重，但畢竟還是頗篤信服藥之說，這或許
說明所謂的靈藥在嵇康看來不同於尋常之外物，而是與音樂具有某種同構
性，故而能夠跟主體自身的氣性以某種神奇的方式相作用。此問題可參見陳
啟仁：〈採藥與服食——從生活實踐論嵇康自然和諧之養生活動〉，《體現自
然：意象與文化實踐》（臺北：中研院文哲所，2012），頁 139。

定墨:獨照之匠,闚意象而運斤:此蓋馭文之首術,謀篇之大端。(〈神思〉,頁493)

這一段關鍵性的文字,可分爲前後兩段:前一段爲我們呈現了實際創作前「物—心—文」這三者之間的結構關係,後一段則進一步告訴我們如何爲創作做好充分的準備,提高寫作能力。

前一段中「神與物遊」之句所涉及到的神思與意象之關係問題,前人多有詳盡、精彩的論述,〔註45〕在此暫不贅述,其中我們尤其需要關注的乃是「志氣」作爲「關鍵」這一點。〈體性〉篇曰:「才力居中,肇自血氣;氣以實志,志以定言」(〈體性〉,頁506),所謂「志氣」實際上指的正是主體內在之「氣」的飽滿充盈狀態,而整個神思活動、整個「與物遊」的想象過程,都必須藉由主體內在的良好「氣」態來支撐,一旦這個「關鍵」發生堵塞,則神思亦將消退。〔註46〕因此當轉入論述如何培養文思,而提出「貴在虛靜」的時候,這種虛靜修養指的正是「養氣」:

若夫器分有限,智用無涯,或慚鳧企鶴,瀝辭鑴思,於是精氣內銷,有似尾閭之波,神志外傷,同乎牛山之木⋯⋯是以吐納文藝,務在節宣,清和其心,調暢其氣,煩而即捨,勿令壅滯。(〈養氣〉,頁646~647)

劉勰指出人內在的氣性有其先天限制,而後天的各種智用卻是無窮盡的,如果不善加節制,則很容易消耗損傷;於是平日裡需要對自身的氣性進行調節維護,「清和其心,調暢其氣」,如此方能將創作之時的志氣維持在一個良好的狀態。

顯然,劉勰對主體內在氣性修養的重視與嵇康如出一轍,不過不同於後者那樣寄望於服食的後天補充,劉勰強調通過後天的學習來改善自身先天的不足,〈神思〉篇在倡導對先天氣性的虛靜涵養外,緊接著又指出後天的學習的重要性:「積學以儲寶,酌理以富才,研閱以窮照,馴致以懌辭」。由此可

〔註45〕 可參見同註10,頁21~29。鄭文通過綿密的論述,指出「神思」實爲一種調距活動,由此可「成就一個全面湧現、全盤包孕、當下發生的文學事件」。

〔註46〕 另外,如果我們參照〈物色〉篇的話,則雖然劉勰延續感物傳統描述詩人如何因時序、物色而動,但是其在最後卻強調要保持作者與時序、物色的適當距離,以免讓前者淹沒在後者之中,進而創造出一個更具韻味的意境:「是以四序紛迴,而入興貴閒;物色雖繁,而析辭尚簡;使味飄飄而輕舉,情曄曄而更新。」(〈物色〉,頁694)

知，主體雖然先天地秉有固定的氣性，但此氣性未嘗不可以通過後天的調養與補充，而得到一定程度的改善。聯繫〈體性〉篇來看，則劉勰雖然繼承漢魏傳統的人物才性論，認為作者的先天才性與其作品有密切的對應關係，但是他又認為後天的學習可以對先天氣性起到一定的重塑作用，[註47]並以「故宜摹體以定習，因性以練才，文之司南，用此道也」（〈體性〉，頁506）為〈體性〉篇作結，這就告訴我們先天的氣性是起點而非終點，在此基礎上需要通過摹擬、學習前人的典範作品來培養、完善出自己獨特的氣性。

進一步說，這裡實際上已經從創作論轉出了批評論，兩者在《文心雕龍》背後更深層的關懷中融合到了一起。因為所謂對前人典範作品的摹擬學習，實為對作品的欣賞過程，讀者從作品中鑒賞到的並非是作者個人性的喜怒哀樂，而是那種透過作品的文理結構而呈現的內在主體氣性；[註48]讀者通過「六觀」來體察作品本身的氣性結構，之所以能夠「覘文輒見其心」，乃是因為這種「心」對應的不是一般所說的喜怒哀樂，而是「理」，指的是某種深層氣性的呈現形態，其內在於主體可稱為「心」，外發為作品則顯現為「理」，因此「以心照理」的背後，正是讀者內在主體性為作者內在主體性所動，從而融鑒賞與學習為一體的活動。所以真正的鑒賞以及由此興發的感情，並不是表面性的同情，不是對作者所要傳遞的某種個人情感的認同，而是欣賞者一方面接受作者深層的氣性形塑，一方面藉此形塑、交融過程而抒發自身情感。

基於同樣的人倫關懷，劉勰和嵇康在此走出了迥然有異的道路，後者更多地是具有返本式的傾向，希望回歸主體內在的清明氣性，以復現上古的淳樸之世，而劉勰則更是一個積極心態的人文主義者，他所提倡的創作與欣賞活動，實際上開顯出了一個前人與後人不斷通過作品進行交流、積澱，從而使人性日益趨向豐富與完善的無限循環運動。

〔註47〕 其實如果我們接受先天氣性可以在後天中變化、改善的話，那麼作家才性論實際上並不與後天學習論相矛盾，因為所謂作家的才性特質實際上指的應是其作品創作當下的內在氣性狀態，此非由先天決定，亦本已含有後天之形塑。

〔註48〕 在〈明詩〉篇中雖然對傳統的感物敘述有非常明顯的沿襲，可是劉勰接著卻又出人意料地引用了《詩緯》「詩者，持也」的說法：「是以在心為志，發言為詩，舒文載實，其在茲乎！詩者，持也，持人情性：三百之蔽，義歸無邪，持之為訓，有符焉爾。」（〈明詩〉，頁65）劉勰為什麼會引入「持」來訓詩呢？如果詩歌僅僅傳遞的是作者個人情感的內容，那麼又如何能夠「持人情性」呢？很顯然，劉勰此處就已經暗示了我們他關於作品之傳遞作用的真實看法。

五、結　論

　　音樂與文學本就在早期傳統中密不可分，而當我們在《文心雕龍》的詮釋脈絡中，引入嵇康的〈聲無哀樂論〉這一六朝階段最重要的音樂文獻時，適可爲我們照亮前者中許多原本隱晦不明的角落，使得我們從整體性的時代觀念來看待其中的深層關懷與隱秘用心。這個引入、對比進而開顯的過程，實分爲三個階段展開：首先，我們通過探討〈聲無哀樂論〉如何攻擊傳統的音樂觀而凸顯音樂作品的獨立自在性，得以更深入地體察到《文心雕龍》將其寫作宗旨定位在「文」本身，將導致其與傳統觀念、乃至「氣」的問題發生何種關係；其次，通過考察嵇康如何提取出「和域」作爲基礎的審美規定性，再於其上劃定倫理界限，我們更能進一步把握到劉勰如何在「文」自身的層面上解決「文」與「質」的衝突問題，並在傳統的宗經立場下凸顯出「文」的獨立價值；最後，進一步將重心移向兩人對主體問題的關注，發現在同樣注重主體內在氣性修養的基礎上，嵇康傾向於回歸到一種人人自足、淳樸無爲的理想世界，而劉勰則孕育著一個今人、古人透過「文」的世界不斷交融、豐富而趨向完善的人文理想。

　　在這一展開過程中，由於我們援引〈聲無哀樂論〉的視角，使得一些原本在《文心雕龍》脈絡中存在爭議的問題，比如「六觀」與「作者之心」的衝突、宗經立場與「文勝於質」的矛盾等等，都得到了新的詮釋之可能。這種處理策略並非是預設了〈聲無哀樂論〉對《文心雕龍》一定有其實質性的影響，毋寧說嵇康與劉勰同處六朝這一風起雲湧、彬彬大盛的時代，從各自的處境與關懷出發，以其苦心孤詣開啓了某種探究人文宗旨與人倫命運的可能性空間，他們隱秘的交匯或許更像是一種「相忘於江湖」，相忘而輝映於一條奔湧向同一個遠方的歷史長河。

徵引書目

一、傳統文獻

1. 〔戰國〕莊周著，王叔岷校詮，《莊子校詮》，臺北：中央研究院歷史語言研究所，1999。

2. 〔魏〕嵇康著，戴明揚校注，《嵇康集校注》，北京：中華書局，2014。

3. 〔南朝梁〕蕭統編，〔唐〕李善注：《文選》，臺北：藝文印書館，2012，影宋淳熙本重雕鄱陽胡氏藏版。

4. 〔南朝梁〕劉勰撰，范文瀾校注：《文心雕龍注》，北京：人民文學出版社，1958。

5. 〔唐〕孔穎達，十三經注疏整理本，《禮記正義》，北京：北京大學出版社，2000。

二、近人論著

1. 王國瓔，1986，《中國山水詩研究》，臺北：聯經出版公司。

2. 呂正惠，1988，〈「物色」論與「緣情」說——中國抒情美學在六朝的開展〉，收錄於《文心雕龍綜論》，臺北：臺灣學生書局，。

3. 林文月，2012，《山水與古典》，臺北：三民書局。

4. 徐復觀，2001，《中國文學論集》，臺北：臺灣學生書局。

5. 陳啓仁，2012，〈採藥與服食——從生活實踐論嵇康自然和諧之養生活動〉，收錄於《體現自然：意象與文化實踐》，臺北：中研院文哲所。

6. 楊儒賓，2012，〈「山水」是怎樣發現的——「玄化山水」論析〉，收錄於《迴向自然的詩學》，臺北：臺大出版中心。

7. 蔡英俊，1990，《比興、物色與情景交融》，臺北：大安出版社。

8. 蔡英俊，1992，〈「知音」探源〉，收錄於《中國文學批評（第一集）》，臺北：臺灣學生書局。

9. 蕭馳，2011，《玄智與詩興》，臺北：聯經出版公司。

10. 鄭毓瑜，1997，《六朝情境美學》，臺北：里仁書局。

11. 鄭毓瑜，2005，〈身體時氣感與漢魏「抒情」詩——漢魏文學與楚辭、月令的關係〉，收錄於《中國文學研究的新趨向：自然、審美與比較研究》，臺北：臺灣大學出版中心。

12. 顏崑陽，1992，〈《文心雕龍》「知音」觀念析論〉，收錄於《中國文學批評（第一集）》，臺北：臺灣學生書局。

13. 顏崑陽，1988，〈論《文心雕龍》「辯證性的文體觀念架構」〉，收錄於《文心雕龍綜論》，臺北：臺灣學生書局。

14. 簡良如，2008，《《文心雕龍》研究——個體智術之人文圖像》，臺北：國立臺灣大學出版中心。

15. 龔鵬程，1988，〈從《呂氏春秋》到《文心雕龍》——自然氣感與抒情自我〉，收錄於《文心雕龍綜論》，臺北：臺灣學生書局。

16. 龔鵬程，1990，《文學批評的視野》，台北：大安出版社。

17. Cassirer, Ernst. *An Essay on Man*. New Haven& London: Yale University Press, 1972.

18. DeWoskin, Kenneth J. *A Song for One or Two: Music and the Concept of Art in early China*. Ann Arbor: The University of Michigan Press, 1982.

19. Kant, Immanuel. *Critique of The Power of Judgment*. ed. Paul Guyer, trans. Paul Guyer& Eric Matthews. Cambridge: Cambridge University Press, 2000.

20. Langer, Susanne K. *Philosophy in a New Key: A Study in the Symbolism of Reason, Rite, and Art*. Cambridge: Harvard University Press, 1976.

附錄二　生存處境轉變下的山水意識
——以郭象《莊子注》爲中心 的兩晉士人問題考察

提　要

　　郭象的《莊子注》作爲經典的玄學作品，歷來不乏研究者的重視，然而圍繞其時代影響問題卻始終存在著正面讚賞與負面評價的爭議，筆者嘗試以西晉與東晉士人不同生存處境的區分來辨析這一問題，同時又反以《莊子注》爲線索來考察兩晉士人的轉變問題，使二者相承並濟。如果說西晉士人的自全士風和東晉士人的審美活動，皆可在一定程度上被視爲基於《莊子》文本的某種生存論意義上的詮釋行爲，那麼郭象的《莊子注》作爲創造性的詮釋文本，則同時與此二者有所契合與激盪。我們一方面要對西晉士人的實際生存處境予以更深入的考察，另方面則要意識到郭象如何通過積極的詮釋工作，同時超越了其生存處境本身與《莊子》文本本義，在當時開啓了一種創造性的政治建構；這一政治建構在西晉轉入東晉之後，由於門閥政治之產生所導致的士人生存處境的變化，而轉以藝術精神的形態爲東晉士人寄情山水的審美活動提供了豐富的資源。

一、前　言

　　西晉郭象的《莊子注》無疑是魏晉時期極爲重要的一部學術著作，然而在此書與其時代的實質關係問題上，卻一直存在看似衝突的兩種觀點。一方面，有學者認爲郭象所提出的自生、獨化等觀點，正是西晉士人貪財、縱慾的自全心理的反映，並爲後者提供了理論上的支持；〔註1〕另方面，有學者認

〔註 1〕參見羅宗強：《玄學與魏晉士人心態》（天津：天津教育出版社，2005 年），頁

爲郭象所提出的聖人身居廟堂而無異山林、以及遊外而冥內等思想，都對晉人的寄情山水有著明顯的推動作用。〔註2〕

以上兩種觀點顯然有負面評價和正面推崇的差別，我們到底應該如何看待這種矛盾呢？首先，雖然我們常常籠統地將西晉和東晉的士人同樣視爲名士風度的典型，但是前者與後者之間仍然存在著某種因時代典範轉移而產生的斷裂，前一種對《莊子注》的負面評價針對的是與郭象同時的西晉人，而正面的意見則主要是就東晉士人而發，我們不能忽略其中因其實指對象的差別所造成的意義錯位。〔註3〕其次，我們不要忘了郭象的《莊子注》本是對《莊子》文本的詮釋這一點，也就是說，西晉人、東晉人與《莊子注》的符應關係其背後指涉的，是兩個不同時代的士人對《莊子》文本的兩種詮釋模式；如果我們借用海德格（Martin Heidegger）、高達美（Hans-Georg Gadamer）意義上的哲學詮釋學（die philosophische Hermeneutik）觀點來看待這一情況，〔註4〕則這種詮釋上的差異實可基於某種生存論上的（Existenzial）考量，而昭示出兩

198～209。指責郭象的思想與當時西晉士人的實際墮落狀態相關聯而有其負面性，這可謂是學界長期以來的一種觀點，而不單單羅先生如此認爲，其他持類似觀點的代表性學者，如湯一介先生亦認爲郭象思想中有迎合當時士人統治階層的荒淫生活之傾向，參見湯一介：《郭象與魏晉玄學》（北京：北京大學出版社，2009 年），頁 212～213。

〔註 2〕關於廟堂、山林的說法可參見葛曉音：《山水田園詩派研究》（瀋陽：遼寧大學出版社，1999 年），頁 18～19；關於遊外冥內，可參見楊儒賓：〈「山水」詩怎麼發現的：「玄化山水」析論〉，《迴向自然的詩學》（臺北：臺大出版中心，2012 年），頁 110～111。關於郭象對於山水詩發展的正面推動作用，學界已多有所討論，其主要依據常常亦源出於以上兩條。

〔註 3〕在這一點上恐怕還有待說明，因爲學者通常會把西晉到東晉的名士風度作爲一個連續的發展體看待，但是正如筆者在本文中將討論的，兩者之間在某些方面還是存在重大差異的。

〔註 4〕西方傳統中的詮釋學原本主要是作爲一種方法論，但在二十世紀則因海德格的《存有與時間》而發生了轉向，開展出一種存有論意義上的詮釋學，海氏將理解（Verstehen）看作人之作爲此有（Dasein）的一種基礎性的生存論現象（pp.123/pp.160，前爲德文版頁碼，後爲英文版頁碼），而詮釋（Auslegung）則以理解爲基礎，是理解之作爲可能性的展開（pp.148/pp.188～189）。Martin Heidegger, *Being and Time*, trans. John Macquarrie & Edward Robinson（New York: Harper & Row, 2008）其後高達美創造性地繼承了海德格的理路，發展出了極具影響的哲學詮釋學。筆者在此之所以引入這一理論視角，是因爲哲學詮釋學的理論頗有助於我們理解文本詮釋跟人生存處境之間的關係，進而能夠不局限於郭象《莊子注》與同期士人行爲間的影響論式關係，轉而視之爲同樣基於生存處境的平行式的詮釋活動。

者在生存處境上的不同。

　　然而，出自西晉人郭象之手的《莊子注》爲什麼能既有契於其同時的西晉，又遙接於其後世的東晉，且兩者內容迥異呢？筆者以爲，正是因爲郭象《莊子注》之作爲經典詮釋文本，既在一定程度上立基於當時的西晉士人生存處境，又超越了其時代處境而與東晉士人的新時代境況相呼應，這才使後世易於對之產生相互抵觸的印象。不可否認的是，這兩個面向中的後者尤其對觀念史、文學史之貢獻頗大，但筆者在本文中試圖表明這種貢獻實際上是建立某種內在必然性與外在偶然性的結合之上，乃因時代典範的轉移，而使郭象原本的政治哲學之建構滑轉向藝術精神之開啓的一種不經意間產生的結果。〔註5〕

　　最後還需要對本文的處理範疇進行一下說明，關於郭象《莊子注》與西晉士風的內在關係，以及郭象《莊子注》與東晉山水審美活動的契通之處這兩方面，前賢多已論之甚備，筆者不擬過多複述已有研究成果，而僅僅會在必要處稍加引證。本文所力圖處理的，是通過詮釋活動與生存處境的關係分析，發掘出看似存在衝突的這兩個面向之間所可能存在的契通理路，這一方面要求在前人的既有研究範疇之外探索新的詮釋資源與空間，另方面則嘗試梳理出一條新的線索來與前人的觀點相呼應，以建立起更加完整的歷史脈絡。

二、郭象注《莊》與西晉士人的實際處境

　　對於西晉人來說，注《莊》的郭象乃是其同時代人，因而《莊子注》與西晉士人之清談可謂是相互平行的兩種詮釋《莊子》文本的方式，我們首先藉由對二者相異相合之處的討論而明確《莊子注》的性質，再轉向《莊子注》文本與西晉士人實際生存處境之關係的探索。

（一）清談與注疏在詮釋方式上的差異

　　林麗真先生曾指出，相對於魏人之好談《老子》，晉人則傾向於談論《莊子》，

〔註5〕關於郭象《莊子注》與東晉士人的關係問題，以往論者大多直接取郭象思想中可與寄情山水相契的理論來對比討論，不過關於東晉士人是否眞的讀過郭象《莊子注》並受其直接影響，這目前很難說能找到充分的文獻證據。不過本文並不打算從實際文獻資料上證成某種直接影響論，而是擬在詮釋學的基礎上，考察東晉士人基於其自身生存處境而對《莊子》所作的一種廣義的詮釋行爲──寄情山水，與基於西晉士人生存處境而對《莊子》所作的文本詮釋之間，可能存在的契合空間。

〔註6〕今觀《世說新語》，士人聚會每每取《莊子》篇章爲清談之題，〔註7〕亦常以解《莊》之慧見而折服他人，〔註8〕則可見《莊子》此書在晉人清談中的重要地位。然而清談《莊子》並不等同於注解《莊子》，根據《世說新語·文學》所引之《向秀別傳》，則魏晉之際向秀要注《莊子》的時候，本是頗引非議的：

> 後秀將注《莊子》，先以告康、安，康、安咸曰：「此書詎復須注，
> 徒棄人作樂事耳。」及成，以示二子，康曰：「爾故復勝不？」安乃
> 驚曰：「莊周不死矣！」〔註9〕

向秀、呂安、嵇康三人雖然同好老莊，但當向秀表示要注《莊子》的時候，嵇康、呂安均持不屑的態度，認爲此書不須作注，其言下之意乃是讀《莊子》僅需自明其大意，發而爲清言即可，無須更爲之注。實則魏晉玄學名士雖多好三玄之書，多取其中玄理論題以爲清談之資，但恆常以清談爲常態，注疏爲例外，此乃當時名士的普遍風氣。〔註10〕如果說這兩種方式皆可視爲對經典文本的一種詮釋，那麼其差別又何在呢？我們不難發現，清談往往開展於名士宴會現場，進行於往復論辯之中，具有極強的即興性質，這將決定清談之作爲詮釋有以下兩個特徵：其一，清談具有相當程度的當下情境性，以及未經充分反思的直陳性；其二，清談之得以進行往往奠基於在場諸人的實際反應，其好壞之評定、論證之趨向取決於多數人的即時意見。這兩個特徵表明清談往往強烈地以談者自身當時所處的情境作爲出發點，而對文本進行某種選擇性的詮釋，在認爲文本與自身立場無差別的基礎上暢所欲言，《世說新

〔註6〕參見林麗眞：《魏晉清談主題之研究》（臺北：花木蘭文化出版社，2008年），頁150。

〔註7〕如《世說新語·文學》曰：「支道林、許、謝盛德共集王家，謝顧謂諸人：『今日可謂彥會，時既不可留，此集固亦難常，當共言詠，以寫其懷。』許便問主人：『有《莊子》不？』正得〈漁父〉一篇。謝看題，便各使四坐通……」，見〔南朝宋〕劉義慶撰，徐震堮校箋：《世說新語校箋》（北京：中華書局，1984年），頁129～130。可見清談未必只是口頭上的，還可以跟實際作注一樣地訴諸筆墨，只是清談更多地是一種即興式的寫作，雖也可具有相當程度的邏輯、辯證性，但終究不像實際的文字注疏那樣較具有比較充分的反思性。

〔註8〕按《世說新語·文學》所載，王羲之本輕支道林，支道林「因論《莊子·逍遙遊》。支作數千言，才藻新奇，花爛映發。王遂披襟解帶，留連不能已。」，同前註，頁121。

〔註9〕同前註，頁111。

〔註10〕對此問題，牟宗三先生認爲名士人格之正宗本只可有清言，不可有學問，王弼注《老》、《易》，向郭注《莊》實爲特出，參見牟宗三：《才性與玄理》（長春：吉林出版集團有限責任公司，2010年），頁72。

語・文學》載郭象同時人庾子嵩讀《莊子》的情形爲：

　　庾子嵩讀《莊子》，開卷一尺許便放去，曰：「了不異人意。」〔註11〕

這說明習於清談者往往不見得會對《莊子》文本進行細讀，而是見其與己意合處，便快然擺卷而爲清談，以莊生之言與己不異。〔註12〕

　　郭象本人亦預清談之流，王衍稱其曰：「郭子玄語議如懸河寫水，注而不竭。」〔註13〕，然而如果我們根據《世說新語》所載郭象與裴遐的一場實際清談論辯，則會發現在此過程中郭象固然未見敗象，卻也不見得能夠具有絕對性的優勢，〔註14〕這恐怕可以說明，注《莊》絕倫的郭象在清談這種模式下不見得能夠超拔於眾人，清談形式本身未必能夠使其義理得到較大程度的發揮。〔註15〕不過以上史料至少能夠說明親歷其事的郭象對時人之清談內容是熟悉的，我們不能排除後者在一定程度上影響到《莊子注》的可能性。

　　不同於清談的即席發揮性，如果我們認同〈南華眞經序〉出自郭象本人之手的話，〔註16〕那麼縱使單就這一篇序來看，他在注《莊》的立場問題上也是有著非常精細的考量的：

〔註11〕〔南朝宋〕劉義慶撰，徐震堮校箋：《世說新語校箋》，頁110。

〔註12〕當然，庾子嵩此例應該也是一個比較特殊的例子，並不能證明當時所有清談名士都如此不求甚解，不過彼時風氣仍由此可見一斑。

〔註13〕〔南朝宋〕劉義慶撰，徐震堮校箋：《世說新語校箋》，頁241。

〔註14〕《世說新語・文學》載二人辯論情景爲：「子玄才甚豐贍，始數交，未快；郭陳張甚盛，裴徐理前語，理致甚微，四坐咨嗟稱快……」，同前註，頁113。從這段記載中，我們似乎可以看出郭象有更多的義理內容急於表達，而裴遐則更加注重微妙的「理辭」，在這方面郭象未能得其勝場。

〔註15〕如果將之與王弼當年的風光進行對比，則更加明顯了，《世說新語・文學》載王弼現場辯論的情景爲：「……弼便作難，一坐人便以爲屈。於是弼自爲客主數番，皆一坐所不及」，由此可見王弼當年在清談場合的風光，同前註，頁106。郭象在當時曾被稱爲「王弼之亞」，可見時人對其義理水平亦有所承認，然而郭象卻沒有類似的輝煌戰績記載，這或許可以啓引我們思考西晉的清談是否確實已近缺乏正始之音的那種深度了。羅宗強先生就認爲西晉清談已更加注重修辭、聲調，比之正始更有朝審美方向發展的趨勢，參見羅宗強：《玄學與魏晉士人心態》，頁188。

〔註16〕關於〈南華眞經序〉（或〈莊子序〉）是否出於郭象之手的問題，一直都是有爭議的。在近世討論中，自王利器先生首發質疑之聲以來，近年來又有學者如王曉毅先生通過對照《莊子注》文本而證〈莊子序〉爲僞，參見王曉毅：《儒釋道與魏晉玄學形成》（北京：中華書局，2003年），頁276～286。不過大部分學者仍持〈莊子序〉出自郭象之說，其中楊立華先生對王曉毅先生的觀點進行了逐條的反駁，參見楊立華：《郭象《莊子注》研究》（北京：北京大學出版社，2010年），頁33～40。本文亦採肯定說，特此說明。

> 夫莊子者，可謂知本矣，故未始藏其狂言……故與化爲體，流萬代
> 而冥物，豈曾設對獨遘而遊談乎方外哉！此其所以不經而爲百家之
> 冠也……然莊生雖未體之，言則至矣。通天地之統，序萬物之性，
> 達死生之變，而明內聖外王之道，上知造物無物，下知有物之自造
> 也。〔註17〕（〈南華眞經序〉，頁1）

我們看到，郭象對莊子的看法是，莊子本人並未體聖人之道，但其「言則至矣」，亦可說是「知本」。我們很容易把郭象的這種態度跟王弼所主張的老子與聖人之分別相聯繫，〔註18〕然而這裡值得注意的，是郭象對莊子本人和《莊子》文本的分離式處理。如果說清談之人每就《莊子》之片段而謂不異己意，因而不大可能作出作者和文本的區分的話，那麼郭象在注解整部《莊子》的過程中，通過懸置作爲作者的莊子而認同《莊子》文本本身的做法，就意味著這種認同實際上認同的是他自己的詮釋產物。郭象實際將《莊子》文本中不合於己意的詮釋面向與未體聖人之道的莊子本人之人格相捆綁，〔註19〕進而標舉出自己的詮釋，以作爲對莊子在認識層面所達到的聖人之道的正確把握。這種詮釋既不同於西晉士人的清談那樣是自身生存情境的直接投射，也並非是對莊子本意的死板考據，郭象通過自己的精密注解，爲《莊子》文本建構了一個新的理解之域，是西晉士人自身情境與《莊子》文本的創造性結合。〔註20〕正是《莊子注》的這種融貫性與創造性，使得我們能夠以它爲線

〔註17〕本文所引郭象《莊子注》原文及《莊子》原文均本於〔晉〕郭象撰，〔唐〕成玄英疏：《南華眞經注疏》（北京：中華書局，1998年），後僅於引文後標其篇目、頁次，恕不贅述。

〔註18〕據《三國志注》引何邵《王弼傳》曰：「時裴徽爲吏部郎，弼未弱冠，往造焉。徽一見而異之，問弼曰：『夫無者，誠萬物之所資也，然聖人莫肯致言，而老子申之無已者何？』弼曰：『聖人體無，無又不可以訓，故不說也。老子是有者也，故恆言無所不足。』」，見〔晉〕陳壽撰，〔南朝宋〕裴松之注：《（新校本）三國志》（臺北：鼎文書局，1978年），頁795。

〔註19〕事實上這種不合郭象之意的詮釋常常被我們認爲更加符合《莊子》本義，然而郭象通過分離作者人格與文本本身，則使他所詮釋的文本之本義的合法性，反而高於更加符合莊子本人人格的詮釋。

〔註20〕劉笑敢先生認爲郭象對《莊子》一書內部明顯異質性的文本，採取了融貫性的詮釋，因而建立起了一個獨特的思想體系，參見劉笑敢：〈郭象之自足逍遙與莊子之超越逍遙〉，《中國哲學與文化（第二輯）》（桂林：廣西師範大學出版社，2007年），頁145～151。另方面筆者以爲，郭象創造性的詮釋不單單是基於對文本本身異質性的融貫式處理，還與其作爲詮釋者所處的具體情境不無關係，這在某種程度上可與高達美主張的所謂視域融合

索來考察兩晉士人生存處境的轉變問題。

（二）西晉士人的實際生存處境：皇權擴張與政治原則性的缺乏

我們通常對西晉士人有一種頗爲矛盾的刻板印象：他們首先是一些神仙般的風流名士，清談無礙，揮灑自若，令人稱羨，可他們又是一些清談誤國的歷史罪人，身處亂世卻荒廢實務，或利欲熏心而士無特操。這種清談誤國的形象至少從東晉時期就開始被建構，並長期作爲傳統政治敘事裡的反面教材，不過我們如今重審這一形象時，卻首先必須注意兩個問題：其一，西晉士人群體是否掌握了足夠的政治權力，以至於國家興亡的命運在很大程度上取決於他們的態度和行爲方式；其二，我們往往是暗地裡以東晉士人作爲對照來批評西晉士人的，可是我們在注意到兩者實際政治作爲的積極與消極之差異的同時，卻忽略了兩者在實際政治結構中的地位差異，籠統地將兩者都視爲處於士人高度自治的歷史階段。

實際上，近來關於西晉歷史的眞實面貌已經有越來越成熟的研究成果出現，這對於我們了解西晉士人的眞實處境是很有幫助的，筆者試稍稍梳理之。首先，從陳寅恪先生開創曹魏集團、司馬氏集團的黨政說以來，不少學者延續了這一脈絡並以此解釋西晉早期的政治活動，其中名篇如徐高阮先生的〈山濤論〉就認爲山濤乃是當時朝廷中的一股反對性力量的背後領袖，此反對性力量肇始於玄學名士集團，並與賈充爲首的當權集團進行了長期的鬥爭。〔註21〕這種黨爭說突出了玄學名士與禮教名士之黨政對西晉政治走向的主導性作用，在傳統上影響極大，不過近年來的研究已經開始突破這種以利益集團的硬性劃分爲基礎的黨爭模式，轉以更加精細化的研究來凸顯其背後權力鬥爭的複雜性，朱曉海先生通過分析一份功臣表單而揭示出的西晉早期政治情勢，〔註22〕就是其中的經典例子。更重要的是，在這種日益深化的研究趨勢中，士人群體與皇權的實際力量消長問題也進一步清晰了起來，在有關此問

（Horizontverschmelzung）相參照，亦即某種處境之中的詮釋者將自身置入某一歷史性文本之中，從而產生了一種因兩者的融合而達到的更高的普遍性。Hans-Georg Gadamer, *Truth and Method*, trans. Joel Weinsheimer & Donald G. Marshall (London & New York: Continuum, 2004), pp.301～306.

〔註21〕參見徐高阮：〈山濤論〉，《歷史語言研究所集刊》41 本 1 分，1969 年，頁 87～125。

〔註22〕參見朱曉海：〈西晉佐命功臣銘饗表微〉，《臺大中文學報》第十二期（2000年 5 月），頁 147～192。

題的最新研究專著中，仇鹿鳴先生指出，如果說晉武帝在其統治前期尚處於一種任其黨爭而無爲的狀態，那麼至少從咸寧二年（276）開始，他已經逐步將外戚勢力引入政治權力結構之中，以擴張其皇權力量。〔註23〕事實上，不同於我們通常印象裡士人爭權、帝王調和的情景，西晉早期政壇實際上原本是以所謂功臣（以賈充、山濤等人爲代表）與宗室（以齊王攸爲首）作爲兩股政治力量而平衡，而稍晚則是由武帝將外戚力量培植起來，先使之成爲功臣、宗室、外戚三方的鼎立，進而不斷削弱前兩者的力量；最終在齊王攸就國之爭中，各方可謂皆是傷痕累累，雖最終以齊王攸的暴卒而使武帝取得表面上的勝利，可是整個西晉政治的基礎已經元氣大傷，爲後來的動盪埋下了伏筆。〔註24〕

那麼我們可以從史學界的晚近研究成果中得到什麼啓發呢？首先，雖然入晉以來士人階層已經形成了一個極爲穩固的利益集團，但是他們實際上僅僅能作爲功臣、宗室、外戚這三股力量中的一支而存在，〔註25〕他們政治鬥爭的首要目的不是對抗皇權以維持某種理念，而是維持政治力量的平衡以保障自身利益，不過這種維持仍然可以說在整體上是有利於國家穩定的；其次，雖然晉武帝在即位初期由於自身合法性與功業的不足而採取較爲消極的姿態，但是在其統治的中後期，他已經開展起積極甚至是生硬的擴張皇權行爲；再次，武帝出自私心而強行擴張皇權的行爲，破壞了原本的政治平衡，導致西晉政治在連串的利益衝突中變得錯綜複雜，喪失了正當性和原則性；最後，由於目睹過於赤裸裸的頻繁政治鬥爭，受制於本身缺乏正義性的皇權，士人開始失去維持道統、政統的方向性，進而轉向對自身利益的無原則性維護，對國家政務的表面性漠不關心。〔註26〕

進一步說，西晉士人之所以會形成士無特操、自全自保的面貌，乃是肇始於皇權對固有政治結構的強行破壞。在這種破壞中，士人本身雖然仍被保留在權力結構之中，但其向上參與政治原則性決策的道路卻被堵塞；另方面

〔註23〕參見仇鹿鳴：《魏晉之際的政治權力與家族網絡》（上海：上海古籍出版社，2012年），頁232。

〔註24〕相關分析可參考仇鹿鳴：《魏晉之際的政治權力與家族網絡》，頁233～269。

〔註25〕如果考慮到我們通常所談論的西晉名士不會包括賈充這樣的掌權派，那麼名士所能掌握的實際政治權力就更加名不符實了。

〔註26〕其實羅宗強先生亦曾指出西晉朝廷本身的立身不正，以及有力的思想原則之缺乏，不過羅先生似乎並未從這一點出發，對西晉士人的不得已作出一定程度的同情式理解，參見羅宗強：《玄學與魏晉士人心態》，頁137。

皇權在擴張中的不適當性，導致其本身的合法性逐漸喪失，隨著武帝的去世，接連的外戚之亂、八王之亂使西晉王朝長期處於政權的紛爭搶奪之中，士人身陷其中不得出，卻又無原則以自持。〔註27〕西晉名士表面上位高職重，但其實在政治上缺乏自主權，只能爲當權的外戚或宗室力量所擺佈，這也是當時不少原本形象良好的士人如張華、樂令、陸機等等，都在這一過程中留下污點的原因所在。

那麼郭象本人在西晉這種無原則性的政治鬥爭中又據有什麼樣的位置呢？首先，史料上有一條很容易將郭象其人引向負面評價的記載，乃是《晉書‧郭象傳》載郭象事蹟曰：

> 東海王越引爲太傅主簿，甚見親委，遂任職當權，熏灼內外，由是素論去之。〔註28〕

這裡的記載給我們呈現了一幅利欲熏心的郭象形象，如果以此形象來看待郭象的《莊子注》自然容易趨向負面的解讀。然而，我們使用史料的時候必須分清楚事實與評價的差別，郭象「任職當權」是事實，「熏灼內外」則是一種評價，同樣作爲事實的還有同傳中記載的郭象「州郡辟召，不就。常閑居，以文論自娛」〔註29〕，這就與郭象利欲熏心的形象不大相符；而對於郭象當權這同一個事實，也存在著另一種評價，《晉書‧庾敳傳》曰：「象後爲太傅主簿，任事專勢。敳謂象曰：『卿自是當世大才，我疇昔之意都已盡矣。』」〔註30〕，如按庾敳此處的說法，則似有人對郭象的當權用事乃持讚許之意。〔註31〕由此可見，我們實在不應該因《晉書》中的這一處記載而對郭象產生先入爲主的印象，從而形成對《莊子注》的偏狹式解讀。不過以上的史料考證至少可以告訴我們一個事實，即郭象本人不但預清談之流，而且身入政局，有著

〔註27〕這其中實際存在著一種古代士人史上極爲特殊的弔詭，一方面士人得以憑士族門第的形成，而天然地躋身政治權力結構中，另方面他們在實質的政治行爲中又缺乏主導性，無法積極有爲，這兩方面的綜合導致西晉士人處於既不得進又不得出的尷尬境地，終究自甘墮落。

〔註28〕〔唐〕房玄齡等：《新校本晉書》（臺北：鼎文書局，1979年），頁1397。

〔註29〕同前註。

〔註30〕同前註，頁1396。

〔註31〕如果說所引庾敳此言的褒貶之義尚未足夠明朗的話，實際上據筆者所考，《晉書》此處的說法當出自張騭《文士傳》，據《世說新語‧賞譽》注引《文士傳》，在「我疇昔之意都已盡矣」之後尚有「其伏理推心，皆此類也」之句，可見原出處恐怕是偏向於褒義的，見〔南朝宋〕劉義慶撰，徐震堮校箋：《世說新語校箋》，頁239。

自己的政治籌劃與想法，〔註32〕所以我們實有必要進一步考察《莊子注》的實質內容與當時士人處境之關係究竟如何。

（三）理想中的政治建構與現實中的有待逍遙

首先，郭象在《莊子注》中提出了「性分」這一概念：

> 夫莊子之大意，在乎逍遙遊放，無為而自得。故極小大之致，以明性分之適。（〈逍遙遊〉注，頁 1）

「性分」是郭象非常獨特的一個提法，它同時也是後人指責《莊子注》為士人自全心態張目的重要依據，不過我們要注意到的是，郭象實際上在此概念的基礎上作出了「有待逍遙」與「無待逍遙」的區分：

> 苟有待焉，則雖列子之輕妙，猶不能以無風而行，故必得其所待然後逍遙耳，而況大鵬乎！夫唯與物冥而循大變者，為能無待而常通，豈獨自通而已哉！又順有待者，使不失其所待，所待不失，則同於大通矣。故有待無待，吾所不能齊也。至於各安其性，天機自張，受而不知，則吾所不能殊也。夫無待猶不足以殊有待，況有待者之巨細乎！（〈逍遙遊〉注，頁 9）

> 苟足於其性，則雖大鵬無以自貴於小鳥，小鳥無羨於天池，而榮願有餘矣。故小大雖殊，逍遙一也。（〈逍遙遊〉注，頁 4）

一方面列子和大鵬皆有待於外，只能達到有待逍遙，不能像無待者那樣「與物冥而循大變」，能夠達到無待逍遙；但另方面只要「各安其性」或「足於其性」，則有待與無待不能相殊而同為逍遙，有大小之殊的小鳥和大鵬也同樣皆有待而逍遙。這樣看來，我們要得逍遙，就必須先識己之性分，才能明確自己可以達到的是有待逍遙還是無待逍遙，並因而適之。那麼性分究竟由何而來呢？首先性分是先天決定的：

> 天性所受，各有本分，不可逃，亦不可加。（〈養生主〉注，頁 71）

其次，聖人特鍾異稟，不是常人所可以企慕的：

> 言特受自然之正氣者，至希也。下首則唯有松柏，上首則唯有聖人。故凡不正者，皆來求正耳。若物皆有青全，則無貴於松柏；人各自正，則無羨於大聖而趣之。（〈德充符〉注，頁 114）

〔註32〕 從郭象早年的不仕到後期的出仕這一事實性歷程，或許亦可從側面證明郭象本有用世之潛在意向，其思想體系中應蘊含著某種有待實踐的政治哲學傾向，此政治哲學問題詳見後文。

根據以上數條材料，將形成以下的邏輯：人各因先天所受而有其性分，大部分人的性分都決定了其將不得不有所待，特鍾異稟而能無待的聖人是常人不可企慕的；但是人們只要各安於其性分，則雖然仍有所待，卻能在逍遙這一點上和聖人沒有差別。

　　從士人個體的角度來說，所要追尋的首要問題乃是安於性分之標準究竟何在？到底萬民（或萬物）是否能夠憑自己的力量認識到其性分之所在，進而適之？〔註33〕郭象看來對這一點持消極的態度，而把其實現性落在聖人（明王）身上：

> 天下若無明王，則莫能自得。（令）之自得，實明王之功也。然功在無爲而還任天下，天下皆得自任，故似非明王之功……夫明王皆就足物性，故人人皆云「我自爾」，而莫知特賴於明王。（〈應帝王〉注，頁173）

萬物要自得其性分，實得仰賴明王之功，可見萬物對自身的性分之所在是缺乏自覺的，在明王以「無爲」使之「皆得自任」的時候，萬物還以爲自己是自然而然就如此了，而不知道這是建立在明王之功的基礎上。這亦同於前面所說的無待者「豈獨自通而已哉」，而是「順有待者，使不失其所待」，進而「同於大通」。由於郭象最終把性分判定的決定權交在君主手中，所以從這方面我們可以說《莊子注》的思想中既包含了安頓個體的人生哲學，亦呈現出了一種政治哲學的建構努力：理想的聖人特稟殊性，能夠以無爲之功使萬民皆得其性，各盡其用，萬民既因聖人之功而適性於其自得之場，則得有待之逍遙，與聖人同於大通，進而表現爲天下之大治。〔註34〕

〔註33〕正是由於郭象實際並未從萬物本身的角度明確其性分的判定標準，所以論者往往易於將郭象的這種態度等同於當時士人對現存狀態的直接認同態度，但是這種觀點忽略了《莊子注》中聖人這一層次的實質性作用，對於郭象的思想體系本身而言恐怕未爲公允。

〔註34〕關於郭象《莊子注》中的政治哲學面向，近來多有學者論及，甚至有學者認爲郭象乃是繼承黃老無爲治術而主張的是一種「地地道道的政治哲學」，參見張喜儀：〈郭象「聖人」政治與黃老「無爲而治」〉，《中國哲學與文化（第二輯）》，頁342～369。筆者在此不擬討論郭象玄學在何種程度上是政治哲學，但其思想中含有一種政治哲學的構架確是不可否認的；同時筆者以爲，這種對《莊子注》蘊含某種政治哲學框架的承認，與自牟宗三先生以來形成的工夫論詮釋路徑亦並不相排斥，參見牟宗三：《才性與玄理》，頁161～164。在本文的論述脈絡中暫無須對後者進行討論，故從略。

　　根據上一小節中關於西晉實際政治面貌的分析，筆者以為郭象之所以要如此建構其政治哲學乃是基於以下兩方面的考量：一方面，郭象從士人自身的生存角度考量，希望削弱君主對士人自主行為的干涉，不希望再出現西晉早期那種皇權過度介入而造成的政治結構破裂，在皇權的低程度制約下，士人將憑其原本世襲而據有的政治資本，而得以任其職分，各得其所；另方面，面對晉武帝以下持續不斷的外戚、宗室等勢力的爭權奪利，郭象又希望有一個具有穩固政治合法性的君主來維持整體的平衡，這一理想君主將以無為的姿態為士人奠定各任其性分的基礎性環境。進一步說，郭象的政治哲學如果現實化，則恐怕不見得一定要是君主（亦即聖人）真的那麼天生神明，能夠明確地告訴每一個臣子其性分所適，而是要有一個具備合法性的融合「自然」、「名教」於一身的君王，能夠為士人的生存提供一個穩固的有其原則性的政治環境，士人進而得以在這一環境中真正任其自身之性情，行其才性之所任，擺脫其原本強烈受制於當權政治勢力的尷尬處境。〔註35〕

　　然而這畢竟只是郭象的一種理想性建構，從當時士人的實際生存處境來看則又是另一回事。首先，武帝死後先是外戚的非法掌權，繼為宗室的持續殘殺，再為外族的侵吞中原，終晉之世，理想的君主不再可得，反而是皇權的威信在此過程中一再被削弱；〔註36〕其次，士人在西晉的持續政治動亂中，長期找不到可藉以逍遙的外在依據，唯有對自身進行逍遙與否的直接判定，以確立其生存價值，我們試看郭象對適性之效果的描述：

> 冥極者，任其至分而無豪銖之加。是故雖負萬鈞，苟當其所能，則忽然不知重之在身；雖應萬機，泯然不覺事之在己。此養生之主也。
> （〈養生主〉，頁66）

〔註35〕在這裡值得討論的是，郭象所說的聖王既然只是「無為」地讓萬物各適其性，那麼其政治構架是否從理論上來說是一種虛君的臣民自治呢？王曉毅先生即持此說，參見王曉毅：《儒釋道與魏晉玄學形成》，頁323～326。如果這種觀點成立的話，那麼郭象的理論僅是士人力圖實現自治的一種單向度想法。可是我們明顯地看到郭象認為雖然最終的理想狀態是萬物各適其性，但萬物無法自己達到這種狀態，聖王雖然是以「無為」的形式來使之適性，可是這種「無為」並不是什麼都沒做，並不是可以抽離的環節，它恰恰是在總體上實現萬物適性的關鍵，最重要的是，判定萬物之性分的標準掌握在聖人手中，所以一旦沒有聖王的出現，萬物的適性就不具有一個穩定的基礎和保障。

〔註36〕東晉門閥政治的最終產生，實際上也在很大程度上是這一皇權削弱過程的結果，可參見田餘慶：《東晉門閥政治》（北京：北京大學出版社，1996年），頁1～38。

> 夫始乎適而未嘗不適者，忘適也。雜心神長王，志氣盈豫，而自放
>
> 於清曠之地，忽然不覺善之爲善也。（〈養生主〉，頁 70）

所謂冥極者的這種任其「至分」恐怕只能適用於無待的聖人，而雜的這種「自
放於清曠之地」則可以有較強的適用性，然而我們發現對以上兩種適性而逍
遙的描寫其實是大同小異的，都是在任其性分的當下得以忘其所適，忽其所
任，泯然不覺事務。西晉士人如果正是以這種適性的表面效果爲依據來確立
自身的處世態度，那我們確實在資料上很容易找到其現實印證，試看當時清
談的代表人物王衍的行狀：

> 夷甫雖居台司，不以事物自嬰，當世化之，羞言名教，自臺郎以下，
>
> 皆雅崇拱默，以遺事爲高。四海尚寧，而識者知其將亂。〔註37〕

王衍身居高位而不以世務爲任的姿態，這在表面上與郭象所描述的「雖應萬
機，泯然不覺事之在己」何其相似，所以王衍恐怕要自認爲已經達到任性而
逍遙了。然而王衍在天下大亂而自己將爲石勒所殺之前，也反悔道：「吾等若
不祖尚浮虛，不至於此」〔註38〕。

　　我們可以合理推想西晉士人能夠意識到自身的這種逍遙從其層次上只能
對應的是《莊子注》中的有待逍遙，他們畢竟在觀念上不敢輕易自居爲聖人，
而且也不難感知到其所處時代的實際政治限制。他們無力改變現狀，無權爭
取到對其所待之物的現實承擔，進而只能以逍遙的表面效果來麻痺自己，將
自身的當下生存狀態直接等同於有待逍遙的實現，這一方面是對郭象有待逍
遙本義的窄化，另方面也不可否認地確可視爲西晉士人基於其生存處境而會
對《莊子》文本所抱持的一種詮釋向度，在這種意義上郭象的《莊子注》確
實與西晉士人的自全心態有其相契合的空間，傳統上對《莊子注》進行負面
評價的理據乃在於此。

　　郭象《莊子注》之作爲文本詮釋，與西晉士人的清談式詮釋及其現實行
爲模式畢竟在時間上是同時發生的，如果說兩者之間確實在某種意義上有其
相合之處，那麼這種相合乃是基於西晉士人之生存處境而必然導致的一種詮
釋視域，可是郭象《莊子注》本身畢竟超越了這種對當下生存處境的直接反
映，而創造出一個自成體系的理想性架構。如果說在西晉士人實際生存狀態

〔註37〕　《世說新語・輕詆》引《八王故事》，見〔南朝宋〕劉義慶撰，徐震堮校箋：
　　　　　《世說新語校箋》，頁 447。
〔註38〕　《世說新語・輕詆》引《晉陽秋》，同前註，頁 447。

中所反映的觀念，只能是對《莊子注》基於生存處境之詮釋的窄化，那麼隨著士人由西晉轉入東晉而產生的生存處境之改變，則使得《莊子注》中所蘊含的另一面向開始被彰顯出來，這一面向更加具有積極性的意義，且與東晉興起的山水審美意識息息相關。

三、郭象《莊子注》與東晉士人的轉變

由西晉轉入東晉之後，士風開始有所振作，這大概可算是歷來公認的一個事實。過江之後的士人雖然仍舊常常宴集暢飲，但對前朝衰亡的反思和積極有爲的意圖畢竟時而有所顯現。〔註 39〕如果說西晉士人普遍崇尚清談而荒廢政務，同時又只求縱慾自全的話，東晉士人則是以曠達的態度，既瀟灑山林又不廢世事，而在人生愛好上也由偏重於物質上的滿足轉向注重精神上的追求，〔註 40〕所以無怪乎學者往往會認爲東晉士人的這種形態，才是郭象所謂「夫聖人雖在廟堂之上，然其心無異於山林之中」（〈逍遙遊〉注，頁 12）的眞正實現。然而，在郭象的原文中是聖人才能這樣自由出入於廟堂與山林之間，作爲常人的一般士人又如何能以此爲可企望的目標呢？對此問題我們首先需要考慮到由西晉轉入東晉之後，士人如何因政治轉型而產生生存處境之變化，然後則需要考察《莊子注》文本蘊含著何種資源可適應這種新的時代變化。

（一）東晉門閥政治中的士人

正如我們在上一節中所分析的，西晉士人的生存處境極爲尷尬，他們一方面滯留在政治權力結構之中，不得隨意拋下俗務完全投入山林，另方面他們又並沒有掌握眞正的政治決策權，只能在外戚、宗室的勢力對抗夾縫之中勉強自全。然而進入東晉時期之後，士族才眞正掌握了政治實權，從而以與君主共治的形式建立起所謂的門閥政治。這一特殊的門閥政治僅僅出現在東

〔註 39〕如《世說新語·言語》載：「過江諸人，每至美日，輒相邀新亭，藉卉飲宴。周侯中坐而歎曰：『風景不殊，正自有山河之異！』皆相視流淚。唯王丞相愀然變色曰：『當共勠力王室，克復神州，何至作楚囚相對！』」，同前註，頁 50。

〔註 40〕參見羅宗強：《玄學與魏晉士人心態》，頁 240。實際上，對於兩晉士族階層來說，物質上的追求是較爲容易滿足的，而精神追求的滿足則需要更多的現實條件上的自由才能得以保障，在這一點上，我們或許不應該過多責備身入局中不得出的西晉士人。

晉，而西晉和南朝的士人仍然處於常態的皇權壓制之下，〔註41〕正如田余慶先生所指出的：「……西晉的權臣是宗室強王，士族名士往往要依附於他們才能起作用。東晉則不然，士族名士本人就是權臣，宗室王公也要仰食於士族名士」〔註42〕，所以在我們前面所討論的西晉時期，士人仍然處於傳統的皇權政治結構之中，其政治生存環境的改善只能寄望於理想君主的出現，可是到了東晉時期，政治實權已經轉移到了士族的手中，出現了君主與士族共治的現象，君主甚至常常淪爲士族所利用的工具。〔註43〕

　　從歷史的觀點來看，東晉特有的門閥政治可被認爲是傳統專職皇權結構的一個短暫變局，〔註44〕然而如果我們契入東晉士人具體的生存處境之中，則會發現這種歷史性的政治變局在觀念上造成了巨大的轉變，而且其中部分結果是不可逆轉的。如果說西晉士人在動盪的政局之中缺乏立身的政治原則，那麼隨著西晉末期君主與士族力量的此消彼長，再加上出現了外族侵占北方所產生的外部民族矛盾，士族與皇權聯合組成一個具有對外一致目標的合法化政權，其政治原則上的正義性開始得到保障。〔註45〕

　　正是這種政治實權的佔有與政治正義性的賦予，使得東晉士人開始呈現出一副從容不迫，寧願隱居東山的瀟灑氣度：

> 初，謝安在東山居布衣時，兄弟已有富貴者，翕集家門，傾動人物。
> 劉夫人戲謂安曰：「大丈夫不當如此乎？」謝乃捉鼻曰：「但恐不免耳。」〔註46〕

不同於西晉士人的汲汲於功名富貴，唯恐失之而急於自全，東晉大族的士人如謝安對出仕而顯達是不屑的，其原因絕不僅僅是一種在人生境界上對富貴名利的看淡，更是他認識到自己一旦要出仕，就必然顯達，甚至時局恐怕還

〔註41〕關於門閥制度只出現在東晉的論證，可參考田余慶：《東晉門閥政治》，頁326～327。

〔註42〕同前註，頁26。

〔註43〕如果說在傳統皇權政治之下，士人自身不敢輕易以內聖外王的地位自居的話，那麼在東晉特殊的共治制度下，不能排除掌權的士人階層會潛在地對君王或聖人產生僭越心理的可能性。

〔註44〕田余慶：《東晉門閥政治》，頁266。

〔註45〕筆者這裡的推論，主要得自田余慶先生關於君主與士族共治的門閥制度產生之歷史原因這一問題，所總結出的成熟的士族、喪權的皇統、尖銳的民族矛盾這三個不可缺少的原因，參見田余慶：《東晉門閥政治》，頁359。

〔註46〕〔南朝宋〕劉義慶撰，徐震堮校箋：《世說新語校箋》，頁429～430。

會自行促使他成為「大丈夫」，所以他寧願高臥東山，為恐終將不免的出仕而韜光養晦。另方面，人們普遍認為謝安在高臥東山之時的聲譽甚至比他出仕之後更高，而他真正出仕之後也果然「無異於山林之中」，談笑自若地贏得了淝水之戰。顯然，在士族大家聯合掌握了政治實權的情勢下，士人已經不用像在西晉時那樣戰戰兢兢於自身名利、權勢的維持，而是明確意識到再無更高位的皇權壓制，並有一個正義性的政治理念（北伐中原）予以支撐，因而得以掌控自由出入廟堂、山林之間的鑰匙，不復有所待了，這種轉變可以用著名的支道林逍遙義取代向、郭義的案例來說明：

> 《莊子》逍遙篇，舊是難處，諸名賢所可鑽味，而不能拔理於郭、向之外。支道林在白馬寺中，將馮太常共語，因及〈逍遙〉。支卓然標新理於二家之表，立異義於眾賢之外，皆是諸名賢尋味之所不得。後遂用支理。〔註47〕

據劉孝標注，則二理之差別為：

> 向子期、郭子玄逍遙義曰：「夫大鵬之上九萬，尺鷃之起榆枋，小大雖差，各任其性，苟當其分，逍遙一也。然物之芸芸，同資有待，得其所待，然後逍遙耳。唯聖人與物冥而循大變，為能無待而常通。豈獨自通而已。又從有待者不失其所待，不失則同於大通矣。」支氏逍遙論曰：「夫逍遙者，明至人之心也。莊生建言大道，而寄指鵬鷃。鵬以營生之路曠，故失適於體外；鷃以在近而笑遠，有矜伐於心內。至人乘天正而高興，遊無窮於放浪。物物而不物於物，則遙然不我得；玄感不為，不疾而速，則逍然靡不適。此所以為逍遙也。若夫有欲，當其所足，足於所足，快然有似天真，猶飢者一飽，渴者一盈，豈忘烝嘗於糗糧，絕觴爵於醪醴哉？苟非至足，豈所以逍遙乎？」此向、郭之注所未盡。〔註48〕

向郭義與支氏義在義理上的具體辨析涉及到東晉玄學與佛學之關係，此非本文所要探討的，筆者所希望的是通過這段材料來發掘其背後的士人觀念轉變問題。首先，所謂的向郭逍遙義，其大旨同於我們前文之所析，不外乎逍遙分為有待逍遙和無待逍遙兩種，萬物皆是得其所待後方能逍遙，唯有聖人可以無待而逍遙，又能使萬物不失其所待而與之同於大通。其次，正如我們前

〔註47〕同前註，頁 119～120。
〔註48〕同前註，頁 120。

面所分析的，如果說西晉士人尙囿於有待逍遙的格局，東晉士人恐怕已經因
生存處境的改變而暗暗對有待逍遙的解釋有所不滿了，所謂諸名賢「不能拔
理於郭、向之外」恐怕暗示的就是東晉士人已對舊有的郭象有待逍遙此說法
有所不滿，但在義理上又一時無法超越之的瓶頸。最後，支氏逍遙義雖在佛
理上自甚有可探討處，但以東晉士人當下的直接體悟來看，最重要的應該還
是支理排除了有待逍遙與無待逍遙之區分，而將逍遙直接對應於至人之心，
至人那種遊乎無窮的至足狀態正符合他們對自身當下生存處境的理解，所以
無怪乎此理一出就戰勝了向郭義，從此「遂用支理」。〔註49〕

　　那麼這是否表明郭象《莊子注》在東晉就被棄而不用了呢？恐怕並非如此。
首先，材料中說在支理出現之前眾賢對逍遙義的詮釋都不能超出向郭之外，這
至少側面說明西晉的向注、郭注在東晉時已成爲士人理解《莊子》文本的經典
參考文獻；支道林的新理雖然更符合當時士人的口味，但是支道林畢竟不像郭
象那樣注解了《莊子》全文，形成了一個完整的系統，而晉人清談所談論的《莊
子》主題又不僅僅只有逍遙義一題，〔註50〕所以支氏逍遙義縱然勝出，但至少
在士人談論、詮釋《莊子》其他文本的時候恐怕還是要參考郭象的注解的。其
次，東晉士人固然捨棄了有待逍遙的說法，但是筆者將在下文中表明《莊子注》
本身的義理結構中實際上有充分的資源滿足東晉士人的新需求，這就需要我們
對《莊子注》中的複雜面向進行更深入的一番分析。

（二）「玄冥獨化」與「有待逍遙」的衝突與解決：「氣」之作為 基礎

　　現在我們面臨的問題是，隨著由西晉入東晉的士人生存處境之轉移，是
否郭象《莊子注》中聖人與萬物、無待與有待之對立框架，已不再能夠爲瀟
灑山林的東晉士人提供思想養料。筆者以爲，在《莊子注》中其實存在著一
塊極易產生混淆的矛盾區域，正是基於此種混淆，西晉士人形成了其較具負
面性的自我確證態度，然而藉由發掘《莊子注》文本內部所蘊含的解決此矛
盾的脈絡──「氣」，我們將得以把握到其通契東晉士人生存處境與山水意識

〔註49〕　另外，支氏之理還有一個好處，就是對至人的實際身份沒有限制性，人人皆
　　　　可因其至足而得逍遙，而郭象的無待有待之分乃基於性分之所定，理論上
　　　　說只有聖人才能無待逍遙，這至少在某種程度上製造了認同上的障礙。
〔註50〕　據林麗眞先生的統計，晉人所談的《莊子》論題，至少有「逍遙」、「齊物」、
　　　　「漁父」、「旨不至」這幾種，參見林麗眞：《魏晉清談主題之研究》，頁150。

的契機。

　　首先，在郭象《莊子注》中本有兩種至少在表面上是相互衝突的說法，需要我們予以釐清。對於有待逍遙的概念，我們之前已經討論過了，這意味著芸芸萬物莫不有其所待，須得其所待，方得逍遙，可是在《莊子注》中另有一種「獨化」的說法，似與此有所衝突：

> 是以涉有物之域，雖復罔兩，未有不獨化於玄冥者也。故造物者無主，而物各自造。物各自造而無所待焉，此天地之正也。故彼我相因，形景俱生，既復玄合而非待也。明斯理也，將使萬物各反所宗於體中，而不待乎外。（〈齊物論〉注，頁 57）

萬物皆得獨化於玄冥，乃是因為造物者無主而物各自造，物各自造則意味著物無所待，既然本無所待，那麼萬物為何還需要有所待而方得逍遙呢？顯然，「獨化」與「逍遙」是不同層次上的概念。首先，我們必須了解到「獨化」的說法實與郭象關於「自生」的說法相指涉：

> 無既無矣，則不能生有。有之未生，又不能為生。然則生生者誰哉？塊然而自生耳。自生耳，非我生也。我既不能生物，物亦不能生我，則我自然矣。（〈齊物論〉注，頁 26）

湯一介先生認為「自生」這一概念有「非他生」、「非有故」、「非有因」這三種意涵，而「獨化」則是說明萬物「都是獨立自足的生生化化」，〔註51〕兩者顯然頗為相合，〔註52〕而唐人成玄英的疏解亦提示我們，這裡的「自生」實際上就是指涉著「獨化」。〔註53〕「獨化」、「自生」與「有待逍遙」如果放在同一層次來看待，實際上是有衝突的，因為前二者指向萬物的獨立自足性，後者卻指出萬物皆有其所待。筆者以為，西晉人恐怕正是通過混淆這兩者的實質性衝突來解決其出處問題的：首先他們認同自己只能達到有待逍遙，接著又吸收了「獨化」、「自生」那種獨立自足的意涵，後者恰恰為他們解決了自身性分之「所待」無法確定的困境；他們通過肯定個體自身的自足性，使有待逍遙之「所待」因在本質上無法成立而被消解。這種做法實際上是不自覺地利用錯置兩者於同一層次所會產生的矛盾，反將有待逍遙原本的限制條

〔註51〕參見湯一介：《郭象與魏晉玄學》，頁 138。

〔註52〕楊立華先生則明確了兩者的對應關係，認為「獨化」實為「自生」的另一種表述，參見楊立華：《郭象《莊子注》研究》，頁 113～118。

〔註53〕成疏曰：「尋夫生生者誰乎？蓋無物也。故外不待乎物，內不資乎我，塊然而生，獨化者也。」見〔晉〕郭象撰，〔唐〕成玄英疏：《南華真經注疏》，頁 26。

件取消，又可轉而再利用逍遙的表面效果來證明「自生」的合理性，這就產生了後世學者詬病的所謂「凡存在的皆合理」的負面性混合物。西晉士人不加辨析地將個體自足性作爲追求自身當下的表面性自在的理據，進而再以當下的自在狀態作爲達到了逍遙的標準，此種逍遙雖在現實條件下是有待的，卻在片面的心理效果上可以滿足對個體自足性的認同，最終這種混淆竟形成了一種循環的自我確認。〔註 54〕

　　然而這兩者畢竟是分屬不同層面的，如果將之直接予以對照則不免有所衝突，實際上「獨化」之對應於「自生」，意味著「獨化」指涉的乃是生成論層次上的問題，萬物乃因其原本獨立「自生」而本無所待，而「逍遙」指涉的是存有論層次上的問題，萬物乃因其固有性分之形成而受限爲有待。〔註 55〕但是如果說兩者各自代表的生成論和存有論之間是斷裂的，那麼就萬物之作爲存有者來說，生成論上的「獨化」又有什麼意義呢？筆者以爲，要解決這一問題，就必須把郭象思想中「氣」的問題引入討論。

　　《莊子》一書本身蘊含著豐富的氣論思想，這是早有學者進行過討論的，〔註 56〕然而在注《莊》的郭象的思想裡「氣」究竟佔有什麼樣的位置，就是一個頗有爭議的問題了。〔註 57〕筆者以爲，我們首先必須承認郭象是有藉由「氣」來講萬物的生成問題的：

> 大塊者，無物也。夫噫氣者，豈有物哉，氣塊然而自噫耳！物之生也，莫不塊然而自生，則塊然之體大矣，故遂以大塊爲名。（〈齊物論〉注，頁 24）

〔註 54〕　這裡需要說明的問題是，我們無法假設西晉士人一定閱讀了郭象的《莊子注》進而以其「獨化」、「自生」、「有待逍遙」的概念來解釋自身，但是基於兩者處於同一生存處境之下的前提，我們有理由假設兩者之間的潛在對話，從而通過郭象的「獨化」、「自生」等概念來剖析西晉士人的內在心態。

〔註 55〕　楊立華先生是少數對這兩者進行了區分的學者，然而對於他認爲「有待逍遙」的「有待」就是「有對」的觀點，筆者以爲是值得商榷的。要之，有對無對實則僅僅作爲一種結果，而非有待無待本身，有待確實應該意味著現實中的條件限制。

〔註 56〕　相關專著可參考鄭世根：《莊子氣化論》（臺北：臺灣學生書局，1993 年）。

〔註 57〕　有學者認爲郭象思想中含有豐富的氣論思想，並以「氣」作爲萬物運動的積極動力，如張立文主編：《氣》（臺北：漢鼎書局，1994 年），頁 100～101；亦有學者認爲郭象的「氣」僅是順《莊子》的「氣」而說，而並無自己的創造性意識，如小野澤精一等編：《氣的思想》（上海：上海世紀出版集團，2007 年），頁 244。

在這段注文裡雖然不能說明物之自生即直接等同於氣之自噫，但郭象顯然將氣與物視為同一層次上的，物之自生與氣之自噫基本上是同一種過程，另外他也常常在其他地方流露出物即為氣的表述：

> 此言一氣而萬形，有變化而無死生也。（〈至樂〉注，頁 365）

> 雖變化相代，原其氣則一。（〈寓言〉注，頁 540）

也就是說，萬化萬形的事物原為「一氣」，如此則萬物自生的生成過程，大體上可以被理解為一種「氣」的生化過程。進一步來說，聖人與萬物性分之別，亦是由其所受之氣決定的：

> 俱食五穀而獨為神人，明神人者非五穀所為，而特稟自然之妙氣。
>
> （〈逍遙遊〉注，頁 13）

如此一來，我們便可以用「氣」將屬於生成論層次的「獨化」與屬於存有論層次的性分之「有待」連接起來了：萬物就其原初形態皆是「氣」而言本是「一氣」，各自以氣自生，然此「一氣」又經萬物「自生」的生成作用而終成萬殊之性分，萬物成形之後各以其殊異之性分而相待，故雖本一氣而終有分別。

　　如果承認《莊子注》中蘊含此氣化脈絡，則「獨化」的生成論規定和「逍遙」的存有論境界之間就不再是完全斷裂的，無待之聖人使有待之萬物各自得其所待，同於大通而皆逍遙的過程，實際上正是向其原初氣性的一種復返。〔註58〕此種原初氣性之朗現，或許原本乃是基於郭象所設想的一種理想政治狀態，但是它的存在正潛在地保存了超越有待逍遙與無待逍遙之對立的可能性，意味著在某種氣性感通的狀態下「有待」與「無待」間的現實存有狀態之界線可得消弭。另方面，我們將很容易發現這種氣性感通的描述恰與東晉士人寄情山水之時的審美經驗相契合，因此而得以滿足東晉士人的新時代需求，不過要進一步探討這一問題，則需要我們將山水的發展脈絡作為新的線索引入討論。

〔註58〕關於刊物的匿名審查先生之意見：質疑本文是否僅憑以上《莊子注》中幾條關於「氣」的論述，就足以解決前述「獨化」與「有待」之矛盾，故而筆者在此針對此問題稍作補充說明。當我們承認在郭象《莊子注》中確實存在氣化論脈絡時：首先，萬物就其本源而言皆是一「氣」，皆以「氣」的形態自我生成，這是「獨化」與「自生」的基礎；其次，一「氣」分化成形而為萬物，成形之萬物乃有無待與有待之別。所謂有待者與無待者皆可得逍遙，意味著兩者皆能達到某種在實現效果上無差別的狀態，這正是由於兩者雖有性分之異，但原其本則為一「氣」的緣故；只是有待者的逍遙畢竟在實現範疇和條件上有其限制，無待者的逍遙則無。因此援引「氣」的脈絡，適可解決前述「獨化」與「有待」之矛盾，並為後文討論的山水問題奠定基礎。

四、從聖人之治到山水寄暢

　　按照以往學者的說法，在中國古代的早期文學作品中，儒家「詩言志」的標準使得山水往往只能作爲作者主觀情志的一種寄託物或陪襯物，從《詩經》時代、《楚辭》時代直到兩漢，山水都難以擺脫個人情感或社會理想的投射。〔註59〕到了兩漢時期，氣化宇宙論的盛行使得山水更加難以擺脫政治性投射，自然山水作爲宇宙整體秩序的組成部分，與人間種種道德、政治現象相感應。〔註60〕換言之，山水在以往各個時代總是被某種觀念所遮蔽，而難以以一種較爲本然的形態呈現爲士人生活中的審美對象。

　　山水雖然在西晉時期進入了士人的娛樂生活之中，並有所謂的金谷盛會的出現，但是如果我們注意到金谷園的主人石崇在歷史上以炫富著稱，提倡「士當令身名俱泰」〔註61〕，而當時所謂的二十四友也多沉浮宦海，士無特操，就會對他們在多大程度上能夠以超然世外的審美心態來欣賞山水產生懷疑。西晉士人尚處在傳統皇權的壓制之下，他們瀟灑從容的風度只是一種藉以逃避實務的表象，這種態度是無法眞正落實到山水之中的，山水只是其享樂生活中的一種調劑和附屬品。而且此時士人的審美仍集中在人物之美上，山水之美只是偶然地以一種片段式的方式與之進行不穩定的外在類比，其自身沒有眞正得到重視。〔註62〕

　　這裡看來不可避免地要涉及到傳統上的「自然」與「名教」之辨，我們

〔註59〕　參見王國瓔：《中國山水詩研究》（臺北：聯經出版公司，1986 年），頁 11～78。另外，顏崑陽先生將晉宋之前人與自然的關係歸結爲感應、喻志、緣情這三種模態，在這三種模態下，山水的面貌分別被初民的羣體經驗、士人的道德觀念、詩人的生命體驗這三種先入爲主的結構所遮蓋，參見顏崑陽〈從感應、喻志、緣情、玄思、遊觀到興會——論中國古典詩歌所開顯「人與自然關係」的歷程及其模態〉，《迴向自然的詩學》（臺北：臺大出版中心，2012 年），頁 7～30。

〔註60〕　正如顧彬先生所認爲的，漢賦中的自然是「統治思想範圍內的自然」，參見 W·顧彬撰，馬樹德譯：《中國文人的自然觀》（上海：上海人民出版社，1990 年），頁 54。

〔註61〕　《世說新語·汰侈》所載石崇炫富事蹟數條，以及其「身名俱泰」之言論，並見南朝宋·劉義慶撰，徐震堮校箋：《世說新語校箋》，頁 467～473。

〔註62〕　《世說新語》中的〈賞譽篇〉、〈容止篇〉屢見西晉士人被比喻爲某一具體的自然事物，如和嶠被比作千丈松（頁 233）、王戎被比作瑤林瓊樹（頁 233），嵇紹被比作野鶴（頁 336）等等，參見同前註。可是這種與自然的局部相似性對比，與我們後面所要談的東晉士人將人物與整體性的山水氣韻相連接，恐怕還是存在著重大差異的。

往往從其文本內部的角度認為西晉的郭象已經在其《莊子注》中證此二者為一，〔註63〕可至少從當時士人的實際生存處境來說，這種「二者為一」似乎是大有問題的。西晉士人普遍地身入政局之中，也就是囿於「名教」之中，他們雖然力圖在「名教」之中找尋自有之樂土，可是很顯然他們也深切認識到了自身在當時各種政治勢力之爭鬥中的無力感，所以如果說他們的瀟灑風度確實呈現出了一種「自然」與「名教」為一的表象的話，那麼這種表象實際上是藉由對現實事務的消極性遮蔽而達致的，「自然」與「名教」同樣被抽去了其實質性內容而在一個虛無的空間裡重合。〔註64〕

然而反觀郭象《莊子注》，則它作為對《莊子》文本的一種詮釋，並不單單只是時人處境的投射，而是詮釋者與文本之間的一種視域融合，郭象所構建的聖人之治實為其本身意志與《莊子》文本碰撞的結果，既是對其當時士人自身處境的一種超越，又有進於《莊子》之原意。比如在《莊子·逍遙遊》中有一段本描繪的是主體逍遙於大樹之下，所謂「不夭斤斧，物無害者。無所可用，安所困苦哉」，這是因物得其用而使主體自身得以逍遙的狀態，然而郭象的注文卻是：

> 夫小大之物，苟失其極，則利害之理均；用得其所，則物皆逍遙也。

（〈逍遙遊〉注，頁18）

《莊子》所言者乃用物之主體的逍遙，而郭象的注文卻在討論大小之物得其所極、失其所極的問題，將之導向了「用得其所」的物之逍遙。在這種詮釋中，《莊子》原本的主體自身之逍遙狀態，被構建成了聖人之治下萬物皆得其所待而逍遙的一種實踐狀態，這是郭象通過詮釋《莊子》而希望藉以超越現實狀況的一種理論努力，也正是在這樣一種理想的政治狀態下，「名教」才能

〔註63〕這種「自然」、「名教」的合一主要體現在《莊子注》中出入廟堂、山林之間的聖人身上，不過這種合一畢竟是有其理想性條件的，它恐怕不能被視為一種現實性問題的解決。

〔註64〕另方面雖然筆者在正文中所指涉的主要是西晉出身高門的玄學名士，但實際上西晉的寒門士人甚至以另一種更傳統的方式來使自然與名教相合，正如錢志熙先生所指出的，西晉詩人多以自然象徵人事，而東晉士人多轉而觀照自然，參見錢志熙：《魏晉詩歌藝術原論》（北京：北京大學出版社，1993年），頁275。西晉詩歌的寫作者實際上大多是像張華、潘岳這樣的寒門士人，他們多熱衷於事功，卻缺乏真正的政治原則和權力，因而沉浮宦海、漂泊不定，如錢先生所指出的這種以自然象徵人事的詩歌寫作風格，反映出他們傾向於借自然寄託其政治想法，如此則又有回歸詩騷傳統的趨勢，在這種情況下，自然同樣易於被現實事務的無常性所同化。

實質性地與「自然」相契合。

如果說郭象的這種政治理想構架無法在其當時實現的話，那麼進入東晉之後它卻能轉以另外一種形態呈現。在門閥政治中，東晉名士因實權恆常維持在士族集團之手，而得以至少在實際行爲上有權利自由出入於仕與不仕之間，瀟灑於廟堂與山林的轉換，〔註65〕此種狀態實已近乎郭象所描繪的理想中的聖人了：

> 夫聖人雖在廟堂之上，然其心無異於山林之中，世豈識之哉！（《逍遙遊》注，頁12）

當然，這並不意味著東晉士人已經敢於明確地自我認同爲聖人了，據《世說新語・言語》記載：

> 孫齊由、齊莊二人，小時詣庾公。公問齊由何字，答曰：「字齊由。」公曰：「欲何齊邪？」曰：「齊許由。」齊莊何字，答曰：「字齊莊。」公曰：「欲何齊？」曰：「齊莊周。」公曰：「何不慕仲尼而慕莊周？」對曰：「聖人生知，故難企慕。」庾公大喜小兒對。〔註66〕

庾亮是東晉早期頗具代表性的士人，他對小兒所說的聖人生知而難企慕表示肯定與讚賞，這首先說明東晉士人還不敢正面承認聖人是自己可以達到的。不過如果我們轉換一下視角來看待這則故事，則這一讚賞之實質或許並不是落在聖人之不可企慕本身，而是有可能要落在通過明確聖人的不可企慕性，而得以將慕莊周而齊之的行爲合法化這一點上。試問，如果小兒齊莊的回答僅僅是認可與重申了傳統的聖人觀，那麼庾亮到底有何理由對此大加讚賞呢？恐怕齊莊的回答只是在字面上指出了整個答案的前半部分，所謂「聖人生知，故難企慕」，亦即將傳統名教聖人作爲生知而不可企慕的抽象人格而予以懸置；更重要的，則是通過這種懸置而開放出了士人追求莊子那種瀟灑人格的合法性空間，此正符合東晉士人在生存處境轉變後的心態。

這其中似乎存在著一種潛在的轉化過程，我們不能說東晉士人已經能夠在傳統的政治觀念中眞的取君主之名教地位而代之，進而自居爲統合「自

〔註65〕當然，筆者這裡所說的士人自由出入仕隱之間，畢竟也只是一個相對而言的說法，更多地只是停留在觀念層面，而從現實利益考量，仍常有不得不出仕的情況，以東晉名士代表謝安爲例，其高臥東山固然是不慕名利的表現，但其最終出仕實有不得不出而保障謝家家族利益的背景，具體分析可參見田余慶：《東晉門閥政治》，頁209。

〔註66〕〔南朝宋〕劉義慶撰，徐震堮校箋：《世說新語校箋》，頁61。

然」、「名教」的聖人，而是應該說由於逍遙的場域已從名教轉移到了自然，審美活動已從人物賞鑒轉向山水寄暢，《莊子注》中聖人治理萬物的模式被士人暢遊山水的模式所平行替代，這兩種模式間的平行替代之所以可能發生，實與上一節中分析的《莊子注》所蘊含的氣性感通思想息息相關，二者的內在氣感基礎乃是相同的，只是分別呈現為一種政治哲學和一種藝術精神。在此相同的氣感基礎上，二者之間的替代作用更借助了東晉時期由「名教」轉向「自然」之趨勢的推動。

入東晉以來，士人紛紛流連山水以寄其暢懷，賞鑒山水而讚其風韻，相關記載當真不勝枚舉，不過筆者更為關注的是其中「名教」標準與「自然」標準之間的微妙轉化，試舉二例以明之：

> 庾太尉在武昌，秋夜氣佳景清，使吏殷浩、王胡之之徒登南樓理詠，音調始遒，聞函道中有屐聲甚屬，定是庾公。俄而率左右十許人步來，諸賢欲起避之。公徐云：「諸君少住，老子於此處興復不淺！」因便據胡床與諸人詠謔，竟坐甚得任樂。後王逸少下，與丞相言及此事，丞相曰：「元規爾時風範不得不小穨。」右軍答曰：「唯丘壑獨存。」〔註67〕

其注引孫道〈庾亮碑文〉曰：

> 公雅好所託，常在塵垢之外，雖柔心應世，蟪屈其迹，而方寸湛然，固以玄對山水。〔註68〕

庾亮是一位掌權派士人，其權勢堪與丞相王導相抗衡，然而正是這樣一位權臣卻在清風秋夜下放浪形骸，與眾同樂，其碑文讚其為「以玄對山水」，亦是因其與自然山水的契合而盛稱之。更有甚者，當在功業上顯與庾亮無法相提並論的名士謝鯤被問及他二人之優劣時，謝鯤竟然能很自信地以山水為衡量標準而自謂略勝一籌：

> 明帝問謝鯤：「君自謂何如庾亮？」答曰：「端委廟堂，使百僚準則，臣不如亮；一丘一壑，自謂過之。」〔註69〕

如果我們在此擱置這種丘壑勝於廟堂的想法在實際政治運作中的不合理性，那麼這種記載至少說明了在當時士人的觀念裡，對人物的評判已經從

〔註67〕 同前註，頁339。
〔註68〕 同前註，頁339。
〔註69〕 同前註，頁280。

名教標準轉向了自然標準，庾亮本身功業卓著，身後卻更以其「玄對山水」而得稱，謝鯤不慚於其政績微渺，而自謂能於「一丘一壑」處勝過庾亮。如果說就人物本身的某種才性所作的賞鑒，往往因與人物的實際政治才能相掛鉤而有其有限性的話，那麼將人物與整體性的山水進行聯接，則會將這種賞鑒擴大爲一種無限的自由審美活動，這正是徐復觀先生所說的，審美領域從人物轉向山水，實際上是從「限定性」對象發展到「無限性」對象的過程。〔註 70〕

　　在這樣一種趨勢下，郭象《莊子注》中的聖人治理萬民自然而然地被替換爲士人暢遊山水，萬民被替換爲山水，這種替代之所以得以成立，一方面是由於從人物到山水的轉向性推動，另方面則是基於兩者的氣性感通模式本是相同的，而前者（《莊子注》）爲後者提供了思想上的重要資源。聖人作爲無待者使有待之萬物、萬民各得所待，共通於大同，乃是一種使物我共返其原初氣性的過程，此時虛靈之氣性貫通主體內外，正如郭象注《莊子·人間世》中著名的對「心齋」的描述段落（「氣也者，虛而待物者也」）爲：

　　遺耳目，去心意，而符氣性之自得，此虛而待物者也。（〈人間世〉注，頁 82）

聖人在郭象筆下實爲一種貫通內外、玄同物我的形象：

　　夫理有至極，外內相冥，未有極遊外之致而不冥於內者也，未有能冥於內而不遊於外者也。故聖人常遊外以弘內，無心以順有。（〈大宗師〉注，頁 155）

此種聖人形象的描述，與東晉士人暢遊山水之時，身心與山水相契相合的審美體驗又有什麼不同呢？

　　不過我們不應該只稱讚這兩者表面效果上的相似，還應該注意到郭象的思想資源是如何在內在脈絡中提供了解決傳統上山水無法擺脫觀念化的問題。不要忘了，山水替代的是《莊子注》中的萬物，萬物在郭象的論述中是「自生」而「獨化」的，也正是這種獨立特質使得山水得以在氣化感通的過程中擺脫了傳統觀念之預設，而呈現爲氣化虛靈之主體。〔註 71〕

〔註 70〕參見徐復觀：《中國藝術精神》（北京：商務印書館，2010 年），頁 228。
〔註 71〕關於山水在玄理作用下呈現出虛靈氣化性格的論述，以及郭象玄學如何爲之提供直接的理論依據，可參見楊儒賓：〈「山水」是怎麼發現的：「玄化山水」論析〉，《迴向自然的詩學》，頁 95～99，頁 102。楊先生主要通過對兩晉士人山水詩作的細密梳理，發掘出了山水如何呈現出一種虛靈氣性的過程；不過

進一步說，在東晉人的詮釋視域中，郭象所描繪的聖人與萬物之關係實已可與士人登臨山水、書寫山水的實踐活動相契合：

> 夫聖人遊於變化之塗，放於日新之流。萬物萬化，亦與之萬化；化者無極，亦與之無極，誰得遯之哉！夫於生爲亡，而於死爲存，則何時而非存哉！（〈大宗師〉注，頁 144～145）

蕭馳先生認爲正是這種對聖人遊於化、萬物與之化的當下之肯定，使郭象玄學對山水詩發生起了重要的作用。〔註72〕

要言之，關於郭象《莊子注》之思想資源如何可與東晉山水審美意識、南朝山水詩學直接相契合的種種論述，前賢多已言之甚備，本文所側重者乃在於爬梳此種最終契合之由來，及其中曲折的轉化過程，故而此契合的準備性條件——《莊子注》本有的聖人治理模式如何轉化爲士人寄情山水模式——既已得到初步的釐清，筆者將至此不再贅述。

五、結 語

如果說西晉士人的生存形態和東晉士人的審美活動，皆可在某種程度上被視爲基於《莊子》文本的生存論意義上的詮釋行爲，那麼郭象的《莊子注》作爲一種積極性的文本詮釋，則同時與此二者有所契合與激盪。我們一方面可對西晉士人所表現出的政治消極性給予負面評價，另方面又要對他們進退

筆者以爲，除了從詩歌文本本身所呈現的山水面貌來考察其變化過程外，亦可以從思想觀念的角度切入，以作爲《莊子》之詮釋文本的《莊子注》爲例來通貫士人內在狀態的理路轉變，這也有助於我們了解虛靈氣性的觀念性來源爲何。

〔註72〕 參見蕭馳：《玄智與詩興》（臺北：聯經出版公司，2011 年），頁 249。蕭先生認爲郭象玄學中所蘊含的某種認可當下的「原發精神」，對後世山水詩的催生作用極大。筆者亦頗贊同此觀點，不過正如本文所致力於說明的，這種《莊子注》對山水意識的促進作用，從其文本本意來說恐怕並不是直接的，換言之，《莊子注》中的這種「原發精神」需要經過一個由其政治哲學原貌向藝術精神變體的轉化，才能直接爲山水詩寫作所吸收。審查意見二質疑本文爲何一定要通過政治哲學向藝術精神的轉變來迂迴地證成此「原發精神」對山水詩的影響。對此質疑，筆者的解釋是，後世學者自然可以直接地從《莊子注》文本本身中詮釋出此「原發精神」的面向，但在從西晉轉入東晉的士人之視域中，卻恐怕必須經歷由政治哲學向藝術精神的過渡轉變，方得以契入山水之域；換言之，山水意識的產生不是現成的，而是應由某種傳統的思想資源轉變而來，本文的立意所在亦正是通過梳理兩晉士人之間的轉變機制來爲山水意識的誕生尋求合理性的源由。

不得的尷尬政治處境給予一定的同情，藉此我們可以進而理解郭象如何通過積極的詮釋工作，同時超越了其生存處境本身與《莊子》文本本義，在當時開啓了一種創造性的政治建構。郭象的理論架構在其當時尚無法以其本義來實現，然而在西晉轉入東晉之後，士人的生存處境由於門閥政治的產生而發生重大轉變，由此郭象詮釋文本所蘊含的創造性資源得以煥發出新義，其中聖人治理萬物的模式與士人暢遊山水的模式之間潛在地發生了某種平行替代，正是在此過程中，郭象的思想轉而以藝術精神的形態爲東晉士人寄情山水的審美活動提供了豐富的資源。

本文原刊登於《中國文學研究》第三十八期，2014 年 7 月，頁 1～40。

參考書目

一、傳統文獻

1. 〔晉〕郭象撰，〔唐〕成玄英疏：《南華眞經注疏》（北京：中華書局，1998 年）。

2. 〔晉〕陳壽撰，〔南朝宋〕裴松之注：《新校本三國志》（臺北：鼎文書局，1978 年）。

3. 〔南朝宋〕劉義慶撰，徐震堮校箋：《世說新語校箋》（北京：中華書局，1984 年）。

4. 〔唐〕房玄齡等：《新校本晉書》（臺北：鼎文書局，1979 年）。

二、近人論著

1. Gadamer, Hans-Georg. *Truth and Method*, trans. Joel Weinsheimer & Donald G. Marshall, London & New York: Continuum, 2004.

2. Heidegger, Martin. *Being and Time*, trans. John Macquarrie& Edward Robinson, New York: Harper& Row, 2008.

3. W・顧彬撰，馬樹德譯：《中國文人的自然觀》（上海：上海人民出版社，1990 年）。

4. 小野澤精一等編：《氣的思想》（上海：上海世紀出版集團，2007 年）。

5. 王國瓔：《中國山水詩研究》（臺北：聯經出版公司，1986 年）。

6. 王曉毅：《儒釋道與魏晉玄學形成》（北京：中華書局，2003 年）。

7. 仇鹿鳴：《魏晉之際的政治權力與家族網絡》（上海：上海古籍出版社，2012 年）。

8. 田余慶：《東晉門閥政治》（北京：北京大學出版社，1996 年）。

9. 牟宗三：《才性與玄理》（長春：吉林出版集團有限責任公司，2010 年）。

10. 林麗眞：《魏晉清談主題之研究》（臺北：花木蘭文化出版社，2008 年）。

11. 徐復觀：《中國藝術精神》（北京：商務印書館，2010 年）。

12. 張立文主編：《氣》（臺北：漢鼎書局，1994 年）。

13. 湯一介：《郭象與魏晉玄學》（北京：北京大學出版社，2009 年）。

14. 楊立華：《郭象《莊子注》研究》（北京：北京大學出版社，2010 年）。

15. 葛曉音：《山水田園詩派研究》（瀋陽：遼寧大學出版社，1999 年）。

16. 蕭馳：《玄智與詩興》（臺北：聯經出版公司，2011 年）。

17. 鄭世根：《莊子氣化論》（臺北：臺灣學生書局，1993 年）。

18. 錢志熙：《魏晉詩歌藝術原論》（北京：北京大學出版社，1993 年）。

19. 羅宗強：《玄學與魏晉士人心態》（天津：天津教育出版社，2005 年）。

三、單篇論文

1. 朱曉海：〈西晉佐命功臣銘饗表微〉，《臺大中文學報》第十二期（2000 年 5 月），頁 147～192。

2. 徐高阮：〈山濤論〉，《歷史語言研究所集刊》41 本 1 分（1969 年），頁 87～125。

3. 張喜儀：〈郭象「聖人」政治與黃老「無爲而治」〉，《中國哲學與文化（第二輯）》，頁 342～369。

4. 劉笑敢：〈郭象之自足逍遙與莊子之超越逍遙〉，《中國哲學與文化（第二輯）》（桂林：廣西師範大學出版社，2007 年），頁 126～151。

5. 楊儒賓：〈「山水」詩怎麽發現的：「玄化山水」析論〉，《迴向自然的詩學》（臺北：臺大出版中心，2012 年），頁 75～126。

6. 顏崑陽：〈從感應、喻志、緣情、玄思、遊觀到興會──論中國古典詩歌所開顯「人與自然關係」的歷程及其模態〉，《迴向自然的詩學》（臺北：臺大出版中心，2012 年），頁 1～74。